Énigmes et découvertes

bibliographiques

P. L. Jacob

Alpha Editions

This edition published in 2023

ISBN : 9789357950008

Design and Setting By
Alpha Editions
www.alphaedis.com
Email - info@alphaedis.com

A MON AMI LÉOPOLD DOUBLE

Je vous l'avais prédit, lorsque vous vous êtes décidé, dans un moment d'impatience et peut-être de dépit (vous vous lassiez des lenteurs inséparables de la formation d'une bibliothèque d'amateur), à vous défaire de l'admirable choix de livres que vous aviez déjà réunis: les goûts éclairés et intelligents d'un bibliophile sont indélébiles; il peut, pour un temps, renoncer à la passion du bouquin; cette passion renaîtra tôt ou tard plus vive et plus opiniâtre, et, suivant cet axiôme que Charles Nodier avait formulé avant moi: «Quiconque a aimé les livres, les aime encore, quoi qu'il dise, et les aimera toujours, quoi qu'il fasse.»

Il y a trois ans à peine que votre cabinet de bibliophile a été vendu avec un succès et un éclat qui ont surpassé tout ce qu'on raconte des ventes de livres les plus fameuses; vos armoires étaient restées tout à fait vides, et l'on pensait que la place serait bonne pour les ivoires, les émaux, les camées, les tabatières, les bijoux anciens, et ces mille et un objets d'art de petite dimension, qui composent le vaste et capricieux domaine de la Curiosité. Mais, tout à coup, vous vous êtes ravisé, vous avez senti de nouveau l'amour des livres précieux et des belles reliures, et vous voilà redevenu bibliophile comme devant.

Mais il s'est opéré, dans votre goût, une transformation toute logique et toute naturelle. Vous aviez, à grands frais, rassemblé de splendides manuscrits à miniatures, de rares éditions gothiques, des reliures d'orfèvrerie du moyen âge et des reliures en vieux maroquin, à la devise de Grolier et de Maioli, aux armes et aux chiffres de François Ier, de Diane de Poitiers, de Catherine de Médicis, de Henri III et de Henri IV. Ces souvenirs historiques et littéraires, qui appartenaient surtout au XVIe siècle, se trouvaient en présence du mobilier le plus authentique, le plus complet et le plus merveilleux, qu'un fin connaisseur ait jamais emprunté à la brillante époque de l'Art français, au XVIIIe siècle; c'était là un anachronisme flagrant, c'était aussi une discordance et une contradiction perpétuelles.

Qu'avaient à faire les vieux poètes, Martin Franc, Molinet, Crétin, Clément Marot, et même Baïf et Ronsard, les romans de chevalerie et les mystères, les conteurs et les chroniqueurs du bon vieux temps, vis-à-vis des traditions presque vivantes de ce mobilier, si magnifique et si harmonieux, qui nous transportait en plein règne de Louis XVI, et qui semblait avoir gardé le parfum de Marie-Antoinette?

Aussi, votre nouvelle bibliothèque ne sera qu'un meuble de plus, au milieu de ce mobilier bien digne de Versailles, de Trianon et de Fontainebleau, puisqu'il vient en partie de ces résidences royales: vous aurez des livres qui seront de ce temps-là, des livres gracieux et spirituels, qu'on lisait alors, des livres ornés d'estampes de Moreau, de Marillier et d'Eisen, reliés splendidement par

Padeloup et Derome, des livres enfin que la marquise de Pompadour et la reine Marie-Antoinette reconnaîtraient pour les avoir tenus dans leurs mains.

Le volume, il est vrai, que je vous offre aujourd'hui en témoignage de ma sincère et cordiale amitié, n'a pas la prétention de prendre rang dans cette collection commémorative du XVIIIe siècle; il vous rappellera seulement que vous étiez bibliophile avant la vente de votre célèbre bibliothèque, et que vous n'avez pas cessé de l'être après cette vente qui, en quatre jours d'encan, a produit, avec quatre cents articles de catalogue, représentant sept ou huit cents volumes, l'énorme somme de 430,000 francs.

De bibliophile à bibliophile, il n'y a que la main, et voici la mienne dans la vôtre.

P. L. JACOB,
bibliophile.

Paris, 1er mai 1866.

L'ÉNIGME
DES
QUINZE JOIES DE MARIAGE.

Je regrette de venir troubler un savant estimable, M. André Pottier, bibliothécaire de la ville de Rouen, dans la possession d'une découverte bibliographique, qu'il a faite il y a dix-huit ans et qu'on ne songeait plus à lui contester; mais, en fait de bibliographie, une découverte chasse l'autre, et les oracles des plus doctes bibliographes se trouvent souvent démentis par le dernier venu. *Sic transit gloria... librorum.*

Tout le monde sait que M. André Pottier a le premier soutenu que le rédacteur des *Cent Nouvelles nouvelles*, Antoine de La Sale, était aussi l'auteur des *Quinze Joies de mariage.* C'est dans une *lettre à M. Techener*, publiée par la *Revue de Rouen* en octobre 1830, que cette opinion a été émise d'abord, avec quelque apparence de probabilité. «Les raisons sur lesquelles se fonde M. Pottier, pour attribuer *les Quinze Joies* à Antoine de La Sale, dit M. P. Jannet dans la préface de son édition de ce dernier ouvrage, ont paru tellement concluantes, que son opinion a été généralement adoptée, et qu'il ne nous est pas même venu à la pensée de la contester.» Nous avouerons, néanmoins, que nous n'avons jamais été satisfait de l'explication que M. Pottier a donnée de l'énigme rimée, qui se trouve à la fin du manuscrit des *Quinze Joies*, conservé à la Bibliothèque de Rouen.

Voici cette énigme, telle que M. Pottier l'a transcrite un peu arbitrairement:

De labelle la teste oustez

Tres vistement davant le monde

Et samere decapitez

Tantost et apres leseconde:

Toutes trois à messe viendront

Sans teste bien chantée et dicte,

Le monde avec elle tendront

Sur deux piez qui le tout acquitte.

«En ces huyt lignes trouverez le nom de celui qui a dictes les XV joies de mariage, au plaisir et à la louange des mariez, esquelles ils sont bien aises. Dieu les y veuille continuer. *Amen. Deo gratias.*»

«C'est évidemment une charade, dont il s'agit de rassembler les membres épars, dit M. Pottier; ce sont des lettres ou des syllabes, qu'il faut extraire et coordonner. Or, j'ai pensé que c'étaient des syllabes, et que, puisque l'on devait *décapiter la belle, sa mère*, et *le seconde*, si l'on faisait attention que ces mots étaient écrits dans l'original de manière à ne composer avec l'article qui les précède qu'un seul vocable, on devait les considérer comme autant de mots complets, et opérer sur eux en conséquence de cette donnée. L'auteur, pensais-je, s'est peut-être amusé à combiner ce redoublement d'obscurité, qui devait, selon toutes apparences, faire faire fausse route à la plupart des interprétateurs. Les syllabes obtenues par le procédé indiqué seraient *la, sa, le*; or, c'est exactement, et avec son orthographe primitive, le nom patronymique de l'ingénieux auteur du *Petit Jehan de Saintré*, d'Antoine *La Sale.*»

Après avoir expliqué de la sorte les quatre premières lignes de l'énigme, où doit se trouver le nom de *celui qui a dictes les* XV *joies de mariage*, M. Pottier a laissé de côté les quatre derniers vers, qui lui ont semblé tout à fait inintelligibles. C'était affaire à maître Génin de vouloir les comprendre et de les interpréter à sa guise.

Maître Génin, qui savait son *Pathelin* mieux que personne en France, imagina d'attribuer cette farce célèbre à l'auteur du *Petit Jehan de Saintré*, à Antoine de La Sale, que M. Pottier avait fait auteur des *Quinze Joies de mariage*, en vertu de sa découverte cryptographique. Génin se garda bien de retirer à son cher Antoine de La Sale la paternité des *Quinze Joies*, et il accepta les yeux fermés les prémisses de la découverte de M. Pottier, qu'il essaya toutefois de compléter dans une lettre adressée à l'*Athenæum*, en date du 14 mars 1854: «Ces trois syllabes: *la, sa, le*, disait-il, viendront s'unir au mot *messe*, privé de sa première syllabe, ce qui donne *se*; nous y joindrons le mot *monde*, mais de manière à n'avoir en tout que deux syllabes (*mond*), ce qui fera le sens complet: *La Sale semond*; comme s'il y avait: C'est ici La Sale qui prêche.» On voit que maître Génin aurait dit son fait au Sphinx.

J'en suis bien fâché pour Antoine de La Sale, mais je ne le trouve pas dans la charade logogriphe, dont M. Pottier nous a fait connaître le texte, en déclarant que le manuscrit d'où il l'a tiré n'est pas un original, mais une assez mauvaise copie faite en 1464. Nous n'attacherons donc pas d'importance à l'adhérence de l'article et du substantif, dans les vocables *la belle, sa mère* et *le seconde*, d'autant plus que M. Pottier paraît seulement supposer que ces mots étaient écrits de cette manière *dans l'original*; de plus, nous croyons qu'il faut lire *la seconde*, et non *le seconde*, qui n'a pas de sens. J'arrive à mon explication, n'en déplaise à Antoine de La Sale.

J'ôte, *très-vitement, devant le monde*, la tête de la *belle*, et cette tête ôtée, il me reste *le*; je décapite sa *mère*, et je retiens la lettre *m*; puis, en admettant que le quatrième vers (*tantost et après le seconde*) soit altéré, je prends la *seconde* syllabe ou la finale *onde*: ce qui me donne: *le monde*. Ensuite, les trois syllabes (*toutes trois*) dont se compose ce mot viendront à *messe sans tête*, c'est-à-dire à *Essé*, patrie de l'auteur, et elles tiendront *le monde* en éveil, avec le livre des *Quinze Joies*, que j'attribue à un nommé *Lemonde*, natif du village d'Essé ou Essey, département de l'Orne, canton du Mesle-sur-Sarthe, à 24 kilomètres de Mortagne. N'oublions pas que le manuscrit de Rouen, donné aux capucins de Mortagne en 1675, par mademoiselle de La Barre, avait été sans doute écrit dans le pays.

On me demandera certainement où j'ai trouvé un écrivain de la fin du XVe siècle, nommé *Lemonde*, puisqu'on ne le rencontre pas dans les *Bibliothèques françoises* de La Croix du Maine et de Du Verdier? M. Brunet, dans son *Manuel*, en citant une pièce de vers imprimée vers 1500: *Le Grand Jubilé de Millan*, ajoute cette note: «Petit poëme composé de quatre cents vers de huit syllabes. Les sept derniers vers donnent en anagramme le mot *le monde*; peut-être est-ce le nom de l'auteur de cet opuscule.» Voici ces sept vers, qui sont évidemment de la même main que le huitain qu'on lit à la fin du manuscrit des *Quinze Joies*:

Le nom de l'acteur vous povez

Entendre par ses lignes sept,

Moins ne plus, si bien vous voulez

Ordonner de chascun verset.

Ne mectz ne oste rien qui soit

Droictement la premiere lettre:

Excusez tant sens que mettre.

D'où il appert que le *Grand Jubilé de Millan* et les *Quinze Joies de mariage* sont du même auteur; que cet auteur, né à Essé ou Essey, en Normandie, se nommait *Lemonde*, et qu'il a vécu ou plutôt *flori*, comme disait maître Génin, de 1464 à 1500.

RECUEILS MANUSCRITS
DE
CHANSONS ET MOTETS
PROVENANT
DE LA BIBLIOTHÈQUE DE DIANE DE POITIERS[1].

[1] Ces trois recueils, décrits très-sommairement sous les n°s 389, 390 et 391 du Catalogue de la Bibliothèque de M. Léopold Double (Paris, Techener, 1863, in-8), ont été vendus: 5,250, 4,600, et 3,975 fr.

Ces trois recueils, qui ont appartenu à Diane de Poitiers et qui faisaient partie de sa collection musicale, se recommandent surtout par une importance historique, que leur origine nous laissait d'ailleurs pressentir, et que nous nous bornerons à établir dans cette courte notice. Il suffira d'avoir appelé l'attention des érudits et des curieux sur ces rares monuments de la *musique de chambre* au milieu du XVIe siècle.

Tous les grands amateurs se disputeront de pareils livres, à cause de leur illustre provenance, à cause de leur admirable reliure, qui s'est conservée intacte et dans toute sa fraîcheur à travers plus de trois siècles; mais aucun de ces bibliophiles n'aurait eu peut-être le loisir de chercher, en feuilletant à la hâte ces trois recueils, les particularités intéressantes, que nous avons pu y découvrir, à l'aide d'un examen attentif et minutieux.

Voilà pourquoi je consignerai ici le résultat de cet examen.

N° 389. Ce recueil, le plus précieux des trois, sans contredit, est aussi le plus volumineux. Il se compose de 191 feuillets chiffrés, non compris les six feuillets de la table, divisée ainsi: 1° *Tabula motettorum octo vocum*; 2° *Tabula motettorum septem vocum*; 3° *Table des chansons à huyt parties*; 4° *Tabula motettorum sex vocum*; 5° *Table des chansons à six voix*; 6° *Tabula motettorum quinque vocum*; 7° *Table des chansons à cinq voix*; 8° *Tabula motettorum quatuor vocum*; 9° *Table des chansons à quatre voix.* Chaque partie commence par une grande initiale en entrelacs, d'une seule couleur ou de deux couleurs; chaque morceau de musique commence aussi par une majuscule plus petite, en couleur, du même genre. Ces initiales, exécutées à la manière des chefs-d'œuvre calligraphiques du temps, sont toutes variées et du dessin le plus ingénieux. Dans la lettre V, rouge et bleue, qui est au feuillet 72, l'artiste a placé un cœur d'azur, lequel représente sans doute l'amour de Henri II pour Diane de Poitiers; au verso du feuillet 168, il y a deux cœurs en couleur jaune ou or, mis en regard, dans les entrelacs de la lettre S. Enfin, la date 1552 est inscrite en encre bleue dans les entrelacs de la lettre V, au verso du feuillet 144. Nous ne dirons rien de plus, au sujet de la description matérielle du volume, qui accuse la main habile d'un bon calligraphe et copiste de musique.

On sait que Rabelais a donné, dans le prologue de son 4e livre, une liste très-nombreuse des meilleurs musiciens qu'il avait entendus dans deux concerts différents, dont le second eut lieu justement en 1552, trente-sept ans après le premier. Notre recueil offre les noms de dix de ces musiciens, savoir: Josquin des Prez, Rouzée (*Cyprianus de Rore*), Constantio Festi ou Festa, Pierre Manchicourt, Morales (Cristobal, dit *Tubal*), Nicolas Gombert, Doublet, Archadelt, Verdelot, Janequin. Les autres noms que nous fournit le recueil de Diane de Poitiers, et qu'on reconnaîtra peut-être un jour parmi les noms mentionnés par Rabelais, sont les suivants, italiens, flamands ou français: Ludovicus Episcopus, Christianus Hollander, Philippe de Wildre, Zaccheus, Descaudam alias-Remigy, J. Clemens non papa, Antonius Galli, Baschi, Corneille Canis, Dominicus Phinot, Castileti, Alphonso de la Violla, Hubert Waesrant, Goddart, Bosse, Josquin Baston, Thomas Crequillon, Jean-Louis (Goudimel?), Jean Crespel, Petit-Jan (Jean de Latre), Charles Chastellain, Magdalain, Larchier, Coq, et Claude Gervais. C'est affaire maintenant au savant M. Fétis de nous apprendre quels furent ces artistes célèbres, dont les noms étaient tombés dans l'oubli, avant qu'il les eût remis en lumière.

Je n'ai pas à m'occuper des morceaux de musique composés sur des paroles latines, flamandes et italiennes. On devine que les motets latins sont des chants d'église pour la plupart, et nous ne leur chercherons pas querelle sur la place qu'ils ont prise, à leurs risques et périls, parmi des chansons d'amour. N'oublions pas cependant qu'un de ces motets, au feuillet 97, n'est autre que l'hymne triomphal en l'honneur de Charles VIII, hymne composé en Italie et mis en musique par Jacobus Clemens non papa; il commence ainsi: *Carole, magnus eras*, et le poëte royal, *poeta regius*, n'a pas craint de dire au roi de France: *Roma tua est, Europa tua est.*

Dans les chansons françaises, il y en a plus d'une, certainement, dont Henri II fait les paroles, mais nous ne pouvons hasarder que des conjectures à cet égard, car les poésies de ce prince reposent encore inédites dans les manuscrits de la Bibliothèque impériale. Quant à Diane de Poitiers, quoique les mêmes manuscrits nous aient conservé des pièces de vers sous son nom, nous avons lieu de croire que cette belle enchanteresse s'adressait alors aux poëtes de cour, surtout à Clément Marot, à Saint-Gelais, à Heroet, et même à Sagon, qui mettaient volontiers leurs rimes à son service. Nous avons reconnu seulement trois chansons de Clément Marot, imprimées dans ses œuvres (ce sont les chansons V, VIII et XIII de l'édit. de Lenglet du Fresnoy): elles se trouvent aux feuillets 75, 77 et 82 du recueil. La tradition veut que Clément Marot, malgré son nez camard, ses yeux chassieux et sa barbe rousse, ait précédé le roi Henri II dans les bonnes grâces de la duchesse de Valentinois. Ce serait, de la part de celle-ci, un témoignage de fidèle souvenir, que la présence de ces trois chansons dans un recueil formé huit ans après la mort de Clément Marot proscrit et malheureux. Il faut constater que sa chanson amoureuse: *Tant que vivray en aage florissant*, est devenue, au moyen d'un léger changement qui a introduit Jésus-Christ à la place de l'Amour, une chanson protestante! Il y a plus que des chansons, il y a (feuillet 186) un petit conte du même poëte, mais un conte qui eût semblé trop hardi à La Fontaine et à J.-B. Rousseau, et dont nous ne transcrirons que le premier vers:

Martin menait son pourceau au marché...

On lira le reste, si l'on veut, dans les œuvres de Clément Marot, édit. in-12 de Lenglet Du Fresnoy, tome III, page 146.

Laissons de côté les chansons amoureuses, pour nous arrêter à quelques chansons populaires qui ont toute la naïveté, ou, pour mieux dire, toute la grossièreté du genre; l'une, au feuillet 184, commence: *Je feray fourbir mon bas*; l'autre, au feuillet 186: *Le moys de may sur la rouzée*. La chanson: *Je file ma quenouille*, au feuillet 187, présente un refrain en onomatopée: *O voy*, qui nous paraît reproduire l'*evoè* et le *ah! oui* des chansons de geste du moyen âge. La chanson de Marion, au feuillet 128, est évidemment un écho du *Jeu de Robin et Marion*, d'Adam de la Hale.

 Mais les deux pièces principales sont une chanson de Diane de Poitiers et une chanson de François Ier. La première, au feuillet 172, s'adresse très-vraisemblablement à Henri II, qui partait pour l'armée, ou qui du moins allait se séparer de sa maîtresse. Cette chanson mérite d'être rapportée en entier:

Adieu délices de mon cœur!

Adieu mon maistre et mon seigneur!

Adieu vray estocq de noblesse!...

(*Le vers suivant manque.*)

Adieu plusieurs royaulx bancquetz!

Adieu épicurieulx metz!

Adieu magnifiques festins!

Adieu doulx baisers coulombins!

Adieu ce qu'en secret faisons

Quand entre nous deux nous jouons!

Adieu, adieu, qui mon cœur ayme!

Adieu lyesse souveraine!

La chanson de François Ier termine le recueil et lui sert, en quelque sorte, de moralité. Brantôme nous a raconté que ce roi de la chevalerie française avait tracé ces deux vers, avec un diamant, sur une vitre du château de Chambord:

Femme souvent varie:

Bien fol est qui s'y fie!

La mémoire de Brantôme lui a fait défaut; il a resserré en deux vers un quatrain que François Ier avait mis lui-même en musique, puisqu'on lit en tête de ce morceau: *Le Roy.* Je vais transcrire les paroles, un autre transcrira la musique:

Qui veult du tout son service perdre,

Vieil homme, enfant ou femme serve:

L'homme se meurt, l'enfant oublie,

En tout propos femme varye.

N° 390.—Ce recueil, semblable au précédent sous le double rapport de l'écriture et des ornements calligraphiques, se compose de 128 feuillets chiffrés, outre 5 feuillets de table. Cette table est divisée ainsi: 1° *Tabula motettorum octo vocum*; 2° *Table des chansons à huyt parties*; 3° *Table des chansons à sept*; 4° *Tabula motettorum sex vocum*; 5° *Table des chansons à six parties*; 6° *Table des chansons à trois parties.* La date de 1552 est écrite en bleu, au centre de l'initiale du feuillet 19, avec un cœur d'azur dans les entrelacs.

On voit, d'après la table générale, que ce volume renferme la moitié des chansons et motets du recueil précédent, mais, en revanche, les chansons à trois parties s'y montrent pour la première fois. Ces chansons nous offrent trois noms nouveaux, que nous retrouvons dans la liste de Rabelais: ce sont Adrien Willart, Jean Mouton et Robinet Fevin. Quant aux autres noms, il faut citer Ninon le Petit, Perabosco et Noël Balduwin, que nous n'avions pas encore vus.

Parmi les chansons à trois voix, nous pourrions reconnaître des vers de Clément Marot, de Saint-Gelais et du roi François Ier, mais le temps nous manque pour faire cette recherche. Mentionnons seulement les chansons populaires, dont quelques-unes doivent être d'anciens airs rajeunis par les compositeurs de musique de la chambre du roi. Ainsi, *la Rousée du moys de may*, au feuillet 113, remonte au quinzième siècle environ. Les paroles de la chanson du feuillet 99 ont couru longtemps dans le peuple, avant d'arriver à la cour; on en jugera par une citation:

A la fontaine du prez,

Margo s'est bagnié.

Son amy passa par là,

Qui la regarde, hip!

«Belle, que faictes-vous là,

Margo, Marguerite?»

Plusieurs de ces chansons populaires sont très-libres; c'est leur péché originel. Nous n'en citerons que le timbre ou le premier vers, en laissant le lecteur imaginer le reste: *Au joly bois sur la verdure*; *Allons gay, gayement*; *Pleusist à Dieu qui crea nostre monde*, etc. Le chef-d'œuvre du genre, au verso du feuillet 109, débute de la sorte: *Arrousez voz vi vo vi vo violettes*. On peut se représenter Diane et Henri, faisant chacun leur partie dans cet étrange morceau à trois voix. Au bon vieux temps, on n'y entendait pas malice, ou plutôt, malice entendue, on riait, et tout était pour le mieux.

Chantons encore la chanson à six voix de la Fille de quinze ans (au feuillet 20): *Entre vous, fille de quinze ans....* Mais ayons soin d'abord de faire éloigner les dames, qui ne lisent plus les *Bigarrures* du seigneur des Accords, et qui croiraient que nous parlons grec. Ce grec-là, que le beau sexe comprenait autrefois, était le bon français de la cour de Henri II.

N° 391.—Ce recueil, semblable aux précédents, se compose de 88 feuillets chiffrés, avec 4 feuillets de table. Cette table est divisée comme il suit: 1° *Tabula motettorum octo vocum*; 2° *Table des chansons à huyt parties*; 3° *Table des chansons à trois voix*; 4° *Table des chansons à deux parties*. On voit que cette 4e division est la seule qui ne se retrouve pas dans les deux recueils précédents. La date de 1552 est écrite en rouge dans les entrelacs de l'initiale du feuillet 16, mais les cœurs emblématiques ne figurent nulle part dans les ornements calligraphiques du volume.

Les chansons à deux parties nous donnent seulement trois nouveaux noms de musiciens, Jean Gero, Claude (Claude le jeune) et Pierre Certon, dont les deux derniers appartiennent encore à la liste de Rabelais.

La charmante chanson de Clément Marot: *Tant que vivray en aage florissant*, est ici dans les chansons à deux parties, mais sans avoir subi sa métamorphose calviniste. Une autre chanson du même poëte (feuillet 82): *Le cueur de vous ma presence desire*, a pu être faite pour lui-même, lorsqu'il aimait Diane et qu'il en était encore pour ses frais d'amour et de poésie: telle est, du moins, la tradition que Lenglet Du Fresnoy a recueillie (t. II, p. 343, de son édit. in-12).

Nous ne voyons ici qu'une chanson populaire, dont le début donnera l'idée:

Quand j'estoie à marié,

J'avois chausses et soliés:

Maintenant j'ay des crotes,

Fic loques, des loques!

Mais plusieurs de ces chansons à deux voix furent composées évidemment, paroles et musique, par Henri II et sa maîtresse, ou, du moins, pour eux et sous leur nom. Ainsi la chanson: *Je suis déshéritée* (fol. 78), semble avoir été faite pendant un voyage du roi, pour exprimer les regrets de l'absence. Il est permis de supposer que le roi l'aura mise en musique, car elle ne porte pas le nom du musicien, ainsi que d'autres chansons qui se prêtent naturellement à une attribution analogue. Ces autres chansons, en effet, sont du même style que les vers de Henri II, qui n'était pas tous les jours poëte, mais qui avait toujours, en prose comme en vers, un sentiment exquis de tendresse et d'admiration pour la favorite, dont il faisait reproduire partout le monogramme, les emblèmes et la devise: *Donec totum impleat orbem*. Voici une de ces chansons, qu'on retrouvera probablement dans les poésies inédites du roi:

Si mon travail vous peult donner plaisir,

Recepvant d'autre plus de contentement,

Ne craignez plus me faire desplaisir

Et en laissez à mes yeux le tourment:

Puisque du mal c'est le commencement,

C'est bien raison qu'ils en souffrent la peine:

Endurez donc, pauvres yeulx, doulcement

Le dœul issu de joye incertaine.

Le volume finit par un *canon* joyeux de Dominicus Phinot, qui entonne à plein gosier, sauf le respect qu'on doit aux dames:

Hault le boys, m'amye Margot,

Hault le boys, m'amye!

Dieu soit loué, dieu des bibliophiles! j'ai pu toucher, avec émotion, avec bonheur, ces merveilleux livres, qui ont été touchés par les mains royales de Henri II, par les belles mains de Diane de Poitiers.

LA CONFRÉRIE DE L'INDEX
ET
ŒUVRES DE CYRANO DE BERGERAC.

Les œuvres complètes de Cyrano de Bergerac ont été imprimées au moins douze fois, sans compter les éditions partielles, qui sont nombreuses; cependant on peut les ranger parmi les livres qui, sans être rares, ne se rencontrent presque pas dans le commerce de la librairie et qui manquent souvent dans les grandes bibliothèques. Pourquoi ces éditions ont-elles disparu? Sont-elles allées pourrir sur les quais et tomber en pâte sous le pilon? Non, certainement, car elles n'ont jamais été décriées et négligées; jamais l'acheteur ne leur a fait défaut, et leur prix vénal s'est maintenu toujours à un taux honnête, sinon élevé. L'auteur est connu, l'ouvrage est estimé, mais le livre a disparu.

Nous sommes convaincu que, jusqu'à l'époque de la Révolution de 89, les éditions de Cyrano de Bergerac ont été détruites systématiquement par les soins infatigables de la mystérieuse confrérie de l'Index. Cette confrérie, qui faisait une guerre sourde et terrible aux ouvrages des philosophes et des libres penseurs, qu'elle avait marqués du sceau de l'athéisme ou de l'impiété, se recrutait parmi les laïques comme parmi les ecclésiastiques; ses instruments les plus actifs et les plus redoutables étaient les confesseurs *in extremis* et les syndics de la librairie. Dès qu'un homme, connu par ses opinions hardies en matière de religion et noté comme tel sur les listes de l'Index, était dangereusement malade, il se voyait circonvenu et obsédé par des gens qui tenaient à honneur de le confesser, de le convertir, de lui faire faire amende honorable: s'il cédait à ces persécutions, on lui enlevait ses papiers. Dans tous les cas, après sa mort, sa succession avait peine à défendre son cabinet et sa bibliothèque contre l'invasion de la confrérie de l'Index, qui faisait main basse sur tout écrit, sur tout imprimé, portant témoignage des idées anti-religieuses du défunt. C'est ainsi que s'épuraient les collections de livres, qui ne pouvaient être mises en vente sans avoir subi le contrôle rigoureux de deux experts du syndicat de la librairie. L'objet de cette visite était d'extraire et d'anéantir les livres *défendus*, les uns notoirement désignés par l'autorité civile comme dangereux à certains égards, les autres condamnés secrètement comme hérétiques par la confrérie de l'Index. Quant aux ouvrages inédits des écrivains accusés d'être les ennemis avoués ou latents de la religion catholique, quant à leurs correspondances particulières, on les recherchait avec un zèle et une persévérance, qui triomphaient tôt ou tard de la vigilance des parties intéressées. Voilà comment nous avons perdu non-seulement tous les autographes de Molière, mais encore toutes les lettres qui lui avaient été adressées, toutes celles aussi où son nom se trouvait mentionné, comme si l'on eût essayé d'effacer la mémoire de l'auteur du *Tartufe*.

Il en a été de même de Cyrano, qui était, ainsi que Molière, inscrit dans le répertoire des athées, par la confrérie de l'Index. De son vivant, on l'eût fait brûler vif, si les dénonciations anonymes avaient suffi pour allumer un bûcher; on le menaça, on l'inquiéta de poursuites judiciaires; on fit interdire la représentation de sa tragédie d'*Agrippine*; on fit saisir la première édition de sa comédie du *Pédant joué*; pendant sa dernière maladie, on tenta de s'emparer de ses manuscrits, pour les détruire, mais, par bonheur, ses amis, qui les avaient cachés, en sauvèrent au moins une partie; après sa mort, on ne cessa de faire disparaître les exemplaires de ses œuvres, que le clergé avait mises à l'index, sans que le parlement eût jamais autorisé cette proscription, qui n'en fut que plus ardente et plus impitoyable. Les éditions avaient beau succéder aux éditions, les ouvrages de Cyrano ne parvenaient pas à se répandre; son nom seul était populaire, et entaché encore presque de ridicule! On ne saurait mieux donner une idée de cette guerre acharnée faite à l'auteur par la confrérie de l'Index, qu'en constatant que la première édition des *Œuvres diverses*, in-4°, publiée en 1654, ne se trouve plus que dans les grandes bibliothèques publiques, et qu'elle n'a figuré dans aucun catalogue de bibliothèque particulière depuis deux siècles.

En publiant une nouvelle édition des œuvres de Cyrano de Bergerac, nous aurions voulu pouvoir remplir les déplorables lacunes qui existent dans l'*Histoire comique des États et Empires de la Lune*. Mais le savant M. de Monmerqué, qui possédait un manuscrit complet de cet ouvrage, s'était proposé de le publier lui-même. «Il y a plus de vingt ans, nous écrivait-il à ce sujet, que j'ai acquis un manuscrit des *États et Empires de la Lune* du singulier Cyrano de Bergerac, dans lequel les passages retranchés, et dont l'absence est indiquée par des points, se trouvent, sans que le sens éprouve d'interruption. Je le publierai, dès que j'aurai achevé de payer mon tribut à madame de Sévigné... Cyrano faisait partie d'une coterie prétendue philosophique, avec d'autres littérateurs du temps, sur laquelle je lèverai quelques voiles... Publiez donc votre édition sans moi et sans mes manuscrits; je viendrai après vous et je profiterai de vos recherches.

«Tout ce que je puis vous dire, c'est que les passages retranchés dans les *États de la Lune*, outre certaines bizarreries propres à Cyrano, sont les avant-coureurs de la philosophie du dix-huitième siècle, dont les auteurs n'ont cherché qu'à nier et à repousser toutes les bases religieuses.

«Mon manuscrit est du temps de Bergerac; je ne serais pas éloigné de croire qu'il est de sa main; mais je n'ai jamais vu une lettre écrite et signée par lui. Quand je le publierai, les morceaux inédits seront, je pense, imprimés en caractères italiques, pour les faire mieux distinguer des autres, sauf les observations de mon éditeur, qui pourrait demander de simples guillemets.»

Les indications que nous fournit la lettre de M. de Monmerqué sont de nature à nous faire regretter davantage de n'avoir pu faire usage de son manuscrit. Nous ne partageons pas, d'ailleurs, son sentiment à l'égard du caractère personnel de Cyrano de Bergerac: la *coterie* dont Cyrano faisait partie était celle des jeunes philosophes, élèves de Gassendi, de Campanella et de Descartes; ils ne se piquaient pas d'athéisme proprement dit; quelques-uns même, par exemple Jacques Rohault, étaient fort pieux; mais ils soumettaient à l'examen philosophique la religion, la morale et la politique; ils s'élevaient, par la raison et la science, au-dessus des ténèbres du préjugé et de la superstition; ils avaient la passion du beau et du vrai; ils étudiaient la Nature, ils lui dérobaient ses secrets; ils apprenaient à douter, en s'initiant aux mystères de la sagesse humaine.

On a dit que Cyrano de Bergerac était un fou, fou spirituel, selon les uns; fou sublime, suivant les autres. C'était plutôt un sage, plein de caprice et d'imagination; c'était un homme de génie, qui n'a pas vécu dans des conditions favorables pour faire reconnaître généralement sa supériorité comme philosophe, son mérite comme écrivain, sa puissance comme inventeur. Il y a sans doute beaucoup de verve comique dans son *Pédant joué*, beaucoup d'éloquence théâtrale dans son *Agrippine*, beaucoup d'esprit et d'originalité dans ses *Lettres*; mais, malgré de grossières incorrections de style, malgré de nombreuses fautes de goût, qui sont les mêmes dans toutes les compositions de l'auteur, on peut regarder comme deux chefs d'œuvre, comparables à ceux que le dix-septième siècle a produits, l'*Histoire comique des États et Empires de la Lune*, et surtout l'*Histoire comique des États et Empires du Soleil*, quoique ce dernier ouvrage ne soit pas achevé et que le précédent ait été mutilé par la prudence timorée des premiers éditeurs.

Nous sommes certain que tôt ou tard Cyrano de Bergerac reprendra son rang parmi les écrivains les plus remarquables de la France et en même temps parmi les philosophes les plus illustres des temps modernes. Heureux si nous avons pu contribuer, en réimprimant ses œuvres avec quelque soin, à le réhabiliter au double point de vue littéraire et scientifique! Nous espérons aussi que la nouvelle édition des œuvres de Cyrano, en attirant l'attention sur un auteur si original, amènera la découverte de quelques-uns de ses ouvrages inédits, en prose et en vers, notamment celle de l'*Histoire de l'Étincelle*, qu'il regrettait lui-même à son lit de mort, quand il conjurait les détenteurs des manuscrits qu'on lui avait dérobés, de les donner au public comme l'expression de ses dernières volontés.

Voici le relevé bibliographique de toutes les éditions partielles et générales des œuvres de Cyrano de Bergerac, éditions que nous citons d'après les catalogues les plus estimés, quand nous ne les avons pas vues de nos propres yeux. Tout en présentant une liste plus étendue que celles qui ont été dressées jusqu'à présent, nous craignons bien d'avoir omis certaines éditions anciennes, dont il ne reste plus aucun exemplaire.

La Mort d'Agrippine, tragédie, par M. de Cyrano Bergerac. Paris, Ch. de Sercy, 1654, in-4º de 4 ff. et 107 pages, plus 1 feuillet pour le privilége; frontisp. gravé.

—*La Même. Ibid., id.*, 1656, in-12 de 6 ff. prélim. et 84 p.

—*La Même. Ibid., id.*, 1661, in-12.

—*La Même. Ibid., id.*, 1666, in-12.

Le Pédant joué, comédie, par M. de Cyrano Bergerac. Paris, Ch. de Sercy, 1654, in-4º de 2 ff. prélim. et 167 pages.

C'est un tirage à part de la seconde partie des *Œuvres diverses*.

—*Le Même. Ibid., id.*, 1654, in-12.

—*Le Même. Ibid., id.*, 1658, in-12 de 250 p. et 4 ff.

—*Le Même.* Lyon, Fourmy, 1663, in-12.

—*Le Même.* Paris, Ch. de Sercy, 1664, in-12.

—*Le Même. Ibid., id.*, 1671, in-12.

—*Le Même.* Rouen, J.-B. Besongne, 1678, in-12.

—*Le Même.* Paris, Ch. de Sercy, 1683, in-12.

Les Œuvres diverses de M. de Cyrano Bergerac. Paris, Ch. de Sercy, 1654, 2 part. en 1 vol. in-4 de 4 ff. prélim. et 294 pages pour la première partie; 2 ff. non chiffrés et 167 pages pour la seconde; plus 2 ff. pour le privilége.

Contenant, avec la dédicace au duc d'Arpajon surmontée de ses armoiries, les *Lettres de M. de Bergerac*, les *Lettres satyriques de M. Bergerac de Cyrano*, les *Lettres amoureuses de M. de Cyrano Bergerac*, et le *Pédant joué*. Ainsi, le nom de l'auteur est écrit de trois manières différentes dans le même recueil.

Histoire comique ou Voyage dans la Lune, par Cyrano de Bergerac. *S. l. et s. d.* (1650?), in-12.

Cette édition, qui fut imprimée, certainement sans privilége du roi, dans une ville du Midi, soit à Montauban, soit à Toulouse, n'est citée que dans le *Catalogue de la Bibliothèque du Roi*, rédigé par l'abbé Sallier; voyez le t. II des *Belles-Lettres*, p. 33, nº 703 A.

Histoire comique des États et Empires de la Lune. Paris, 1656, in-12.

Édition citée par le P. Niceron.

Histoire comique, par M. Cyrano de Bergerac, contenant les États et Empires de la Lune. Paris, de Sercy, 1659, in-12.

—*La Même. Ibid., id.*, 1663, in-12.

Œuvres diverses. Paris, Ant. de Sommaville, 1661, 3 part. en 1 vol. in-12.

Contenant: *Histoire comique des États et Empires de la Lune* (191 pages); *Lettres satyriques, amoureuses*, etc. (344 pages); et le *Pédant joué* (152 pages), avec un titre et une pagination particulière.

—*Les Mêmes*. Rouen, B. Séjourné ou F. Vaultier, 1676, 3 part. en 1 vol. pet. in-12.

«On remarque, à la fin du second acte du *Pédant joué*, une curieuse petite gravure sur bois,» dit M. Claudin, dans son *Catalogue mensuel de livres anciens*.

Nouvelles Œuvres de Cyrano Bergerac, contenant l'Histoire comique des Estats et Empires du Soleil et autres pièces divertissantes. Paris, Ch. de Sercy, 1662, in-12, portr. par Le Doyen.

—*Les Mêmes*. Paris, Ch. de Sercy, 1676, in-12.

Nouvelles Œuvres et Œuvres diverses. Paris, Ch. de Sercy, 1662-66. 5 part. en 1 vol. in-12, portr.

Œuvres (complètes, avec les préfaces). Lyon, 1663, 2 vol. in-12.

—*Les Mêmes*. Paris, Ch. de Sercy, 1676, 2 vol. in-12.

—*Les Mêmes*. Rouen, 1677, 2 vol. in-12.

—*Les Mêmes. Ibid.*, J. Besongne, 1678, 2 vol. in-12.

—*Les Mêmes. Ibid.*, Ch. de Sercy, 1681, 2 vol. in-12, portr.

Les Œuvres diverses, enrichies de fig. en taille douce. Amsterdam, Daniel Pain, 1699, 2 vol. in-12.

Malgré le titre d'*Œuvres diverses*, ce sont les œuvres complètes de l'auteur. Il y a des exemplaires sur papier fort, tirés in-8.

—*Les Mêmes*. Amsterdam, J. Desbordes (Trévoux), 1709, 2 vol. in-12.

—*Les Mêmes. Ibid., id.* (Rouen), 1710, 2 vol. in-12, portrait.

Il y a des exemplaires tirés de format in-8.

—*Les Mêmes*. Amsterdam, Jacq. Desbordes (Paris), 1741, 3 vol. in-12, frontisp. grav. et portr.

Édition entièrement conforme à celle de 1662-66.

—*Les Mêmes. Ibid., id.*, 1761, 3 vol. in-12.

C'est l'édition précédente avec de nouveaux titres.

Œuvres (choisies), précédées d'une notice par Le Blanc. Toulouse, impr. de A. Chauvin, 1855, in-12.

Contenant seulement les deux Histoires comiques des États et Empires de la Lune et du Soleil.

MARCEL
TRAVESTI EN MÉZERAI.

Notre infatigable bibliographe Quérard a composé quatre gros volumes, qui sont loin d'être complets, mais qui sont très-curieux et très-piquants, sur les *Supercheries littéraires*, dans lesquelles il a confondu, sans y prendre garde, les faits qu'il faut imputer aux auteurs mêmes, et ceux dont les libraires seuls doivent être responsables. Nous regrettons qu'on n'ait pas fait la part des uns et des autres.

Le précieux livre de M. Quérard, il est vrai, a été rédigé au point de vue des écrivains plutôt que des libraires. Nous ne nous occuperons donc que de ces derniers, qui ont, de leur pleine autorité, travesti les titres des livres et changé les noms des auteurs, pour les besoins d'un commerce peu loyal sans doute et, à coup sûr, peu littéraire. Ce sont là les supercheries bibliopoliques. Il convient de rendre au libraire, en justice distributive, ce qui lui appartient.

Ce ne sont pas toujours les bons livres qui se vendent, témoin l'Histoire de France de Guillaume Marcel, laquelle ne s'est jamais vendue.

C'est pourtant là, et sans aucune comparaison, le meilleur abrégé chronologique de notre histoire, qu'on ait publié depuis qu'il y a des abrégés chronologiques.

Celui-ci fut publié en 1686, à Paris, chez Denys Thierry, en 4 vol. pet. in-8, sous ce titre: *Histoire de l'origine et des progrès de la monarchie françoise, suivant l'ordre des temps, où tous les faits historiques sont prouvez par des titres authentiques et par les auteurs contemporains.*

Guillaume Marcel n'était malheureusement pas un écrivain: c'était un savant universel, doué d'une mémoire prodigieuse; il avait lu énormément, et il n'avait pas perdu un fait ni une date de tout ce qu'il avait entassé dans son cerveau. Il passait pour le premier chronologiste du monde, et, afin de justifier sa réputation, il avait publié successivement des *Tablettes chronologiques pour l'histoire de l'Église* (Paris, 1682, in-8), et des *Tablettes chronologiques, depuis la naissance de Jésus-Christ, pour l'histoire profane* (Paris, 1682, in-8). Ces deux ouvrages, ces deux chefs-d'œuvre, furent bien accueillis et même bien vendus; on les mit dans les mains des enfants, mais on ne les mit pas dans les bibliothèques. Voilà pourquoi on ne les trouve pas dans les catalogues de livres.

Cependant Marcel et son libraire furent encouragés par ce succès. Marcel coordonna les notes qu'il avait rassemblées, lorsqu'il était sous-bibliothécaire de l'abbaye de Saint-Victor, et il exécuta, en trois années, son *Abrégé chronologique de l'histoire de France*, auquel il ne donna point toutefois ce titre, que l'ouvrage de Mézeray ne lui permettait pas de prendre. Ce n'était pas non plus dans l'intention de rivaliser avec Mézeray, qu'il avait voulu présenter une chronologie simple, précise et aride des événements, depuis l'origine de la monarchie jusqu'à la fin du règne de Louis XIII. Il savait bien que son livre n'était pas une histoire proprement dite; il se flattait seulement d'avoir fait un livre instructif et utile. Dieu sait l'érudition historique qu'il a accumulée dans ses quatre volumes, dont le premier, consacré à l'histoire des Gaulois, est encore égal, sinon supérieur, à tout ce qui a été écrit sur les origines obscures de la France! Quels matériaux excellents sont préparés et classés dans les quatre volumes, qui forment, en quelque sorte, une table des matières, chronologique et systématique, des principaux documents originaux de notre histoire!

Eh bien! il faut l'avouer, à la honte du public éclairé et lettré de cette époque, l'ouvrage de Marcel ne trouva pas d'acheteurs, parce qu'il n'avait pas trouvé de prôneurs. L'édition entière resta dans les magasins du libraire. L'auteur eut tant de chagrin de cet échec, qu'il jura de ne plus rien publier de son vivant. Peu de temps après, il obtint la place de commissaire des classes de la marine à Arles, et il se retira dans cette ville.

L'édition de son malheureux livre ne l'y suivit pas. Le libraire, Denys Thierry, s'en débarrassa, dix-huit ans après, en la vendant à la rame. Mais le spéculateur, qui l'achetait comme vieux papier, ne la mit pas au pilon: ce spéculateur avait des accointances avec la librairie de colportage, et voici le procédé qu'on employa pour vendre un livre qui ne s'était pas vendu. L'*Abrégé chronologique* de Mézeray était toujours en grande faveur; les éditions succédaient aux éditions, et la dernière, formant sept vol. in-12 (y compris l'*Avant-Clovis*), imprimée à Amsterdam, chez Antoine Schelte, en 1696, avait été introduite en France où elle fut bientôt épuisée. L'acquéreur des exemplaires de l'Histoire de Marcel divisa les quatre volumes en sept, au moyen du partage des trois derniers tomes en six volumes, car le premier tome, orné de gravures et de cartes, était beaucoup plus mince que les autres; puis, il fit faire, dans une imprimerie clandestine, des titres nouveaux ainsi conçus: *Abrégé chronologique de l'histoire de France, par François de Mézeray, historiographe de France, nouvelle édition revue et corrigée sur la dernière de Paris, et augmentée de la vie des reines.* Amsterdam, Henri Schelte, 1705.

Mézeray était mort depuis plus de vingt ans; il n'eut garde de réclamer contre l'abus qu'on faisait de son nom; Guillaume Marcel n'était pas encore mort, mais il ne réclama pas davantage, et l'on peut supposer qu'il ignora toujours la singulière métamorphose qu'on avait fait subir à son livre: il mourut, trois ans après la mise en vente de la *nouvelle édition* de l'*Abrégé chronologique* de Mézeray, sous le nom duquel on vit circuler, en France et à l'étranger, l'admirable ouvrage de Marcel. Quarante ans plus tard, le président Hénault ne se faisait pas le moindre scrupule d'emprunter à cet ouvrage le plan et les éléments d'un nouvel *Abrégé chronologique de l'histoire de France*, qui fit oublier à la fois ceux de Marcel et de Mézeray.

LES MÉMOIRES
DU
COMTE DE MODÈNE.

Lettre à M. Aubry, éditeur du Bulletin du Bouquiniste.

Mon cher Monsieur,

Je veux attirer votre attention sur un bouquin (je qualifie de la sorte tout livre décrié, ou négligé, ou inconnu, qui s'en va moisir sur les étalages), lequel deviendra un excellent livre de bibliothèque, dès qu'on saura ce qu'il est et ce qu'il vaut.

Vous annoncez justement un exemplaire dudit bouquin, broché, au prix de 4 francs, dans votre dernier numéro du *Bulletin*. Certes! le prix de 4 fr. est aujourd'hui très-convenable, mais demain peut-être il sera porté à 6 fr., à 12 fr. et au delà, jusqu'à ce qu'on réimprime l'ouvrage, que vous décrivez ainsi:

«MIELLE (J.-B.). Mémoires du comte de Modène sur la révolution de Naples, de 1647; 3e éd. *Paris*, 2 vol. in-8.»

Votre annonce, permettez-moi de vous le dire, donnerait à penser que vous considérez le bonhomme J.-B. Mielle comme l'auteur de ces Mémoires, qui seraient ainsi apocryphes, de même que ceux de madame du Barry, du cardinal Dubois, de madame de Châteauroux, etc. Mais loin de là; ces Mémoires sont très-authentiques, composés, sinon entièrement écrits, par un homme qui avait joué un rôle actif dans cette romanesque révolution de Naples, où le duc Henri de Guise faillit devenir roi, en succédant au pêcheur Masaniello.

Esprit de Raymond de Mormoiron, comte de Modène (qui a un article dans la *Biographie universelle* de Michaud, grâce à ses relations avec notre Molière, grâce surtout à l'intérêt héraldique que lui portait un de ses descendants, le savant marquis de Fortia d'Urban), écrivait tant bien que mal en prose et en vers, aimait passionnément les lettres et le théâtre, et se ruinait volontiers pour des comédiennes. Il avait connu Molière chez Madeleine Béjart, dont il fut un des premiers adorateurs, et plus tard, Molière, qui avait été son successeur dans les bonnes grâces de Madeleine, devint son gendre en épousant Armande-Gresinde Béjart, laquelle n'était autre que la fille naturelle du comte de Modène, née à Paris et baptisée à Saint-Eustache, en 1638, sous le nom de *Françoise*.

On comprend qu'il n'en fallait pas davantage pour que Molière eût des rapports intimes avec le comte de Modène. Ces rapports amenèrent entre eux une sorte de collaboration, qui ne fut, de la part de Molière, qu'un acte de complaisance à l'égard du père d'Armande-Gresinde Béjart. Le comte de Modène, après une vie d'aventures, de débauches et de campagnes militaires, revenait de Naples, où il avait été témoin de cette étrange révolution populaire, qui eut pour héros Masaniello et le duc de Guise: il s'avisa d'écrire ses mémoires et Molière lui vint en aide. On n'a pas de peine, en effet, à reconnaître le style franc et ferme de Molière au milieu de la narration souvent emphatique du vieil ami de Tristan l'Hermite. La dédicace du livre à madame la duchesse de Luynes, veuve du connétable, est évidemment sortie tout entière de la plume de Molière, ainsi que beaucoup de passages de ces curieux Mémoires, qui parurent avant ceux du duc de Guise, rédigés par de Saint-Yon, son secrétaire.

Le premier volume de l'ouvrage du comte de Modène fut publié en 1666, et le second, en 1667. Pithon-Curt cite, dans son *Histoire de la Noblesse du comté Venaissin*, une première édition in-4, imprimée à Avignon; mais nous ne croyons pas à l'existence de cette édition, d'après le privilége de celle qui parut à Paris, en 1666 chez Boullard, 3 vol. in-12. Le troisième volume ne doit avoir paru qu'en 1668, ou en 1667 au plus tôt. Il y a des exemplaires avec les noms des libraires Guill. de Luyne, Barbin, etc. Le *Journal des savants*, dans son numéro du 13 mai 1666, a rendu compte du premier volume, en disant que cette Histoire est écrite avec plus de fidélité que les relations italiennes qui avaient déjà vu le jour.

On ne sait à quelle circonstance particulière attribuer la rareté excessive de cette édition. Elle n'est pas citée dans les catalogues de livres les plus considérables, et nous ne l'avons rencontrée que dans celui de la bibliothèque de Secousse. Lorsque Fortia d'Urban voulut la réimprimer, il la chercha inutilement dans le commerce de la librairie ancienne, et il ne la trouva que dans deux grandes bibliothèques publiques de Paris.

Ce fut en 1826 que Fortia d'Urban en fit à ses frais une nouvelle édition, sous ce titre: *Histoire de la révolution de la ville et du royaume de Naples*, par le comte Raymond de Modène, avec des notes généalogiques et historiques, *Paris, Sautelet*, 2 vol. in-8. Il mit en tête de cette édition une généalogie de la maison de Raymond-Modène, et une liste des ouvrages sur la révolution de Naples, au nombre de 58, tant imprimés que manuscrits. Ces deux morceaux furent tirés à part sous le titre de: *Extrait des Mémoires du comte de Modène* (Paris, Lebègue, 1826, in-8 de 32 p.) et distribués aux amis de l'auteur. L'édition des Mémoires du comte de Modène ne se vendit pas, et le libraire Sautelet pria Fortia d'Urban de reprendre tous ses exemplaires. Nous n'avons pas découvert par quelles raisons J.-B. Mielle, qui était un des amis de l'éditeur, fut prié de donner ces Mémoires comme une troisième édition faite par lui-même: on changea seulement les titres, la préface et quelques feuillets des notices préliminaires, et le livre, rafraîchi et rajeuni, reparut chez Pelicier, avec la date de 1827. Il ne se vendit pas davantage et retomba, plus décrié que jamais, dans les bas-fonds de la bouquinerie, non loin du gouffre où les malheureux livres disparaissent sous le pilon.

Eh bien! mon cher monsieur, les quelques exemplaires qui ont échappé au naufrage méritent d'être sauvés et d'entrer dans le port des bibliophiles. Quant à la première édition de 1666-1668, il ne faut pas y songer: il n'en existe peut-être pas quatre exemplaires au monde[2]. L'édition de Fortia d'Urban peut en tenir lieu et doit même lui être préférée, à cause des additions utiles qu'elle renferme. Cette édition de 1826 ne nous semble pas inférieure à celle de 1827, malgré les changements que Mielle a faits dans cette dernière, pour expliquer son rôle d'éditeur. Mais peu importe Mielle ou Fortia; c'est le comte de Modène, c'est Molière, que nous voulons trouver dans ces intéressants Mémoires sur les révolutions de Naples. Reste à faire la part de l'un et de l'autre, qui n'étaient pas de même force sous le rapport littéraire: le comte de Modène dictait ou plutôt racontait; Molière écrivait, et le beau-père n'eut pas le bonheur de voir rejaillir sur lui un reflet de la gloire de son illustre gendre.

Agréez, etc.

P.-L. JACOB, *bibliophile.*

[2] M. Solar en possédait un, très-beau, dans son admirable bibliothèque.

L'ABBÉ DE SAINT-USSANS
ET SES OUVRAGES.

M. Robert Luzarche, fils du savant bibliothécaire de la ville de Tours, a le premier évoqué le souvenir d'un poëte du dix-septième siècle, que les biographes et même les bibliographes avaient injustement laissé dans l'oubli depuis plus de cent soixante ans. La notice qu'il a consacrée à deux ouvrages de l'abbé de Saint-Ussans, les *Contes en vers* et les *Billets en vers*, est enfouie, malheureusement, dans une feuille bibliographique qui a vécu ce que vivent les feuilles, et qui est déjà oubliée (*le Chasseur bibliographe*, n° 8, août 1863).

Ces deux ouvrages, qu'on s'étonne de ne pas trouver décrits dans le *Manuel du libraire*, ont été remis en honneur comme ils méritaient de l'être, et ils ne passeront plus inaperçus, sous les yeux des bibliophiles, dans les ventes publiques, car l'auteur de cette résurrection littéraire n'a eu qu'à citer quelques vers de ce malin et spirituel conteur, pour prouver que notre La Fontaine avait pu le considérer comme un de ses plus dignes émules. En effet, Pierre Richelet, dans son *Dictionnaire de la langue françoise*, a cité l'abbé de Saint-Ussans presque aussi souvent que La Fontaine.

Ce conte, que M. Robert Luzarche a choisi parmi les plus courts et les plus piquants du recueil, n'est-il pas un petit chef-d'œuvre?

LE PRÉSIDENT.

En certaine province une justice estoit,

Où l'on faisoit, un jour, grand bruit à l'audience;

Chacun parloit tout haut, personne n'escoutoit,

Quand le président, las de telle impertinence,

Dit en colère: «Huissier, faites faire silence!

Avec tous ces causeurs estes-vous du complot?

Quelle pitié! Voilà quatre causes, je pense,

Que nous jugeons, sans en entendre un mot!»

Les Contes de l'abbé de Saint-Ussans, qu'on chercherait inutilement dans beaucoup de catalogues, ont eu pourtant deux et, peut-être, trois éditions. La première ne porte pas le nom de l'auteur sur le titre: *Contes nouveaux en vers*, dédiez à Son Altesse Royale Monsieur, frère du Roi (*Paris, Augustin Besoigne*, 1672, in-12). La seconde édition fut imprimée en 1677, et mise en vente à Paris, chez Trabouillet. Il y a des exemplaires datés de 1676. Les contes sont au nombre de 25, dans l'une et l'autre édition. Dans la dédicace à Monsieur, frère du roi, l'auteur n'a pas manqué de faire l'éloge de La Fontaine, dont les *Contes et Nouvelles* étaient alors dans toutes les mains, et qu'il se flattait d'imiter, sinon d'égaler: «Ce serait trop parler sur cette matière, dit-il en terminant l'apologie du conte, après un habile homme que j'y reconnois pour le maistre, et après lequel je n'eusse voulu même rien conter, si je n'avois cru que, mes contes estant presque tous nouveaux, on ne m'accuseroit pas d'en vouloir faire comparaison avec les siens, qu'il a tirés de Boccace et d'autres endroits qu'il cite. Que si on les compare ensemble contre mon intention, il ne pourra qu'en tirer de l'avantage, et je lui donneray du lustre.» On n'a pas besoin d'ajouter que les contes de l'abbé de Saint-Ussans sont moins libres que ceux de La Fontaine. «On comprend, dit Viollet-Le-Duc, qu'il n'ait pas signé ses contes du nom de son abbaye. Il ne manque ni de naturel, ni de facilité. Sa poésie, comme celle de son maître, est gaie, mais n'est pas obscène.»

L'abbé de Saint-Ussans a pu, sans scrupule, mettre son nom d'abbé à son second ouvrage: *Billets en vers, de M. de Saint-Ussans* (Paris, Jean Guignard, 1688, in-12). Il y a des exemplaires avec l'adresse de *veuve de Claude Thiboust*, sous la même date. «Bien que les *Billets en vers* contiennent des choses qu'un ecclésiastique ne voudrait pas imprimer aujourd'hui, dit Viollet-Le-Duc, on conçoit que, comme abbé du beau monde, il y ait mis le nom sous lequel il était plus universellement connu. C'était un homme d'esprit. Ses billets, adressés la plupart à des personnes connues, entre autres Racine et Boileau, sont facilement écrits, de bon goût, et sans abuser de la négligence que comporte le genre. Le volume contient, en outre, des devises, *Corps et Ames*, et des chansons.» La devise était un genre dans lequel l'abbé de Saint-Ussans avait des succès qui le faisaient rechercher dans la belle société de Paris. Nous avons vu de lui une pièce volante, intitulée: *Vers à M. Payelle, en luy envoyant une devise faite pour M. le chancelier Boucherat*, par Saint-Ussans (Paris, And. Cramoisy, 1686, in-4).

Je veux encore signaler ici plusieurs autres ouvrages de l'abbé de Saint-Ussans, et rassembler quelques rares indications biographiques que La Monnoye nous a données sur le compte de cet abbé poëte et savant. Adrien Baillet n'avait eu garde de l'oublier dans la Liste des auteurs déguisés, où il le mentionne ainsi: «GLAS (le sieur de Saint-), N.... de Saint-Ussans.» La Monnoye a complété ce simple renseignement, par une note ainsi conçue: «L'abbé de Saint-Ussans, de Toulouse, nommé Pierre de Saint-Glas, auteur des *Billets en vers*, imprimés à Paris, in-12, 1688, y avoit, dix ans auparavant, fait imprimer, sous le nom de *Saint-Glas*, un volume de même taille, intitulé: *Contes nouveaux en vers*. C'étoit fort peu de chose. Il mourut le 11 mai 1699.» Il est nommé *de Saint-Glats*, dans la *Bibliothèque de Richelet*, par Laurent-Josse Leclerc, en tête du *Dictionnaire de la langue françoise* (Lyon, Bruyset, 1728, 3 vol. in-fol.).

La Monnoye, qui l'avait connu certainement, le cite encore deux fois dans ses additions au *Menagiana* (Paris, Florentin Delaulne, 1715, 4 vol. in-12). Voici d'abord l'article de Ménage: «Un jeune prince avoit une volière, dans laquelle, entre autres oiseaux, il nourrissoit des tourterelles. Un jour qu'elles se faisoient mille caresses, il leur dit: «Dépêchez-vous vite, car voici mon gouverneur qui vient.» Là-dessus, La Monnoye ajoute (t. IV, p. 235): «Ceci n'est qu'un déguisement du 201e conte du Pogge: *de Adolescentula segregata à viro*. Saint-Ussans, sous le nom de Saint-Glas, en a fait une paraphrase de quatre-vingts et tant de vers. Ces quinze ennuieront un peu moins:

Dame Gertrude avoit un fils unique,

Beau, fait au tour, jeune époux de Catin,

Plus jeune encor, que du soir au matin

Tant caressa, qu'il en devint étique.

De peur de pis, Gertrude sépara

Le tendre couple. En vain Catin pleura:

Malgré ses pleurs, il fallut que la belle

Trois mois entiers couchât seule à l'écart.

Dans cette angoisse, avint que de hasard,

A sa fenêtre, un jour, la jouvencelle,

Contre le mur, sous un toit fait exprès,

Vit des serins qui dans une volière

Faisoient l'amour: «Ah! dit-elle, pauvrets,

Que vos plaisirs, que vos jeux sont doux!... Mais

Dépêchez-vous! j'entends ma belle-mère...»

Nous regrettons de ne pouvoir citer le second passage (t. IV, p. 22), qui se rapporte aussi à Saint-Ussans. C'est une traduction très-peu voilée de ce distique d'Owen sur l'horloge d'eau:

Clepsydra conjugii effigies est vera: foramen

Tempore fit semper majus, et unda minor.

Les quatre vers français de la traduction valent mieux que les deux vers latins, mais ils *bravent l'honnêteté,* suivant l'expression de Boileau. Le bon abbé n'y regardait pas de si près, et l'on peut, sans lui faire tort, supposer qu'il menait joyeuse vie, car il écrivait pour le théâtre et il faisait représenter ses pièces par les comédiens du roi, à l'hôtel de Bourgogne. Nous avons de lui une comédie, en un acte et en prose, intitulée: *les Bouts rimés*. Cette comédie, représentée avec succès le 25 mai 1682, fut imprimée, la même année, à Paris, chez Pierre Trabouillet, en vertu d'une permission du lieutenant de police, M. de La Reynie, en date du 15 juillet. Elle est dédiée à S. A. S. Monseigneur le Prince, qui était un des protecteurs de notre abbé.

Au reste, cet abbé-là ne se bornait pas à faire des contes et des comédies; il se mêlait de science, d'histoire naturelle, de philosophie et d'histoire. Il avait publié, l'année même où parurent ses *Contes nouveaux*, un recueil fort intéressant, composé de pièces de différents genres, que lui avait fournies le portefeuille de ses amis, l'abbé Guéret et Mangars, interprète du roi pour la langue anglaise; ce recueil a pour titre: *Divers Traités d'histoire, de morale et d'éloquence*: 1° *la Vie de Malherbe* (par Racan); 2° *l'Orateur* (par Gabriel Guéret); 3° *de la Manière de vivre avec honneur et avec estime dans le monde* (par l'éditeur); 4° *si l'Empire de l'éloquence est plus grand que celui de l'amour* (par Guéret); 5° *Méthode pour lire l'Histoire*; 6° *Discours sur la musique d'Italie et des opéras* (Paris, veuve Thiboust, 1672, in-12). La préface de ce recueil est signée de son véritable nom.

Il signa également un autre opuscule, qui n'était pas moins avouable: *Particularitez remarquables des sauterelles qui sont venues de Russie* (Paris, 1690, in-4). Ces maudites sauterelles avaient-elles fait leurs orges dans le clos de l'abbaye de Saint-Ussans, pour que l'abbé les anathématisât à la façon du moyen âge qui exorcisait les animaux nuisibles et malfaisants? Quoi qu'il en soit, l'abbé de Saint-Ussans, qui devait avoir alors la cinquantaine au moins, ne s'occupait plus, sans doute, de poésie galante, car il rédigea ou compila, pour le *Grand Dictionnaire* de Moréri, un gros *Supplément*, qui parut à Paris, en 1689, et qui fut refondu depuis dans les éditions du Dictionnaire imprimées en Hollande.

Les recueils d'airs et de parodies, publiés par les Ballard, contiennent beaucoup de chansons, assez décentes, signées: *de Saint-Ussans*. Le lecteur ira les y chercher, si le cœur lui en dit. Mais nous ne résistons pas au plaisir de transcrire ici un conte épigrammatique, qui fut attribué à La Fontaine, lorsqu'il courait manuscrit, et que Duval, de Tours, a recueilli dans son *Nouveau Choix de pièces de poésie* (La Haye, Henry van Bulderen, 1715, 2 vol. in-8, t. I, p. 50):

Dans un bâtiment magnifique,

Où trois ou quatre honnêtes gens

Logeoient parmi quantité de pédans,

Où tout étoit scientifique,

Jusques au moindre domestique,

Le feu s'étant mis un beau jour,

On ferme vivement les portes,

Pour empêcher d'entrer le peuple d'alentour,

Qu'on voyoit accourir par nombreuses cohortes.

Or, entre les gens du dehors,

Étoient plusieurs pédans, qui, laissant leurs affaires,

Venoient secourir leurs confrères,

Comme membres d'un même corps.

Ils étoient en chapeau, manteau long et soutane.

On les introduisit; dès qu'ils furent entrez,

Ceux du dedans, tout effarez,

Ayant perdu presque la tramontane,

Vinrent vers eux, disant: «Tous tant que nous voici,

Il faut délibérer sur cette affaire-ci,

Comme étant affaire importante:

Notre maison brûle toujours,

Sans qu'on y donne du secours.

Ne perdons point de temps, car la chose est pressante.

Nos deliberare oportet.

—Oui, mais, dans nos statuts, s'il faut qu'on délibère,

Dirent les autres, comment faire?

Délibérerons-nous sans robe et sans bonnet?»

Ce conte doit avoir été inspiré par l'incendie de la Sorbonne, que la muse de Santeul a célébré en vers latins.

Ce bon abbé de Saint-Ussans préférait évidemment les contes aux homélies. Nous sommes bien aises, cependant, d'avoir découvert, à défaut de son abbaye qui a échappé à toutes nos recherches, une pièce de vers plus édifiante, qu'il a signée de son nom d'abbé; elle est intitulée: *Sur un tableau de la nativité de N. Seigneur, fait par monsieur Le Brun, premier peintre du roi. A monsieur Helvetius, docteur en médecine.* (Paris, de l'impr. de J. Cusson, in-8 de 4 p.) Cette pièce porte la date de 1689, écrite à la main. Ce sont peut-être les seuls vers que Pierre de Saint-Glas se soit permis en dehors du genre profane et galant.

UN LIVRE CONNU
QUI N'A JAMAIS EXISTÉ.

Il y a vingt-cinq ans que je cherche partout un ouvrage, cité par les bibliographes et dont l'existence n'a jamais été contestée par personne; cet ouvrage est intitulé: *les Pieds de mouches, ou Nouvelles Noces de Rabelais* (Paris, 1732, 6 vol. in-8). Je m'étonnais cependant que le marquis de Paulmy, contemporain de Gueullette, qui fut même de ses amis, n'eût pas analysé, dans la *Bibliothèque universelle des romans*, une œuvre d'imagination, que recommandaient à la fois le nombre des volumes et la singularité du titre. Je m'étais assuré que *les Pieds de mouches* ne se trouvaient pas dans l'immense collection de romans français que possède la Bibliothèque de l'Arsenal. Il fallut donc se résigner à attendre du hasard la découverte des fameux *Pieds de mouches*, que je crus plus d'une fois avoir rencontrés dans le *Pied de Fanchette*, de Restif de la Bretonne, ou dans la *Mouche*, du chevalier de Mouhy.

J'avais cependant donné en librairie le signalement de l'introuvable roman, et je ne fus pas peu surpris d'apprendre que plusieurs curieux avaient fait avant moi la même recherche sans plus de succès. «Tous les ans, me dit un des libraires les plus capables de dénicher le phénix des livres, tous les ans je reçois dix ou douze commissions pour les *Pieds de mouches* de Gueullette; mais ce bouquin doit être bien rare, car je ne l'ai jamais vu.—Et moi, dit un semi-bibliographe qui était là feuilletant un volume, je l'ai vu deux ou trois fois sur les étalages des quais.—Diable! repris-je tout alléché d'espérance, vous êtes plus heureux que vous ne le méritez, puisque vous avez laissé échapper une si belle occasion.—*Margaritas ante porcos!* répliqua notre homme, j'ai peu de goût, je vous l'avouerai, pour Gueullette et ses contes.» Depuis lors, on a continué, de tous les points du monde des bibliophiles, à demander les *Pieds de mouches* aux échos de la vieille librairie.

Obstiné dans mon désir, comme un vrai bibliophile, j'ai voulu me remettre à la piste des *Pieds de mouches* de Gueullette, et j'ai eu recours d'abord à la *France littéraire* de Quérard, ce précieux répertoire de bibliographie usuelle, qui serait sans défauts, si son savant et infatigable auteur avait pu le corriger et le compléter dans une seconde édition. L'article GUEULLETTE m'a fourni cette indication: «Les Pieds de mouches, ou les Nouvelles Noces de Rabelais, 1732, 6 vol. in-8. Avec Jamet l'aîné.» A l'article JAMET, reparaît naturellement la même indication, avec un renvoi à la *France littéraire* de 1769 (par les abbés d'Hébrail et de la Porte). Ce renvoi me fit supposer que, dans l'intervalle de la publication des deux articles, M. Quérard avait été prié de donner un renseignement précis à l'égard des *Pieds de mouches* de Gueullette. M. Quérard n'avait pas su mieux faire que de renvoyer ses lecteurs à la source où il avait puisé de confiance.

Je m'adressai, en conséquence, à la *France littéraire* de 1769: elle était muette, dans les notices de Gueullette et de Jamet, au sujet de leurs *Pieds de mouches*. Mais le Supplément de 1778, qui est de l'abbé de La Porte seul, me mit sur la trace desdits fameux *Pieds de mouches*. Page 98, dans la liste des auteurs morts et vivants, addition à l'article GUEULLETTE, publié en 1769: «Il a eu part, avec M. Jamet l'aîné, aux *Pieds de mouches ou Nouvelles Noces de Rabelais*, 6 vol. in-8, 1732.» Page 170 de la seconde partie, dans la liste des ouvrages, je retrouvais encore les mêmes *Pieds de mouches*, par MM. Gueullette et Jamet, 6 vol. in-8. «Pour le coup, m'écriai-je avec confiance, je tiens mes *Pieds de mouches*!»

Mais voici que l'aveugle dieu des bibliographes me ramène à la page 105 de la première partie du volume, et je lis avec stupéfaction cette phrase complémentaire de l'article de JAMET L'AINE: «Il a eu part, avec Gueullette, aux Pieds de Mouches ET aux nouvelles NOTES SUR RABELAIS.» Ce fut un trait de lumière, et je compris sur-le-champ que les *Pieds de mouches* étaient l'œuvre d'une triple faute d'impression. Gueullette et Jamet avaient eu part, en effet, non pas aux *Pieds de mouches*, mais aux *Essais de Montaigne*, édition de 1725, 3 vol. in-4; non pas aux *Nouvelles Noces de Rabelais*, mais aux *Nouvelles Notes sur Rabelais*, dans l'édition de 1732, en 6 volumes in-8.

Vous verrez que, dans un demi-siècle, les bibliophiles seront encore en quête des *Pieds de mouches* de Gueullette, et que les bibliographes inviteront encore les amateurs aux *Nouvelles Noces de Rabelais*.

LE VÉRITABLE
AUTEUR DE QUELQUES OUVRAGES
DE RESTIF DE LA BRETONNE.

I

Les bibliographes se sont préoccupés d'une note, que j'ai jetée dans un Catalogue de livres[3], et qui n'était pas mon dernier mot sur la question; voici cette note: «Nous croyons que Restif n'est pas l'auteur des quatre premiers volumes des *Idées singulières*, mais qu'il s'est chargé seulement de les publier, en y ajoutant quelques notes qui portent l'empreinte de son style.» Nous aurions pu dire, qu'après un examen approfondi de la collection des *Idées singulières*, comprenant le *Pornographe*, le *Mimographe*, les *Gynographes*, l'*Andrographe* et le *Thesmographe*, nous sommes certain que Restif a été seulement l'éditeur responsable de ces différents ouvrages, dans lesquels il a fait des interpolations qui tranchent d'une manière marquée avec le reste, notamment dans le *Thesmographe*, où il a inséré des essais dramatiques, des lettres de famille, des pamphlets personnels, etc.

[3] Catal. de livres relat. à l'histoire de France, à l'histoire de Paris, aux beaux-arts et à la bibliographie, provenant de la bibl. de M. de N***. *Paris, Edwin Tross*, 1856, in-8°. (Voy. le n° 42.)

Il faudrait, pour établir notre opinion sur des bases solides, procéder par voie de citations et de rapprochements littéraires. La place nous manquerait ici, pour entrer dans de longs développements, et pour démontrer, *Monsieur Nicolas* à la main, que Restif était absolument incapable de traiter avec connaissance de cause les matières sur lesquelles roulent ces ouvrages de philosophie sociale et d'économie politique. On y trouve une érudition qu'il n'avait pas, le pauvre homme; on y trouve surtout des idées qu'il n'a jamais eues. Aussi, était-il tellement embarrassé de la pseudo-paternité des *Graphes* (c'est le nom qu'il leur donnait), que son *Monsieur Nicolas* en parle à peine, et toujours avec une sorte d'hésitation, si ce n'est quand il s'agit du *Pornographe*, qu'il avait adopté plus ouvertement, par affection et par habitude.

Je me bornerai donc à révéler le véritable auteur des *Graphes*, n'en déplaise à Restif et à ses bibliographes particuliers. On lit dans *Monsieur Nicolas*, ce livre extraordinaire, qui commence à être connu et apprécié, t. XVI, p. 4561: «En 1771, ayant traité avec le libraire Costard, pour un ouvrage intitulé: *le Nouvel Émile*, à un sou la feuille de deux mille exemplaires, je proposai d'y faire entrer le *Marquis de Tavan*, comme exemples historiques; mais je ne tardai pas à m'apercevoir qu'ils gâteraient un ouvrage, *pour lequel ils n'avaient pas été faits*.

J'en fis donc un *petit* roman, que j'imprimai pour mon compte, mais *que je changeai complétement de fond et de forme*, en le composant moi-même à la casse, aidé néanmoins par le jeune Ornefri, fils de Parangon. Je le surchargeai de morale et de discours: l'action y manquait déjà, je l'étouffai encore: ce fut un traité de morale symétriquement divisé en quatre parties, *assez platement raisonné pour être digne de Guinguenet, qui cependant n'en n'eût pas fait l'Épître dédicatoire à la Jeunesse*; ce morceau est un petit chef-d'œuvre d'élégance et de raisonnement. Aussi, mon ami Renaud me dit-il, en achevant de la lire: «Voici votre meilleur ouvrage!»—Un moment! *L'Épître dédicatoire ne répond que pour elle!*... Il trouva ensuite l'ouvrage moral *médiocre*, mais amusant par ses épisodes, c'est-à-dire par ses défauts.»

J'ai souligné, dans cette citation, tout ce qui semble indiquer que l'ouvrage n'est pas de Restif: ce qui lui appartient, c'est un *petit* roman; ce qui ne lui appartient pas, c'est un *Traité de morale assez platement raisonné*. L'auteur de ce traité de morale n'est autre que Ginguené, que Restif appelle ici *Guinguenet*, parce qu'il était alors brouillé avec lui. Restif serait donc seulement l'auteur de l'Épître dédicatoire *aux jeunes gens*.

Pierre-Louis Ginguené était arrivé à Paris en 1770, âgé de vingt-deux ans, sans autres ressources que son esprit naturel, son instruction très-étendue et son envie de réussir. Il fut placé dans les bureaux du Contrôle général; il fit connaissance avec Restif, chez Bultel-Dumont, trésorier de France, qui s'était fait l'ami et le Mécène de *Monsieur Nicolas*. Ginguené se piquait d'être philosophe et d'imiter J.-J. Rousseau; il confia donc ses élucubrations à Restif, qui se chargea de les publier, et même de les imprimer lui-même. Telle est l'origine des *Graphes*, qui parurent d'abord sans nom d'auteur, et que Restif finit par s'approprier, en s'imaginant peut-être qu'il les avait écrits, parce qu'il les avait peut-être *composés à la casse*. Cependant il avait eu l'imprudence de promettre à ses lecteurs le *Glossographe*, quoique Ginguené ne lui eût remis que quelques fragments de cet ouvrage; pendant vingt ans, il annonça que le *Glossographe* allait voir le jour, et enfin, de guerre lasse, il imprima ce qu'il en avait, dans le seizième volume de son *Monsieur Nicolas*. Voy. p. 4689 et suivantes de ce t. XVI.

Rendons à Ginguené ce qui est à Ginguené, en demandant pardon de la liberté grande à *Monsieur Nicolas*.

II

Comment Restif de la Bretonne s'appropriait les ouvrages des autres.

Nous avons dit quel était le véritable auteur du *Marquis de T*** ou l'École de la Jeunesse*, publié en 1771, comme *tirée des mémoires recueillis par N.-E.-A. Desforêts, homme d'affaires de la maison de T...* (Londres et Paris, Le Jay, 1771, 4 parties, in-12). Nous ajouterons que Restif, en imprimant cet ouvrage, hésitait encore à y mettre son nom, car on lit cette annonce derrière le titre du premier volume: «On trouve chez le même libraire quelques autres ouvrages amusants, tels que *la Famille vertueuse*, 4 parties; *Lucile ou les progrès de la vertu*, 1 partie; *la Confidence nécessaire, lett. angl.*, 2 parties, etc.» Ce sont là les ouvrages de Restif, ou, du moins, ceux qu'il s'était chargé de publier sous sa responsabilité, et dont il ne s'attribuait pas encore tout l'honneur. Il n'en est pas moins démontré que des écrivains qui voulaient se faire imprimer incognito, avaient recours à l'intermédiaire officieux de Restif, en raison de ses rapports avec l'imprimerie, la censure de police et la librairie de colportage.

Voici ce que nous lisons, dans la *Revue des ouvrages de l'auteur*, placée à la suite de la description des figures du *Paysan perverti*, édition de 1788: «*L'École des Pères* (V^c *Duchesne*, imprimé à 1,500 exemplaires) parut en mai 1776, 3 volumes, après avoir été retenue fort longtemps. L'auteur l'avait rachetée du libraire Costard, pour la *mettre à la rame* et en extraire le meilleur pour son *Nouvel Émile*, mais il en fut détourné par quelqu'un de ses amis, qui le conseilla mal. Cet ouvrage est bien supérieur à l'*École de la Jeunesse*, publiée cinq ans auparavant.»

Il résulte, de ce passage, assez obscur aujourd'hui, que Restif acheta l'édition entière d'un livre qui ne pouvait paraître, faute de privilége, et qui était arrêté *depuis longtemps* par la censure et la police. Restif, au lieu de détruire cette édition, y fit des cartons et la rendit par là susceptible d'être autorisée, du moins *tacitement*. Il n'hésita pas ensuite à se donner pour l'auteur de l'ouvrage, qu'il avait publié seulement, à ses risques et périls, en parlant de cet ouvrage avec certaines réticences obligées. Restif n'a pas même l'air de savoir qu'une partie de son *École de la Jeunesse*, publiée en 1771, se retrouve textuellement dans l'*École des Pères*, publiée en 1776, il est vrai, mais imprimée SIX ANS *auparavant*.

L'*École des Pères*, que Restif fit paraître en 1776, sous son nom, avec cette rubrique: *En France et à Paris, chés la veuve Duchesne, Humblot, Le Jay et Doréz* (on peut certifier, à en juger d'après l'orthographe, que Restif est du moins l'auteur du titre), forme trois volumes in-8, sur papier fort: le premier volume a 480 pages; le deuxième 192, et le troisième 372.

Or, l'édition originale, dont nous avons un exemplaire sous les yeux, devait porter d'abord ce titre: *le Nouvel Émile ou l'Éducation pratique*, avec cette épigraphe: *Res eadem vulnus opemque feret* (Ovid. II. *Trist.* v. 20); fleuron: un aigle sur des attributs de musique, dans une couronne. *A Genève, et se trouve à Paris, chez J.-P. Costard, libraire, rue Saint-Jean de Beauvais*, 1770. Sur le faux titre: *Idées singulières. L'Éducographe*. Restif ne soupçonnait pas que cet ouvrage était destiné à faire partie des *Graphes*! Le premier volume a 480 pages, de même que l'*École des Pères*, mais les pages suivantes ont été remplacées par des cartons, dans l'*École des Pères*: 1-2, 3-4, 9-10, 31-32, 41-42, 51-52, 53-54, 57-

58, 65-66, 79-80, 81-82-86 (deux pages au lieu de six), 87-88, 211-212, 247-248, 355-356.

Le second volume offre des différences bien plus importantes; il a 480 pages, tandis qu'il n'en a plus que 192 dans *l'École des Pères*. Il paraît que le censeur exigea d'abord des cartons aux pages suivantes: 1-2, 59-60, 121-128 (en supprimant ainsi six pages), 189-190, 191-192, 419-420, 435-436, 437-438, 439-440, 441-442. Puis, de tout le volume, on ne conserva que les 192 premières pages, en supprimant tout le reste.

Le troisième est également mutilé; de ses 476 pages, il n'en est resté que 372 dans *l'École des Pères*. On demanda des cartons depuis la première page jusqu'à la page 48; et, sans doute, lorsque ces cartons furent présentés, on refusa de les admettre, et on retint définitivement le permis de publier.

C'est six ans plus tard que Restif acheta l'édition pour la mettre à la rame, c'est-à-dire au pilon; mais il connaissait intimement plusieurs censeurs, et il proposa de nouveaux cartons qui furent acceptés, après plusieurs remaniements successifs. Le livre parut enfin, avec son nom, mais tellement défiguré, que le véritable auteur ne voulut pas reconnaître son ouvrage. Il n'y eut donc pas débat de paternité entre le vrai père et le faux père, pour *l'École des Pères*. Restif resta seul maître de l'enfant ou plutôt de l'avorton, qu'il avait circoncis.

LES ROMANS
DE J. POTOCKI.

On peut dire que, dans la bibliographie, il y a l'instinct (si cette expression rend bien ma pensée) à côté de la science. L'instinct du bibliographe, c'est une sorte de divination, qui lui fait découvrir souvent le véritable auteur d'un livre anonyme ou pseudonyme. Voici un fait entre mille.

On n'a peut-être pas oublié le célèbre procès littéraire, qui fut un coup de massue pour le spirituel et imprudent auteur des *Souvenirs de Mme la marquise de Créquy*. C'était à la fin de l'année 1841. Le journal *la Presse* avait commencé la publication des Mémoires inédits de Cagliostro, traduits de l'italien par un gentilhomme: le premier épisode de ces Mémoires venait de paraître sous le titre du *Val funeste*; le second épisode, intitulé: *Histoire de don Benito d'Almusenar*, paraissait, quand le *National* (15 octobre 1841) dénonça le plagiat le plus effronté qui eût été jamais commis dans le monde des romans et des feuilletons.

Le *Val funeste* était l'extrait littéral d'un ouvrage attribué au comte Joseph Potocki: *Dix Journées de la vie d'Alphonse van Worden* (Paris, Gide, 1814, 3 vol. in-12); l'*Histoire de don Benito d'Almunesar* devait être également un extrait non moins littéral d'un autre roman anonyme du même auteur: *Avadoro, histoire espagnole* (Paris, Gide, 1813, 4 vol. in-12).

Le rédacteur en chef du feuilleton de la *Presse*, M. Dujarier, s'indigna d'une accusation qui n'attaquait que le soi-disant auteur des prétendus Mémoires de Cagliostro; il intenta un procès au *National* et appela en garantie M. de Courchamps, qui fut honteusement convaincu de s'être approprié deux romans oubliés, sinon dignes d'oubli. Peu d'années après, M. de Courchamps mourait de chagrin, à l'hospice de Sainte-Périne.

Quel était le véritable auteur d'*Avadoro* et de *Dix Journées de la vie d'Alphonse van Worden*? Le premier de ces deux romans portait les initiales L. C. J. P., et Barbier, dans son *Dictionnaire des anonymes*, l'avait présenté comme faisant partie d'un manuscrit plus considérable, qui pouvait fournir 7 vol. in-12, et qui était l'ouvrage du comte Jean Potocki. Suivant une note du général de Senovert, communiquée au savant bibliographe, cet ouvrage aurait été imprimé hors de France, sous le titre de *Manuscrit trouvé à Saragosse* (*S. l. n. d.*, in-4).

Quant au révélateur du *vol au roman*, lequel semblait si bien instruit et si sûr de son fait, on ne savait pas encore que c'était un des meilleurs amis de la famille Nodier, un écrivain caustique et ingénieux qui a toujours écrit sous le pseudonyme de Stahl.

Je fus très-préoccupé, très-intrigué, il m'en souvient, par cette affaire qui produisit tant de scandale et qui resta enveloppée de certain mystère. Je voulus lire *Avadoro*, et je n'eus pas plutôt lu le premier volume, que je m'écriai: «C'est Charles Nodier qui a composé ou du moins écrit ce roman!» Je lus ensuite les *Dix Journées de la vie d'Alphonse van Worden*, et je fus plus que jamais certain de l'identité de mon auteur. J'interrogeai les amis de Nodier, Taylor, Jal, Wey, et tous ceux que je rencontrai, dans l'ardeur de ma nouvelle découverte; mais je ne pus obtenir que des indications vagues.

J'étais pourtant persuadé que les deux ouvrages du comte Jean ou Joseph Potocki avaient été écrits par Charles Nodier et que le rédacteur du *Dictionnaire des anonymes* s'était laissé égarer par un faux renseignement. Mon opinion était alors tellement arrêtée, que je me procurai à grand'peine des exemplaires de ces deux romans et que je les fis relier avec le nom de Charles Nodier sur le dos des volumes.

Ces deux romans sont très curieux, très-intéressants, et très-dignes, en un mot, de l'auteur de *Smarra* et de *Trilby*. Je supposai donc que quelques circonstances particulières avaient empêché Charles Nodier de revendiquer son droit de paternité littéraire.

Eh bien! j'avais deviné juste, il y a seize ans: Charles Nodier est réellement le seul auteur d'*Avadoro*, et de *Dix Journées de la vie d'Alphonse van Worden*: le manuscrit autographe existe; il est là sous mes yeux.

Avis à l'éditeur futur des œuvres complètes de notre ami Charles Nodier.

LES MANUSCRITS
DE
STANISLAS DE L'AULNAYE.

Lettre à M. Aubry, libraire.

N'est-ce pas dans le *Bulletin du Bouquiniste* que vous auriez publié une lettre d'un de vos correspondants, sur divers volumes annotés, provenant de la bibliothèque du savant éditeur de Rabelais, F.-H. Stanislas de l'Aulnaye, né à Madrid en 1739, mort à Paris en 1830, à l'âge de quatre-vingt-douze ans?

J'ai consulté la table des matières de votre excellent *Bulletin du Bouquiniste*, mais je n'ai pas su y retrouver cette lettre, qui a laissé un souvenir vague dans ma mémoire. Votre correspondant, ce me semble, invitait les amateurs à rechercher soigneusement les volumes annotés de la bibliothèque de Stanislas de l'Aulnaye.

Ces volumes, la plupart du moins, se retrouveront peut-être, à l'exception de ceux qui, ayant trop mauvaise mine et ne conservant pas de couverture, auront été impitoyablement jetés au rebut. Mais ce qui serait plus précieux que les livres et ce qui paraît perdu pour toujours, ce sont les manuscrits, les ouvrages inédits du docte commentateur de Rabelais.

Il est à peu près certain que les papiers et les livres de Stanislas de l'Aulnaye, décédé dans l'hospice de Sainte-Périne, à Chaillot, ont été recueillis par l'Administration des domaines et vendus à l'encan, sans catalogue et sans annonces, à la salle des ventes du Domaine, dans l'hôtel du Bouloi.

Nous avons fait bien des démarches pour découvrir ces précieux papiers littéraires, accumulés pendant la longue vie laborieuse de ce savant universel; nous avons espéré, un moment, d'après une indication qui semblait exacte, les faire sortir des greniers de l'hospice de Sainte-Périne, où ils auraient été déposés, mais il faut renoncer à toute espérance, après la lettre que nous a écrite à ce sujet l'honorable directeur de cet hospice.

Nous croyons pouvoir donner à cette lettre la publicité qu'elle mérite: non-seulement elle nous fournit plusieurs faits intéressants pour la bibliographie, mais encore elle signale, de la part du Domaine, une fâcheuse indifférence à l'égard des papiers et des manuscrits qui font partie des successions vacantes. Voici la lettre de M. Varnier, directeur de l'institution de Sainte-Périne:

Paris, 18 Juin 1856.

Monsieur,

Je me suis empressé de faire les recherches que vous désiriez relativement aux manuscrits laissés par M. Stanislas de l'Aulnaye. Malheureusement, les informations que j'ai recueillies ne peuvent guère éclairer la question. Le directeur chargé de Sainte-Périne, à cette époque, est mort: lui seul aurait probablement pu dire ce qu'étaient devenus ces manuscrits. Il paraît bien certain, du reste, qu'ils n'ont jamais été laissés à l'Institution, la bibliothèque de notre établissement n'ayant été fondée qu'en 1839, par M. Uginet, autrefois attaché à la maison de Louis-Philippe, et aujourd'hui décédé. Je serais porté à croire que ces manuscrits ont été enlevés par le Domaine, comme l'ont été, à une époque postérieure, ceux de M. Montverand et de M. Leroy de Petitval. M. Montverand avait laissé une pièce en cinq actes, et M. de Petitval, des *Anecdotes de l'ancienne cour*, des *Observations sur les finances d'Angleterre depuis le règne d'Élisabeth jusqu'en 1815*, et le *Récit d'un voyage en Angleterre*. Mais il est à craindre que ces écrits, recueillis par le Domaine comme papiers de succession, n'aient été vendus au poids.

Agréez, etc.

Ainsi, les manuscrits de Stanislas de l'Aulnaye ont été vendus au poids, comme ceux de MM. Montverand et Leroy de Petitval, comme ceux de tant d'autres savants et littérateurs, dont la succession est tombée dans le gouffre du Domaine. Dieu veuille que les fureteurs d'autographes aient pu les racheter entre les mains des épiciers! On sait que Villenave a fait ainsi de précieuses découvertes parmi les vieux papiers achetés au poids et sauvés du pilon.

Entre les manuscrits de Stanislas de l'Aulnaye les plus regrettables, il faut citer son *Essai de bibliographie encomiastique*, ou bibliographie des éloges qui ont pour objet les choses et les personnes. Ce grand travail, qui ne comprenait pas moins de 5,000 articles, aurait formé environ quatre volumes in-8. On en trouve quelques extraits curieux dans le *Rabelaisiana*, qui est imprimé à la suite du glossaire, dans les deux éditions de Rabelais publiées par de l'Aulnaye.

La première de ces éditions (*Paris, Desoer*, 1820, 3 vol. in-18) est plus recherchée des amateurs que la seconde, qui a l'avantage d'être beaucoup plus complète; mais cette première édition peut passer pour un chef-d'œuvre typographique, comparable aux plus jolies éditions elzeviriennes. Le texte des deux éditions du Rabelais de Stanislas de l'Aulnaye est défiguré par un système d'orthographe étymologique, poussé jusqu'à l'exagération. Nous nous reprochons d'avoir adopté ce texte dans notre édition, qu'il n'a pas empêché de devenir populaire, et qui s'est vendue à plus de 30,000 exemplaires (*Paris, Charpentier*, 1840 et années suivantes, in-12). Le troisième volume des deux éditions de Stanislas de l'Aulnaye est un piquant répertoire d'érudition rabelaisienne.

Lorsque Stanislas de l'Aulnaye faisait imprimer la seconde édition de son Rabelais (*Paris, Louis Janet*, 1823, 3 vol. in-8°, imprim. de Jules Didot), il était âgé de quatre-vingt-deux ans; il avait conservé toute sa verve et son originalité d'esprit. Il demeurait alors dans une mansarde de la rue Saint-Hyacinthe, près de la place Saint-Michel: cette mansarde n'avait pas d'autres meubles qu'un grabat et une chaise; le pauvre vieillard travaillait dans son lit, dont il ne sortait que pour aller chercher de l'eau-de-vie chez le liquoriste du coin, car il ne vivait que d'eau de-vie, et il était rarement ivre. Sa chambre était encombrée de livres et de paperasses, entassés sur le carreau et couverts de poussière. Ordinairement, sa mémoire prodigieuse lui servait de bibliothèque.

Les derniers temps qu'il passa dans ce bouge, comme la clef restait jour et nuit à la porte, un voleur était entré pendant son sommeil et lui avait pris son pantalon, le seul qu'il possédât. Chaque fois que quelqu'un ouvrait la porte, il criait d'une voix de Stentor: «Eh bien! me rapportez-vous mon pantalon?» Quand l'apprenti de l'imprimerie Didot arrivait avec un paquet d'épreuves, de l'Aulnaye lui disait, sans bouger de son lit: «Petit, tu trouveras une pièce de dix sous dans mes souliers; va voir si mon pantalon est au porte-manteau sur l'escalier. S'il n'y est pas, descends chez le liquoriste et achète-moi pour dix sous d'eau-de-vie, pendant que je corrigerai ton épreuve.» L'épreuve était corrigée, avant que l'enfant fût de retour.

Le libraire Louis Janet, ayant été instruit de l'état de détresse dans lequel se trouvait le vieux savant, lui envoya un pantalon neuf, qui fut déposé au pied du lit où de l'Aulnaye était couché. Celui-ci, à son réveil, aperçut le pantalon et s'empressa de s'en revêtir avec joie, sans soupçonner que ce fût un vêtement neuf. «Celui qui m'avait emprunté mon pantalon, dit-il en riant, ne me le reprendra plus, car je coucherai avec.» Ce qu'il fit à l'avenir.

Il écrivait sans cesse. Il avait achevé la rédaction de sa grande *Histoire générale et particulière des religions et des cultes de tous les peuples du monde, tant anciens que modernes*, dont le premier volume seulement avait paru en trois livraisons, Paris, 1791: cet ouvrage devait avoir 12 volumes in-4°. Il s'occupait aussi de l'examen critique du Rabelais, publié par Esmangard et Éloy Johanneau, chez Dalibon: «Il me faudra, disait-il gaiement, plus de neuf volumes in-8°, pour rassembler les âneries et les coq-à-l'âne qui distinguent cette édition *variorum*, que je propose d'appeler *édition Aliborum*.»

Stanislas de l'Aulnaye se livrait encore aux spéculations de la science hermétique: «Vous verrez, disait-il, que, le jour même où je mourrai de faim, j'aurai trouvé le secret de faire de l'or.»

DENON, DORAT ET BALZAC.

Quel est le véritable auteur d'un petit opuscule, intitulé: *Point de lendemain*, qui a été d'abord imprimé sous le nom de Dorat, que Vivant-Denon a fait depuis réimprimer avec quelques changements, sans y mettre son nom, et que Balzac enfin n'a pas dédaigné de s'approprier, en l'encadrant dans sa *Physiologie du mariage?*

Cet opuscule a paru, pour la première fois, en juin 1777, dans les *Mélanges littéraires ou Journal des Dames, dédié à la Reine* (Paris, veuve Thiboust, imprimeur du roi, in-8), que Dorat publiait, avec le concours de la comtesse de Beauharnais, sa maîtresse, et de quelques amis. Le conte *Point de lendemain* est accompagné de ces initiales, qui ne semblaient pas représenter le nom de Dorat: *par D. G. O. D. R.* Cependant ce conte fut reproduit textuellement dans le *Coup d'œil sur la littérature, ou Collection de différents ouvrages tant en prose qu'en vers, par M. Dorat, pour faire suite à ses Œuvres.* Amsterdam et Paris, Gueffier, 1780, 2 vol. in-8. Ce recueil, qui ne vit le jour que peu de semaines avant la mort de Dorat (29 avril 1780), était réimprimé, la même année, à *Neuchâtel, de l'imprimerie de la Société typographique*, contrefaçon que M. Quérard n'a pas citée dans la *France littéraire*.

On trouve, à la page 227 de l'édition originale et à la page 235 de la contrefaçon du *Coup d'œil sur la littérature*, en tête des contes: *Point de lendemain, conte premier*, avec cette note qui est bien de Dorat: «Il ne se trouve que dans mes *Mélanges littéraires*; et je l'ai transporté dans cette collection pour ceux qui désiroient se le procurer dans un ouvrage moins volumineux.» Ce conte occupe 35 pages; mais il ne se termine plus, comme dans les *Mélanges littéraires*, par les initiales: *D. G. O. D. R.* On le trouve aussi dans l'édition des Œuvres de Dorat, en 20 volumes in-8, publiée, chez Séb. Jorry et Delalain, de 1764 à 1780.

Ce conte, à son apparition dans les *Mélanges littéraires*, avait eu un très-grand succès de curiosité; on s'était préoccupé d'en découvrir les personnages, et l'on pensa naturellement que Dorat avait voulu se mettre en scène sous le nom de *Damon*, et que la *comtesse de **** ne pouvait être que sa maîtresse, la comtesse Fanny de Beauharnais, déjà fameuse par ses galanteries. Dorat acceptait volontiers, pour son propre compte, toutes les bonnes fortunes qu'on lui attribuait, et, par conséquent, il n'eut garde de décliner la paternité du conte *Point de lendemain*: il avait fini, peut-être, par se persuader de bonne foi qu'il en était l'auteur.

Trente-deux ans plus tard, Vivant-Denon, alors directeur des Musées impériaux, faisait soigneusement réimprimer ce joli conte libertin, chez Pierre

Didot l'aîné (1812, in-18 de 52 pages, papier vélin), et il le distribuait mystérieusement à la cour, en disant que l'édition n'avait été tirée qu'à 12 exemplaires. Mais nous pouvons affirmer que le nombre des exemplaires s'élevait à 50 au moins, qui sont devenus fort rares et qui ont été la plupart détruits. Le bruit courut alors qu'une princesse de la famille impériale avait fourni les principaux traits du tableau, et que Denon était un peintre indiscret. Il va sans dire que Denon, auteur ou éditeur, avait retouché le style de la publication primitive.

Seize ans plus tard, un exemplaire de ce conte fut communiqué à Balzac par le baron Dubois, chirurgien de l'empereur, lequel le tenait du baron Denon lui-même, et Balzac, enchanté de la conquête de cet opuscule qu'on lui donnait comme entièrement inconnu, ne se fit pas scrupule de l'admettre dans la première édition anonyme de sa *Physiologie du mariage*, en y faisant quelques retouches et sans dire la source de son heureux larcin. Mais, dans une édition postérieure de la *Physiologie* (Paris, Olivier, 1834, 2 vol. in-8, tome II, p. 170 et suiv.), il rendit à Denon ce qu'il croyait à Denon; et il annonça que *Point de lendemain* ne lui appartenait qu'en qualité d'éditeur. Puis, mieux renseigné à l'égard du conte et du conteur, il remplaça définitivement le nom de *Denon* par celui de *Dorat*, dans l'édition de *la Comédie humaine*. Cependant, entre Dorat et Denon, la bibliographie n'a pas encore prononcé le jugement de Salomon.

La question n'est pas difficile à résoudre.

On représenta, en 1769, au Théâtre-Français, *Julie ou le Bon Père*, comédie en trois actes et en prose, qui fut soutenue par la cour et qui réussit à Paris comme à Versailles. L'auteur ne s'était pas nommé; il fit toutefois imprimer sa pièce, en conservant l'anonyme, avec ces mots: *par M. D* N**, gentilhomme ordinaire du roi* (Paris, Delalain, 1769, in-12). On sut alors que c'était le baron de Non ou Denon, l'ami, l'élève, l'alter ego de Dorat, et son *coadjuteur*, disait-on, auprès de la comtesse de Beauharnais.

Quelques années plus tard, Denon signait de ses initiales: *D. G. O. D. R.* (Denon, gentilhomme ordinaire du roi) le conte *Point de lendemain*, que Dorat faisait paraître dans le *Journal des Dames*. Mais, comme Dorat avait probablement retouché ce conte et que tout le monde lui en faisait honneur, il se l'appropria, en l'insérant, sans signature, dans un de ses ouvrages. Ce ne fut que trente-deux ans après, que Denon eut l'idée de reprendre son bien et de revendiquer son droit d'auteur.

Ainsi donc, Denon a composé le conte, Dorat l'a refait et s'en est emparé. Balzac est resté détenteur de cette propriété indivise, et le conte en litige a eu plus de lecteurs dans la *Physiologie du mariage*, que Dorat et Denon ne lui en avaient jamais donnés.

DÉNONCIATION
FAITE
AU PUBLIC SUR LES DANGERS DU JEU.

Il ne s'agit pas ici d'un livre imprimé, mais d'un manuscrit, qui se trouvait dans la bibliothèque de Viollet-le-Duc, l'agréable auteur de la *Bibliothèque poétique*, et qui me fut confié pour l'examiner et en donner mon avis. Les bibliographes devraient, comme les augures romains, ne pas se regarder sans rire, car ils prononcent des oracles de la meilleure foi du monde, et ils reconnaissent eux-mêmes, presque aussitôt, qu'ils n'ont pas été prophètes. La faute en est à la bibliographie plutôt qu'aux bibliographes.

Je rapporterai d'abord le titre du manuscrit, avant de dire les conjectures auxquelles je me suis livré pour en découvrir l'auteur, qui est peut-être encore à trouver:

DÉNONCIATION FAITE AU PUBLIC SUR LES DANGERS DU JEU, ou les Crimes de tous les joueurs, croupiers, tailleurs de pharaon, banquiers, bailleurs de fonds, de biribi, de 31, de parfaite-égalité, et autres jeux non moins fripons, dévoilés sans aucune réserve; l'on y trouve les noms, surnoms, demeures, origine et mœurs de toutes les personnes des deux sexes, qui composent les maisons de jeux, appelées Maisons de Société. *A Paris, de l'imprimerie du sieur Baxal*, docteur dans tous les jeux; *et se vend au Palais-Royal*, avec permission tacite, aux nᵒˢ 180, 123, 164, 13, 15, 44, 29, 33, 36, 40, 60, *et rue de Richelieu, hôtel de Londres*, 1791.— Manuscrit in-16, de 73 feuillets, v. m. tr. d.

Nous avons reproduit en entier le titre de ce curieux manuscrit, disais-je dans le *Bulletin du bouquiniste* (du 15 novembre 1857), pour donner une idée des singuliers détails que l'auteur anonyme a recueillis dans les maisons de jeu de Paris, surtout dans celles du Palais-Royal, au commencement de la Révolution. C'était alors la belle époque de la passion du jeu, et le Palais-Royal semblait être un temple, élevé par la dépravation des mœurs à tous les vices et même à tous les crimes. L'auteur anonyme, qui a composé ex-professo cet étrange et intéressant ouvrage, devait être un joueur émérite: «Je puis, dit-il, traiter cette partie avec d'autant plus de vérité et de précision, que je la connais très-particulièrement, malheureusement pour ma bourse et pour moi; que je suis imbu de toutes les menées tortueuses et rusées des scélérats qui sont à la tête de ces maisons de jeu, de ces repaires infâmes où le vice triomphe, où la vertu périt.» C'est au prix de sa fortune que le malheureux avait acquis la triste expérience qui lui a permis d'écrire le livre le plus scandaleux et le mieux renseigné que nous connaissions sur l'histoire des jeux de Paris.

«Nous n'avons pas eu de peine à découvrir le nom de l'historien, dans son initiale M, accompagnée de cinq étoiles. *Mayeur* de Saint-Paul s'est d'abord présenté à notre pensée; le nom de *Mayeur* correspond, en effet, à l'initiale et aux cinq étoiles, qui désignent l'auteur des *Dangers du jeu*; quant à l'ouvrage, il offre plus d'une analogie avec le genre et le style de l'*Espion désœuvré*; en outre, Mayeur avait transporté son atelier de médisance et d'injures, en 1791, du boulevard du Temple au Palais-Royal: c'est là qu'il publiait ses *Petits B. du Palais-Royal*, et d'autres pamphlets de même encre. Mais, après avoir lu et comparé avec soin, nous avons reconnu que le sentiment qui a dicté ces mémoires secrets des maisons de jeu était trop honnête pour qu'on pût l'attribuer à Mayeur de Saint-Paul, et nous nous sommes convaincu qu'il fallait en faire honneur à Mérard de Saint-Just, l'auteur de tant d'opuscules imprimés à un très-petit nombre d'exemplaires et recherchés par les amateurs, à cause de cette seule particularité.

«Mérard était un joueur et un libertin, qui ne se corrigea jamais de ces deux défauts; il avait épousé la fille aînée du président d'Ormoy, et il ne ménageait pas la dot de sa femme. Celle-ci, dont il avait fait une espèce de Sapho ou de Corinne, imagina, pour ramener son mari à la *vertu*, de composer et de publier un roman, intitulé: *Mémoires de la baronne d'Alvigny*, par madame M. D. S. J. N. A. J. F. D. (Londres et Paris, Maradan, 1788, in-12); réimprimé sous le titre suivant: *les Dangers de la passion du jeu, ou Histoire de la baronne d'Alvigny* (Paris, Maradan, 1793, in-18). Elle avait probablement pris la donnée et les éléments de ce roman licencieux dans *les Dangers du jeu ou les Crimes de tous les joueurs*, que Mérard de Saint-Just venait de lui offrir en témoignage de repentir. Madame Mérard, qui n'était pas d'ailleurs très-scrupuleuse dans sa conduite et qui eut toujours un goût prononcé pour les compositions érotiques (voy. son *Recueil d'espiègleries, joyeusetés, bons mots, folies*, etc., publié sous le nom de la marquise de Palmareze), ne fut sans doute pas trop effarouchée des anecdotes graveleuses que contient l'ouvrage inédit de son mari, mais elle s'opposa certainement à ce qu'il fût imprimé.

«Les deux époux n'étant plus là pour décider la question, nous espérons que ce manuscrit sera imprimé à 50 ou 100 exemplaires, par les soins d'un bibliophile, qui fera ainsi une bonne œuvre dans l'intérêt de l'histoire parisienne. Notre vœu à cet égard sera peut-être entendu et rempli par MM. de Goncourt, qui ont déjà consacré des recherches si patientes et si ingénieuses à ce que nous appellerons l'archéologie morale du dix-huitième siècle. Nous leur recommandons ce manuscrit, dont la seconde partie porte un titre spécial, ainsi conçu: *les Joueurs et M. Dussaulx*, Agrippinæ, chez M. Lescot, 1791. L'auteur de cette chronique scandaleuse a voulu prouver que Dussaulx, en faisant paraître sa célèbre déclamation philosophique sur le jeu

(*De la passion du jeu depuis les temps anciens jusqu'à nos jours, 1779*), n'avait étudié son sujet que dans les livres et surtout dans ceux des philosophes.

«Pourquoi Mérard, qui a fait imprimer à ses frais, chez Didot, une foule de petits volumes en vers et en prose, plus ou moins mauvais ou inutiles, n'a-t-il pas, de gré ou de force, publié son énergique tableau des maisons de jeu, pour servir de pièces justificatives au petit roman immoral de sa femme?»

J'étais assez content de la consultation bibliographique que j'avais fournie au libraire sur ce manuscrit, que les amateurs se disputaient déjà; mais je ne tardai pas à concevoir des doutes, au sujet de la découverte de l'anonyme, en faisant cette réflexion que Mérard de Saint-Just n'avait rien publié sur le jeu ni sur les joueurs, dans ses nombreuses broutilles en vers et en prose; or j'avais remarqué que tous les auteurs qui ont écrit sur le jeu ne se sont pas bornés à un seul ouvrage, car il n'y a que les joueurs, corrigés ou non, qui se plaisent à traiter ce sujet et à invectiver le jeu, comme pour se venger de ses rigueurs et de ses injustices. Mes doutes ne firent que s'accroître et se confirmer, quand je lus dans le *Bulletin du Bouquiniste* (15 janvier 1858) la note suivante, rédigée de main de maître et signée *Alex. Destouches*:

«Dans son numéro du 15 novembre dernier (1857), le *Bulletin du Bouquiniste* a publié une notice intéressante de M. P. L. (Bibliophile Jacob) sur un manuscrit daté de 1791, ayant pour titre: *Dénonciation faite au public sur les dangers du jeu*, etc. Guidé par l'initiale M, accompagnée de cinq étoiles, qui peuvent servir de signature au manuscrit, l'ingénieux bibliophile, après avoir pensé d'abord que Mayeur de Saint-Paul pouvait en être l'auteur, s'est enfin décidé à l'attribuer à Mérard de Saint-Just. Ce qui pourrait corroborer cette supposition, c'est qu'au dire de M. P. L., ce manuscrit contient les éléments d'un roman, publié en 1793 par madame Mérard de Saint-Just et intitulé: *les Dangers de la passion du jeu, ou Histoire de la baronne d'Alvigny*. Qu'on nous permette de mettre en avant une hypothèse, dont nous abandonnons la vérification au propriétaire actuel du manuscrit.

«D'après M. P. L., la seconde partie de cette «chronique scandaleuse» porte un titre spécial, ainsi conçu: *les Joueurs et M. Dussaulx*, Agrippinæ, chez M. Lescot, 1791. Or nous avons, dans ce moment, sous les yeux, un in-8 de 60 pages, imprimé à la date de 1780, qui porte ce même titre, avec les indications qui suivent, sauf de légères différences d'orthographe (*Dusaulx*, *Agripinæ*, *M. Lescot*). Les proportions de ce bouquin s'accordent assez avec les 73 feuillets, qui composent le manuscrit in-16 de M. P. L. De là notre supposition, qui est celle-ci: ce manuscrit ne serait-il pas la préparation d'une édition nouvelle de l'imprimé, qu'on aurait voulu rafraîchir, dix ans après sa publication, par un titre neuf? Nous croirions volontiers qu'au lieu d'être le titre d'une seconde partie, ce fut le titre adopté dans le principe pour le tout, car, si d'une part les 60 pages d'impression in-8 paraissent pouvoir représenter la matière de

73 feuillets d'écriture in-16, d'autre part l'explication donnée par M. P. L. du contenu du manuscrit est applicable de tous points à celui de l'imprimé.

«Quant au nom de l'auteur de ce dernier, Barbier et Quérard l'attribuent à la collaboration de Jacquet, l'abbé Duvernet, Delaunay et Marcenay. L'initiale M, apposée, d'après M. P. L., au bas du manuscrit de 1791, désigne-t-elle le quatrième collaborateur, Marcenay de Ghuy, auteur de deux traités sur la gravure (1756 et 1764) et d'un Essai sur la beauté (1770)? Ce qui gênerait cette hypothèse, c'est le nombre des étoiles qui accompagnent l'M, à moins qu'on ne l'accepte comme indéterminé.

«Un moment, et sauf la même difficulté, nous avons pensé être sur la trace de Théveneau de Morande, le *Gazetier cuirassé*. A la page 59 de cette curieuse et emportée satire, l'auteur individuel ou collectif, après avoir supposé son ouvrage traduit d'un Anglais, nommé Warthon, exprime la crainte que les gens de la police de Paris n'en prennent de l'humeur et qu'on ne lui envoie l'*ami Tinch* ou *Finch T...*, qui fut autrefois «dépêché du pays d'Albion, pour venir complimenter le *Gazetier cuirassé* sur la beauté de son style.» Doit-on voir là une rancune personnelle? Nous connaissons enfin, en dernière analyse, une brochure de 66 pages, imprimée au commencement de ce siècle, par un nommé J.-C. Mortier, *homme de loi*, et intitulée: *A bas tous les jeux!* Est-ce là l'initiale du manuscrit? Une décision est à intervenir.»

Après avoir lu cette note, pleine de critique et de sens, je changeai brusquement mes conclusions, et je cessai d'attribuer à Mérard de Saint-Just la *Dénonciation*, dont je lui avais fait honneur. Je ne voulus pourtant pas admettre que le graveur Marcenay de Ghuy fût pour quelque chose dans cette pièce manuscrite. Je n'admis pas davantage que la brochure, intitulée: *les Joueurs et M. Dusaulx*, eût exigé, comme le prétend Barbier dans son *Dictionnaire des Anonymes*, la collaboration de quatre auteurs ou quatre joueurs, étonnés de se rencontrer ensemble: Jacquet, le graveur Marcenay de Ghuy, l'abbé Duvernet et Delaunay. C'est une analyse de cette brochure, que l'auteur de la *Dénonciation* a placée tout naturellement à la suite de son ouvrage.

Mais l'auteur de la *Dénonciation*? M. Alex. Destouches l'a nommé, n'en déplaise aux cinq étoiles du manuscrit: J.-C. Mortier, homme de loi, qui publia, vers 1803 ou 1804, à Paris, chez Pelletié, un terrible réquisitoire contre la roulette et le biribi, sous ce titre: *A bas tous les jeux!* in-8 de 66 pages. Il ne faut pas songer à Théveneau de Morande, qui avait bien autre chose à faire que de dénoncer les jeux en 1791, et qui périt, l'année suivante, dans le massacre des prisons, le 2 septembre 1792.

POLÉMIQUE
BIBLIOGRAPHIQUE.

JACQUES SAQUESPÉE ET JEAN CERTAIN.

Mon savant collègue, M. Henri Cocheris, bibliothécaire à la Bibliothèque Mazarine, s'était peut-être trop pressé d'annoncer, dans le *Bulletin du Bouquiniste* (31e no, 1er avril 1858), que M. Alphonse Chassant, paléographe justement estimé, venait enfin de découvrir le nom de l'auteur du célèbre roman du Châtelain de Coucy et de la Dame de Fayel, que G.-A. Crapelet avait publié pour la première fois, en 1829, dans sa belle Collection des anciens monuments de la langue française.

Le nom de cet auteur inconnu se trouvait caché dans ces 22 vers, qui commencent son roman et que l'éditeur a publiés comme il suit:

1. Ot pour y tant qu'amours m'a pris
2. Et en son service m'a mis,
3. En l'onnour d'une dame gente,
4. Ai-je mis mon cuer et m'entente
5. A rimer ceste istoire cy.
6. Et mon non rimerai ausy,
7. Si c'on ne s'en percevera,
8. Qui l'engien trouver ne sara:
9. I'en sui certain, car n'afferroit
10. A personne qui faire l'arroit,
11. C'on le tenroit à vanterie,
12. Espoir ou en melancolie.
13. Mès se celle pour qui fait l'ay
14. En set nouvelle, bien le say:
15. Si li plaist bien guerredonné
16. Sera mès qu' el' recoive en gré...
17. A li m'ofri et me present,
18. Qu'en face son commandement.
19. En lui ai mis tout mon soulas,
20. S'en chant souvent et haut et bas.

21.   Et liement me maintenray

22.   Pour lui tant comme viveray.

M. Chassant, dans ses recherches sur l'auteur du roman, avait cru trouver l'*engien*, que ce poëte aurait imaginé pour mieux déguiser son nom aux yeux des profanes. Il supposait donc que cet *engien* devait être un acrostiche-anagramme; puis, en déplaçant, à sa guise, 13 vers, qu'il choisissait arbitrairement dans ce groupe de 22 vers, ou en intervertissant leur ordre, sans se préoccuper du sens général, il parvenait à composer ces deux noms ou plutôt ces deux semblants de noms: JACQES et SAQESPE, qu'il traduisait en JACQUES SAQUESPEE. Était-il de Champagne? était-il de Picardie? C'était là une question secondaire, qu'il eût été plus facile de résoudre, si maître Jacques Saquespée avait pris rang dans notre littérature du moyen âge.

Je fus médiocrement satisfait, j'en conviens, de la découverte de M. Chassant, et j'eus peut-être le tort d'avoir raison. Les paris étaient ouverts, et tous les jeunes paléographes cherchaient à deviner l'énigme que le sphinx bibliographique avait mis sur le tapis. Je ne me pique pas d'être plus Œdipe qu'un autre, mais je ne résistai pas à l'envie de donner un avis, *comme vous autres, messieurs*. Le *Bulletin du Bouquiniste* (1ᵉʳ mai 1858) fit savoir, *urbi et orbi*, que, selon moi, Jacques Saquespée n'avait plus qu'à céder la place à Jean Certain.

      «Mon cher monsieur Aubry,

«Une découverte bibliographique vaut à mes yeux la découverte de l'Amérique, ou peu s'en faut. Par bonheur, il y a toujours du nouveau à découvrir à travers l'océan des livres. C'est donc avec joie que j'ai vu, dans votre *Bulletin du Bouquiniste*, qu'on avait enfin découvert le nom de l'auteur d'un admirable poëme du XIIIᵉ siècle: le *Roman du Châtelain de Coucy et de la Dame de Fayel*.

«La lettre de M. H. Cocheris, qui annonçait cette bonne nouvelle, m'avait fait battre le cœur d'espérance: les recherches de M. Alphonse Chassant, si ingénieuses qu'elles soient, m'ont laissé d'abord dans le doute; puis, après avoir relu soigneusement sa curieuse dissertation, je suis resté convaincu que l'énigme était encore à chercher, par conséquent à trouver. Je regrette que le savant et spirituel auteur de l'ouvrage intitulé: *les Nobles et les Vilains du temps passé*, n'ait fait que s'égarer dans un paradoxe spécieux et vraiment impraticable.

«Selon lui, le nom de *Jacques Saquespée*, qu'il a formé tant bien que mal, en choisissant un certain nombre de lettres parmi celles qui commencent les mots en tête des vingt-deux premiers vers du roman, ce nom, très-connu dans l'histoire nobiliaire de la Champagne et de la Picardie, serait celui de l'auteur anonyme.

«Nous n'avons rien à dire sur le nom de *Saquespée*: qu'il appartienne à une famille champenoise, comme le croit M. Chassant, ou bien plutôt à une famille picarde, comme le suppose M. Cocheris, la question n'en est pas encore là. Il y a eu des familles de ce nom dans plusieurs provinces de France, et les maisons nobles fournissaient volontiers des trouvères à la *gaie science*.

«Ce qu'il importe d'abord de constater, c'est que les deux noms de *Jacques* et de *Saquespée* ne se trouvent représentés, ni en acrostiche, ni en anagramme, dans les premiers vers du roman du *Châtelain de Coucy*; car la règle fondamentale de l'acrostiche consiste à reproduire, dans les initiales de plusieurs vers ou lignes de prose, toutes les lettres d'un nom, d'un mot ou d'une phrase, suivant l'ordre rigoureux de ces mêmes lettres; autrement, ce ne serait pas un acrostiche. Quant à l'anagramme, il faut, dans un nombre de lettres déterminé, retrouver, sans aucune addition ni suppression, les lettres composant un nom, un mot ou une phrase. Voilà pourquoi l'acrostiche-anagramme, proposé par M. Chassant, n'a pas de raison d'être.

«M. Chassant, pour créer cet acrostiche, a été obligé de grouper à sa fantaisie les vers qui pouvaient le composer, en séparant les uns de leur ordre naturel, en rapprochant les autres et en les forçant, pour ainsi dire, de se ranger à son système: «Ainsi, dit-il, en partant du 6ᵉ vers des 22 que nous avons reproduits plus haut, et suivant sans interruption jusqu'au 11ᵉ, on trouvera le prénom *Jacques*, en prenant les initiales des vers numérotés 9, 10, 11 (lettre double), 6, 7. Et, reprenant le 16ᵉ vers et ceux qui suivent jusqu'au 22ᵉ et dernier, on lira *Saquespé*, écrit dans l'ordre suivant: 16, 17, 18 (lettre double), 19, 20, 22, 21.» Nous le répétons, cette manière de procéder est inadmissible et contraire à toutes les règles de l'acrostiche et de l'anagramme, puisque l'anagramme et l'acrostiche ont aussi leurs règles, en quelque sorte, grammaticales.

«M. Chassant en conviendra lui-même, s'il veut se servir du même mode de transposition des mêmes vers, pour obtenir d'autres noms. Ainsi, en prenant les initiales des vers numérotés 13, 10, 11, 12, on aura *Macé*, pour prénom; ensuite, les vers numérotés 20, 17, 22, 21, 18 (lettre double), 19, donneront le nom de *Sapèque*. On peut varier à l'infini le placement des vers et en tirer une foule de combinaisons plus ou moins acrostiches. Que si l'on tenait absolument au nom de *Saquespée*, il serait plus simple et plus logique de le découvrir à peu près dans un acrostiche régulier, qui offre, à partir du 9ᵉ vers, ces deux mots: *Jacemes Saqesep*. Ajoutons encore, en passant, que le prénom de *Jacques*, auquel on a donné la préférence (l'acrostiche libre fournit aussi bien *Mai* ou *Amé*, etc.), s'écrivait *Jacques*, et ne s'est jamais écrit *Jacqes* au XIIIᵉ siècle.

«Mais cela importe peu ou point; il s'agit de découvrir, une fois pour toutes, le nom, le vrai nom de l'auteur du roman du *Châtelain de Coucy*.

«Il faut avouer que le texte des vingt-deux vers, dans lesquels ce nom doit se trouver, a été altéré évidemment par le premier éditeur, quoique ce ne soit pas Crapelet qui ait fait pour son édition une copie collationnée sur le manuscrit de la Bibliothèque impériale. Nous sommes étonné que M. Alphonse Chassant, de qui la science paléographique est incontestable, n'ait pas eu l'idée de corriger ce texte, avant de procéder à la recherche de l'*engien* qu'il contient. Quant à la traduction de Crapelet, elle est pleine de non-sens, et l'on s'aperçoit que le prétendu traducteur ne comprenait pas même la langue du XIIIe siècle.

«Mais le nom de l'auteur? me direz-vous. Nous faisons bon marché du texte et de la traduction. Nous demandons seulement le nom de l'auteur du roman? C'est ici qu'Œdipe s'embarrasse.

«En effet, nous avons trouvé cinq ou six noms très convenables, en les cherchant, soit dans la rime, soit dans l'acrostiche final, soit dans l'assonance, soit dans l'équivoque. C'est à l'équivoque ou au rébus que nous nous arrêterons. Le roman du *Châtelain de Coucy* est en dialecte picard, comme le remarque fort bien M. Cocheris; le sujet, d'ailleurs, appartient à la Picardie: or, la Picardie ayant la spécialité des rébus, c'était là un *engien* qui lui fut toujours familier et que la Flandre lui emprunta depuis. Eh bien! le nom de l'auteur doit être renfermé dans un rébus picard ou flamand.

«Voici d'abord trois vers qui servent de préface à l'*engien*:

Et mon non rimerai ausy,

Si c'on ne s'en percevera,

Qui l'engien trouver ne sara.

«Voici maintenant l'*engien*, au 10e vers:

J'en suis certain...

«C'est-à-dire que l'auteur se nomme JEAN CERTAIN. Ce trouvère du XIIIe siècle était Picard, ou Artésien, ou Flamand. L'*Histoire littéraire de la France* (t. XXIII, p. 537) dit qu'il appartenait aux provinces du Nord. M. Arthur Dinaux ne l'a pas oublié dans son précieux recueil des *Trouvères artésiens* (p. 428). Laborde l'avait déjà cité, sous le nom de *Chiertain*, dans ses *Mémoires historiques sur Raoul de Coucy*, t. II, p. 180 et 319. On croit que ce Certain était abbé ou prieur de couvent, parce que, dans un *jeu parti* qui nous reste de lui (Bibl. imp., ancien fonds, n° 7613), il se défend d'avoir des relations coupables avec ses religieuses; ce qui ne l'empêche pas de traiter cette grave et délicate question: Laquelle vaut-il mieux avoir pour maîtresse? Une nonnain ou une dévote laïque?

«Faut-il conclure de là que, Jean Certain ayant composé son roman *en l'honneur d'une dame gente,* cette dame était certainement une dévote, sinon une religieuse?

«Agréez, etc.

«P.-L. JACOB, bibliophile.»

M. Chassant ne se tint pas pour battu et releva le gant, d'un air de mauvaise humeur, dans le n° 37 du *Bulletin du Bouquiniste.* Il insista, il persista, pour maintenir Jacques Saquespée, ou plutôt JACQES SAQESPE, en possession du droit d'auteur, que j'avais osé transférer à Jean Certain. Sa réplique n'était pas plus solide que sa première argumentation; et l'érudition réelle, qu'il avait mise en jeu au profit d'une thèse imaginaire, laissait subsister dans leur entier toutes mes objections contradictoires. J'aurais eu beaucoup à dire, si j'avais jugé à propos de continuer le débat, et il m'eût suffi de recourir au manuscrit du roman du *Châtelain de Coucy,* sur lequel le savant M. Paulin Paris a consigné, dans une note autographe, le résultat de ses propres recherches.

Je préférai m'abstenir et attendre le jugement dernier de la bibliographie. Ce jugement dernier est venu avec la dernière édition du *Manuel du libraire* de notre seigneur et maître Jacques-Charles Brunet. On lit, à l'article CRAPELET, t. II, col. 407: «On a cherché le nom de l'auteur de l'Histoire du *Châtelain de Coucy,* dans les premiers vers de ce poëme. M. Chassant y a trouvé *Jacques Saquespée,* et le bibliophile Jacob, avec plus de vraisemblance, *Jean Certain,* poëte picard ou flamand du XIIIe siècle.»

N'est-ce pas là une bien précieuse récompense pour un bibliophile?

RONSARD ET COLLETET.

Le poëte élégant qui a publié, *con amore*, non-seulement les Œuvres inédites ou non recueillies de Pierre de Ronsard, mais encore une édition des Œuvres complètes de l'illustre chef de la Pléiade, ne pouvait manquer de s'intéresser à la recherche de la maison que Ronsard possédait à l'entrée du faubourg Saint-Marcel, et que les deux Colletet avaient occupée après lui. Où était située cette maison? M. Prosper Blanchemain la demandait en vain aux échos du vieux Paris.

Il avait pourtant, pour se guider dans sa recherche, un passage de la *Vie de Ronsard*, écrite par Guillaume Colletet, laquelle fait partie des *Vies des Poëtes françois*, dont la Bibliothèque du Louvre conserve le manuscrit autographe; ce passage est ainsi conçu:

«Dans la maturité de son aage, il (Ronsard) aimoit le séjour de l'entrée du faux-bourg Saint-Marcel, à cause de la pureté de l'air, et de cette agréable montagne que j'appelle son Parnasse et le mien. Et certes je marqueray toujours d'un éternel crayon ce jour bienheureux, que la faveur du ministre de nos roys me donna le moyen d'achepter une des maisons qu'il aimoit autrefois habiter, en ce mesme faux-bourg, et sans doute, après celle de Baïf, qu'il aima le plus. Et, aussy, fut-ce sur ce sujet, que je composay, il y a quelques années, un sonnet que je ne feindray point d'insérer icy, par marque du respect inviolable que je porte à la mémoire de ce divin homme, et de la joye que je ressens d'habiter les sacrés lieux, que ses muses habitèrent autrefois avec tant de gloire.

Je ne voy rien icy qui ne flatte mes yeux:

Ceste cour du Ballustre est gaye et magnifique;

Ces superbes lyons qui gardent le portique

Adoucissent pour moy leurs regards furieux.

Ce feuillage, animé d'un vent délicieux,

Joint au chant des oiseaux sa tremblante musique.

Ce parterre de fleurs, par un secret magique,

Semble avoir derobé les estoiles des cieux.

L'aimable promenoir de ces doubles allées,

Qui de prophanes pas n'ont point esté foulées;

Garde encore, ô Ronsard, les vestiges des tiens...

Mais, ô noble desir d'une gloire infinie!

Je trouve bien icy mes pas avec les siens,

Et mon pas dans mes vers sa force et son génie.»

Les notes railleuses que Tallemant des Réaux avait ajoutées à ce sonnet, en le citant dans ses *Historiettes*, d'après le recueil des *Épigrammes* du sieur Colletet (Paris, L. Chamhoudry, 1653, in-12, p. 47), devaient suffire pour fixer exactement la situation de la maison de Ronsard. M. Prosper Blanchemain eut le tort de se laisser égarer par les termes amphibologiques d'un sonnet inédit, qu'il découvrit parmi les papiers de Guillaume Colletet, et qui avait été adressé à ce poëte par son ami Jean Leblanc, auteur de la *Néoptémachie poétique* et des *Odes pindariques*.

A COLLETET.

SUR SA MAISON DU FAUBOURG SAINT-MARCEL.

Dans une region dite la Morfondue,

D'autant qu'elle est sujette au frileux Aquilon,

Colletet, embrasé des flammes d'Apollon,

Va faire maintenant sa demeure assidue.

Cette region froide à sa flamme étoit due:

Son feu temperera l'hemisphere Gelon:

Desja sa muse y balle, au son du violon,

Sous l'ombre d'un meurier par la cour espandue.

Les poëtes voisins, pour desdier ces lieux,

Ont faict un sacrifice aux domestiques dieux,

Affin que tout arrive à bien au nouvel hoste:

Garnier avec Leblanc et le pere Thomas

Se trouverent, ayant au chef une calotte,

Et par les vins fumeux chasserent les frimas.

M. Prosper Blanchemain publia ce sonnet, qui avait été composé sans doute vers 1625, puisque Jean Leblanc était déjà très-vieux quand il fit réimprimer ses *Odes pindariques*, en 1611, et qui fixe approximativement l'époque où Colletet devint propriétaire de la maison de Ronsard, où il réunissait ses amis, poëtes et buveurs. «Voilà bien, disait M. Prosper Blanchemain, ce grand *meurier* de des Réaux, et, de plus, nous savons que l'habitation est située dans la rue des Morfondus. Jaillot et le plan de Gomboust nous apprennent que la rue des Morfondus, plus tard rue du *Puits-de-Fer*, n'est autre que la rue Neuve-Saint-Étienne-du-Mont, illustrée d'autre part pour avoir été habitée par Pascal et par Rollin, dont les demeures sont connues. Il ne me restait plus qu'un pas à faire pour arriver au but de mes recherches: déterminer l'emplacement exact de la maison; il m'a été impossible d'y parvenir.»

Le mûrier de Ronsard, ce grand mûrier dont Colletet vendait les mûres, au dire de Tallemant des Réaux, et que Jean Leblanc célébrait comme l'ornement de la cour du Balustre, cour *gaie et magnifique*, qui, suivant Tallemant, n'avait que quatre pieds en carré; ce mûrier était là, ce me semble, pour mieux diriger la recherche que M. Blanchemain a faite au milieu du faubourg Saint-Marcel, au lieu de rester *à l'entrée* de ce faubourg, comme le lui conseillaient les textes qu'il a cités.

Je réfutai donc en ces termes l'article que M. Prosper Blanchemain avait consacré à sa découverte, dans le nᵒ 102 du *Bulletin du Bouquiniste* (15 mars 1861):

«M. Prosper Blanchemain, à qui nous devons une très-bonne édition des œuvres complètes de Ronsard, et qui avait prélude à ce grand travail d'éditeur passionné, par la publication des pièces que n'ont pas recueillies les anciens éditeurs de son poëte favori, s'est occupé naturellement de retrouver la maison que Ronsard possédait à Paris. Cette maison était déjà célèbre dans l'histoire littéraire, par les assemblées de la Pléiade, que Ronsard convoquait chez lui et qu'il présidait lui-même, concurremment avec son ami Baïf. Mais on ne savait pas exactement dans quel quartier ni dans quelle rue il fallait la chercher; or cette maison peut exister encore, si le mauvais génie des démolitions ne l'a pas fait disparaître incognito.

«M. Prosper Blanchemain a constaté, d'après un passage des *Vies des Poëtes*, de Guillaume Colletet, ouvrage inédit dont le manuscrit est à la Bibliothèque du Louvre, que la maison de Ronsard devait être située *à l'entrée du faubourg Saint-Marcel*, et que Guillaume Colletet l'avait habitée après lui. Les poëtes se succèdent et ne se ressemblent pas. Suivant la vie de Guillaume Colletet, écrite par un de ses amis, P. Cadot, avocat au parlement, et non encore publiée, la maison, qui avait été le berceau de la Pléiade au seizième siècle, aurait vu se former au dix-septième les premières réunions de l'Académie française. Ce sont là des faits intéressants, que M. Prosper Blanchemain nous a révélés dans une note insérée au *Bulletin du Bouquiniste*.

«Mais il n'a pas été aussi heureux dans la recherche qu'il a faite de l'endroit même où cette maison fameuse était placée. Un sonnet inédit de J. Leblanc, adressé à Guillaume Colletet, *sur sa maison du faubourg Saint-Marcel*, nous apprend que ladite maison s'élevait

Dans une région dite la Morfondue.

«M. Blanchemain a cru que cette région n'était autre que la rue des Morfondus, plus tard rue du Puits-de-Fer, et maintenant rue Neuve-Saint-Étienne-du-Mont. C'est là qu'il est allé demander la maison de Ronsard ou celle de Guillaume Colletet. Nous ne sommes pas surpris qu'il ne l'ait pas trouvée, car la rue Neuve-Saint-Étienne-du-Mont, qu'on appelait, du temps de Ronsard, la rue du Puits-de-Fer, à cause d'un puits public, et qui s'était appelée auparavant *chemin du Moulin à vent*, ne fût bâtie, comme son nom l'indique, qu'à la fin du seizième siècle, c'est-à-dire après que la construction de l'église de Saint-Étienne-du-Mont, commencée sous le règne de François Ier, eut été achevée. On la nomma aussi rue des *Morfondus*, parce qu'on n'y voyait qu'une seule maison, que le peuple avait plaisamment baptisée: *la maison des morfondus ou des réchauffés*.

«Guillaume Colletet, qui mourut le 19 janvier 1659, fut enterré dans l'église de Saint-Sauveur, au faubourg Saint-Denis, où il n'avait pas d'épitaphe, dit expressément Piganiol de La Force. La tradition rapporte qu'il était si pauvre, que ses amis furent obligés de se cotiser pour payer les frais de l'enterrement. La tradition pourrait bien être fausse ici comme ailleurs, car Guillaume Colletet était alors propriétaire de la maison du faubourg Saint-Marcel, qui passa en la possession de son fils François Colletet, que Boileau nous représente *crotté jusqu'à l'échine* et *allant quêter son pain de cuisine en cuisine*. François Colletet fut, comme son père, propriétaire et bourgeois de Paris. Il possédait une magnifique bibliothèque qui ne lui avait pas coûté ce qu'elle valait, il est vrai, et qui se vendrait aujourd'hui 2 ou 300,000 francs, car elle était toute composée de vieux romans, de facéties, de vieux poëtes français, de mystères, de farces et d'anciennes pièces de théâtre. Il est certain que François Colletet ne fut pas plus pauvre que son père ne l'avait été, et nous avons même de bonnes raisons pour supposer qu'il avait fait des économies, aux dépens de sa nourriture et de son habillement.

«Quant à la maison, qu'il habitait comme son père et qui lui appartenait à titre de domaine patrimonial, elle n'était pas dans la rue des Morfondus ou du Puits-de-Fer, comme l'a supposé M. Prosper Blanchemain, mais dans la petite rue du Mûrier, qui s'était nommée d'abord rue Pavée, et qui changea de nom en l'honneur du mûrier, sous l'ombrage duquel la Pléiade tenait ses séances poétiques. Cette rue s'ouvre, en effet, *à l'entrée du faubourg Saint-Marcel*, au pied de la montagne de Sainte-Geneviève, exposée aux vents du nord, *dans une région dite la Morfondue.*

«En 1676, François Colletet, à qui ses publications littéraires n'avaient pas trop bien réussi, voulut se faire industriel et recréer le Bureau d'adresses, que Théophraste Renaudot exploitait auparavant avec tant de succès et de profit. Il eut l'idée de faire un journal d'affiches et d'annonces, le premier qu'on ait vu paraître en France. Ce journal, qui devait être distribué et affiché dans Paris tous les huit jours, se composait d'une feuille in-4; il parut, pour la première fois, au mois d'août 1676; mais il fut supprimé, peu de semaines après, sur un ordre du lieutenant de police, au moment où l'entreprise de François Colletet devenait si prospère, qu'elle avait nécessité la fondation de plusieurs bureaux auxiliaires. Le principal bureau était dans le domicile de François Colletet. Voici le titre que ce pauvre industriel ajouta au recueil factice des numéros publiés par son Bureau d'adresses: *Journal des avis et des affaires de Paris, contenant ce qui s'y passe tous les jours de plus considérable pour le bien public.* (Paris, du Bureau des journaux, des avis et affaires publiques, rue du Meurier, proche Saint-Nicolas-du-Chardonnet, 1676, in-4 de 152 pages.) A la fin de chaque numéro, on annonce que «des cahiers du journal se distribuent tous les jeudis chez le sieur Colletet, rue du Meurier, proche Saint-Nicolas-du-Chardonnet.»

«Il n'y a donc pas de doute ni d'amphibologie possible: la maison de Colletet, c'est-à-dire celle de Ronsard, était dans la rue du Mûrier, et quoiqu'elle fût *proche* de l'église de Saint-Nicolas-du-Chardonnet, elle dépendait de la paroisse de Saint-Médard, comme François Colletet l'a déclaré lui-même dans son poëme burlesque du *Tracas de Paris:*

Il vaut bien mieux voir Saint-Médard:

C'est une magnifique église,

Qu'avec grande raison je prise,

D'où sont beaucoup de gens de bien,

Et dont je suis paroissien.

«Lorsque j'ai publié le *Tracas de Paris,* à la suite du *Paris ridicule* de Claude Le Petit (*Paris, Adolphe Delahays,* 1859, in-12), j'ignorais encore la demeure de François Colletet, et j'avoue humblement que je n'avais pas pris la peine de la chercher. Maintenant qu'elle est trouvée, du moins à peu près, il faut demander à notre archéologue parisien, M. Berty, qui a fait des travaux si complets sur la topographie de l'ancien Paris, ce qu'il a pu découvrir, aux Archives de l'Empire, relativement à la maison de Ronsard et des Colletet.»

M. Prosper Blanchemain ne renonça pas, toutefois, à placer la maison de Ronsard dans la rue *Neuve*-Saint-Étienne-du-Mont, laquelle n'avait encore, je le répète, qu'une maison construite, dans les premières années du dix-septième siècle, quand on la nommait *rue des Morfondus*. Il aurait pu, cependant, s'en rapporter au témoignage de François Colletet lui-même, à qui appartint la maison qu'il avait héritée de son père et qu'il habitait toujours en 1676, *rue du Mûrier, proche Saint-Nicolas-du-Chardonnet*.

1º La maison de Ronsard était surtout connue par ce mûrier, qui donna son nom à la rue Pavée et qui subsistait encore à la fin du dix-septième siècle.

2º Cette maison était située *à l'entrée* du faubourg Saint-Marcel, c'est-à-dire non loin de l'enceinte de Philippe-Auguste, à côté de la place Maubert, là où commençait le faubourg enfermé depuis, en partie, dans l'enceinte de Charles V.

3º Le quartier de la place Maubert, comprenant le faubourg Saint-Marcel, représente exactement cette *région dite la Morfondue*, que M. Blanchemain a prise pour une rue. Le mot *région* ne peut s'entendre que d'un quartier.

4º La maison du pauvre Guillaume Colletet, malgré les *superbes* lions qui en gardaient le portique, malgré sa magnifique cour du Balustre, malgré son parterre et ses doubles allées, n'était pas un palais, tant s'en faut: les allées étaient de quatre pieds chacune, comme nous l'apprend Tallemant des Réaux; la cour avait quatre pieds en carré!

C'était assez pour Guillaume Colletet, qui, le chef couvert d'une calotte de drap, buvait frais, à l'ombre du mûrier de Ronsard, avec ses amis Garnier, Leblanc et le père Thomas.

.

PIERRE DU PELLETIER
ET
PIERRE GUILLEBAUD.

Je ne parle jamais d'un livre, sans l'avoir lu d'un bout à l'autre, et même sans l'avoir étudié littérairement et bibliographiquement. Un titre d'ouvrage est sans doute un commencement d'information, mais c'est la porte du sanctuaire: il faut pénétrer plus avant, pour savoir ce qui s'y passe.

J'avais remarqué, dans l'excellent et utile *Bulletin du Bouquiniste* de M. Aubry, l'annonce d'un volume que je ne connaissais pas; elle était ainsi conçue: *Hortus epitaphiorum, ou Jardin d'épitaphes choisies*, où se voyent les fleurs de plusieurs vers funèbres, tant anciens que nouveaux, tirez des plus fleurissantes villes de l'Europe; le tout divisé en deux parties (*Paris, Gaspard Meturas*, 1666, 2 part. en 1 vol. in-12). Je priai M. Aubry de me communiquer ce volume, qui avait déjà trouvé acquéreur, et je le lui rendis, le lendemain, après l'avoir examiné à loisir, en lui envoyant la note suivante, qui fut imprimée dans le *Bulletin du Bouquiniste* (1857, 21ᵉ nᵒ, 1ᵉʳ novembre):

«Voilà, à coup sûr, un livre rare, parce qu'il n'a jamais été signalé et qu'il est tombé bientôt dans l'oubli. Nous regrettons seulement que cet exemplaire ne soit pas dans un état parfait de conservation (il est un peu mouillé et court de marge), car les amateurs se disputeraient certainement entre eux sa possession à un prix élevé. C'est un volume qui se rattache, en effet, aux collections spéciales de livres sur l'histoire de Paris et sur l'histoire littéraire du dix-septième siècle. Il s'agit d'un recueil d'épitaphes, parmi lesquelles un grand nombre appartiennent à des personnages illustres enterrés dans les églises de la capitale. Nous ne connaissons qu'un seul recueil du même genre, qui n'est pas rare, mais qui a été négligé jusque dans ces derniers temps: *Selectæ christiani orbis Deliciæ, ex urbibus, templis, bibliothecis et aliunde*, per Franciscum Swertium (*Colon. Agrip.*, 1608, pet. in-8, frontispice gravé). Quant au *Recueil d'épitaphes sérieuses, badines, satiriques et burlesques* (Bruxelles ou Paris, 1782, 3 vol. in-8), compilé par le bonhomme La Place, il n'a pas la moindre valeur, au point de vue historique. Celui que nous avons sous les yeux a été recueilli par un assez mauvais poëte, Pierre du Pelletier, que Boileau a immortalisé dans ses satires, en le représentant *crotté jusqu'à l'échine* et habitué à *mendier son pain de cuisine en cuisine.*

«Pierre du Pelletier n'en était pas réduit à cette extrémité: «il avait assez de cuisine pour vivre,» comme le dit l'abbé Guéret, dans la *Promenade de Saint-Cloud*; mais il vivait surtout du produit de ses dédicaces, de ses sonnets et de ses vers laudatifs. Il attachait au moins une de ces poésies complimenteuses à chaque nouveau livre qui voyait le jour, et il y ajoutait, d'ordinaire, une dédicace de sa façon, qu'il se faisait payer d'une manière ou d'autre. On peut donc croire que ce recueil d'épitaphes a servi également son métier de flatteur à gages, et que les éloges posthumes qu'il contient ont été payés souvent par les parents ou les amis du défunt. Quoi qu'il en soit, on remarque dans ce ramassis, fait sans ordre et sans mesure, une foule d'épitaphes intéressantes, composées par les poëtes contemporains, Guillaume Colletet, Frenicle, Lamothe Le Vayer fils, Habert, et du Pelletier lui-même. Quelques-unes de ces épitaphes sont consacrées à des morts célèbres; ainsi, on en trouve trois relatives à la fameuse demoiselle de Gournay, et l'une d'elles est de Lamothe Le Vayer, fils du grand philosophe Pierre de Lamothe Le Vayer, et ami de Molière. Il y a plusieurs pièces de Malherbe, de Théophile, etc., imprimées ou non dans leurs œuvres. Enfin, l'analyse de ce curieux volume demanderait une étude approfondie; bornons-nous à l'indiquer aux bibliographes futurs, qui le remettront peut-être en honneur dans l'intérêt de l'histoire. La dédicace, adressée à M. Naudé, chanoine en l'église Notre-Dame de Verdun, prieur d'Artige en Limousin et bibliothécaire de l'excellentissime cardinal Mazarin, par le libraire Gaspard Meturas, et non par le compilateur anonyme qui n'a signé qu'un sixain encomiastique, nous donne lieu de penser qu'il existe de ce même recueil une édition antérieure à l'année 1653, c'est-à-dire à la mort du savant Gabriel Naudé.»

Je m'étais trop pressé de rédiger la note précédente, et j'avais fait fausse route. Quel est le bibliographe qui ne se trompe pas dix fois par jour ou par semaine? M. Eusèbe Castaigne, bibliothécaire de la ville d'Angoulême, me prouva bel et bien que je m'étais trompé en attribuant à Pierre du Pelletier la publication de l'*Hortus epitaphiorum*, qui appartenait sans conteste à Pierre Guillebaud, religieux feuillant, lequel a composé et mis au jour un certain nombre d'ouvrages historiques sous le nom de dom Pierre de Saint-Romuald. J'insistai pour que la critique de mon savant collègue fût imprimée in-extenso dans le *Bulletin du Bibliophile*, et je fis amende honorable le plus humblement du monde, en la faisant suivre de cette lettre, qui renferme quelques particularités bibliographiques, et que je tiens à conserver comme une expiation de ma faute.

A Monsieur Aubry, libraire, éditeur du *Bulletin du Bouquiniste*.

    Monsieur,

Vous avez bien voulu me communiquer la lettre que vous adresse M. Eusèbe Castaigne, bibliothécaire de la ville d'Angoulême, pour relever les inexactitudes que contient ma note relative au recueil intitulé: *Hortus epitaphiorum selectorum*. Je vous engage à publier promptement cette lettre, qui m'a paru d'autant plus utile, qu'elle est extraite en partie d'un ouvrage de ce savant bibliothécaire: *Essai d'une Bibliothèque historique de l'Angoumois*, que tous les bibliographes devraient connaître, et qui n'est malheureusement pas très-répandu à Paris.

J'avoue humblement que M. Castaigne a raison de se ranger du côté de Niceron et de Barbier, qui attribuent à dom Pierre de Saint-Romuald ce recueil d'épitaphes latines et françaises, que j'avais cru pouvoir attribuer à Pierre du Pelletier. Cependant je persiste à croire que ce dernier n'est pas tout à fait étranger à la compilation dudit recueil, surtout pour la partie française. Les six vers signés *du Pelletier*, et placés à la suite de l'épître dédicatoire du libraire à Gabriel Naudé, sont en quelque sorte le complément de cette dédicace. Quel autre que du Pelletier aurait inséré dans ce volume un si grand nombre de pièces de vers composées par du Pelletier? Il n'y a que François Colletet et de Prade, qui occupent autant de place que lui dans l'*Hortus epitaphiorum*. Or, de Prade et François Colletet étaient les meilleurs amis de du Pelletier. Dans l'introduction *Au lecteur*, on remarque la traduction en vers français de *Trois utiles advis d'un vivant*, écrits en vers latins, probablement par Pierre Guillebaud. Cette traduction est précédée de la note suivante: «Ces trois ont été traduits par le sieur du Pelletier, advocat au Parlement, qui a desja enrichy le public de plusieurs de ses ouvrages, tant en prose qu'en vers.» A la page 439, on trouve une «épigramme du sieur du Pelletier sur la mort de son intime amy, le sieur de Chandeville, poëte excellent, neveu de feu M. de Malherbe;» à la page 465, un sonnet de Fr. Colletet au sieur du Pelletier,» sur la mort de sa femme; à la page 530, un sonnet du même du Pelletier, imité d'une pièce de vers latins de Pierre Guillebaud, imprimée à la page 317. Enfin, on peut supposer, avec quelque vraisemblance, qu'un révérend père feuillant n'aurait pas mis, à la page 484: «*Autre* (épitaphe) *à l'antique, qui est à Paris, en l'église de Sainct-Eustache*, POUR QUELQUE GROS CATHOLIQUE.» C'est un peu trop gros, ce me semble, pour un religieux.

Je reconnais, cependant, que la première partie du recueil, où il y a des vers latins de la façon de Pierre Guillebaud, relatifs à des personnes de sa famille et de sa ville natale d'Angoulême, doit lui être laissée en toute propriété, quoiqu'on lise, en tête d'un sixain à la mémoire de Claude Robert, chanoine de l'église cathédrale de Châlons-sur-Saône: «Il est du style de D. P. de S. R. feuillant.» Nous signalerons même une particularité curieuse, qui vient à l'appui de cette attribution: c'est que l'exemplaire qui nous a été communiqué, et qui appartient, nous dit-on, à un de nos plus doctes paléographes, offre beaucoup de corrections manuscrites de la main de l'auteur. L'épitaphe de Jeanne Masson, mère de Pierre Guillebaud, à la page 261, est précédée de cette note filiale: *Quidnam sic properè, te misero mihi!*

En somme, ce recueil, dont j'ai voulu signaler seulement l'intérêt au point de vue de l'histoire, est encore plus intéressant que je ne l'ai dit. J'ai eu, depuis, l'occasion d'examiner la première édition de 1648, ou du moins un exemplaire avec son premier titre, où le fleuron et l'adresse ont seuls des différences. Le fleuron représente deux Amours assis et adossés; l'adresse est ainsi conçue: *Paris, chez Gaspar Meturas, rue Sainct-Jacques, à la Trinité, près les Mathurins.* Sur les nouveaux titres portant la date de 1666, le fleuron, à l'image de la sainte Trinité, reproduit l'enseigne du libraire, qui a mis pour adresse: *Chez Gaspar Meturas, rue Sainct-Jacques, et se vend à Lyon, chez Charles Mathevet, rue Mercière, à l'image de sainct Thomas d'Acquin.* Cette adresse nous apprend donc que le libraire-éditeur, Gaspard Méturas, qui venait de publier, en cette même année 1666, le nouveau recueil d'épitaphes, rassemblées par le P. Labbe, avait cédé à un libraire de Lyon le restant des exemplaires de son *Hortus epitaphiorum.*

Nous persistons à penser que le *Thesaurus epitaphiorum* du P. Labbe est bien loin d'offrir le même intérêt historique et archéologique, que l'*Hortus* de Pierre Guillebaud, ou de Pierre du Pelletier. Non-seulement le *Thesaurus* ne donne aucune épitaphe française, mais encore les épitaphes latines qui s'y trouvent, et qui peuvent se rattacher à notre histoire, sont dépourvues de ces indications locales qui ajoutent beaucoup de prix à la plupart des épitaphes latines ou françaises, recueillies par Pierre du Pelletier ou Pierre Guillebaud. En outre, le P. Labbe a consacré un livre entier de son recueil aux épitaphes de l'antiquité païenne; un autre livre aux épitaphes de l'antiquité chrétienne; un autre aux inscriptions de la Grèce et de l'ancienne Rome, en l'honneur des chiens et des chats, etc. Pierre Guillebaud, ou Pierre du Pelletier, s'est contenté d'accorder quelques pages au Dogue et au petit Chien de Du Bellay, au Chat et à la Chatte de Maynard, à la Chauve-souris de Baïf et à l'Ane du Catholicon d'Espagne. A tout seigneur tout honneur.

Je remercie sincèrement mon savant collègue de m'avoir averti d'être plus prudent à l'avenir dans mes élucubrations bibliographiques. Mais, hélas! il suffit de se sentir quasi-bibliographe, pour être bien convaincu qu'on n'écrit pas vingt lignes en bibliographie, sans commettre une ou deux erreurs: de là le proverbe: *Errare bibliographicum est.* Ce qui console, c'est qu'un bon chrétien pèche au moins sept fois par jour.

Agréez, etc.

P. L. JACOB, *bibliophile.*

16 novembre 1857.

ISARN OU MÉNAGE.

M. A.-T. Barbier, ancien secrétaire des Bibliothèques de la Couronne, était le neveu du célèbre auteur du *Dictionnaire des anonymes*. Il avait voulu marcher sur les traces de son savant oncle et il s'était fait bibliographe; mais, avec beaucoup d'instruction et beaucoup d'esprit naturel, il manquait absolument de critique. On ne doit pas s'étonner qu'il se soit plus d'une fois fourvoyé dans des questions littéraires, où il apportait toujours plus d'érudition que de logique.

Après sa réimpression des *Mémoires de Hollande*, qu'il attribua un peu légèrement à madame de Lafayette, d'après le témoignage d'un docte Hollandais J.-G. Grævius, et qui lui avaient fourni du moins une publication très-intéressante (Paris, J. Techener, 1856, in-16, avec portraits et *fac-simile*), il était tourmenté du désir de prendre sa revanche et de gagner la partie dans une autre joute bibliographique. C'est alors qu'il eut la malheureuse idée de soutenir, sinon de prouver, que le poëte Isarn n'avait jamais existé, et que Ménage s'était caché sous ce nom imaginaire, pour adresser le poëme du *Louis d'or* à mademoiselle de Scudéry.

M. A.-T. Barbier se livra, pendant plusieurs mois, à d'actives recherches, par toutes les bibliothèques de Paris, dans le but de démasquer le prétendu pseudonyme de Ménage. Je fis sa connaissance, pendant qu'il poursuivait sa chimère, en feuilletant des milliers de livres et de manuscrits. Je ne lui dissimulai pas que c'était bâtir sur le sable, que de prétendre, à force d'inductions et de déductions les plus savantes et les plus ingénieuses du monde, changer Isarn en Ménage: «A quoi bon, lui disais-je en riant, vous crever les yeux vous-même, pour nous démontrer qu'il fait nuit en plein jour?» J'espérais qu'il ne donnerait pas suite à cette étrange croisade, entreprise contre le pauvre Isarn, qui avait des droits acquis de longue date dans l'histoire littéraire, et je pensais que tôt ou tard la lumière se ferait dans l'imagination obscurcie de M. A.-T. Barbier. Hélas! je comptais sans l'obstination d'un bibliographe!

Voici l'incroyable article qu'il fit paraître dans le *Bulletin du Bouquiniste* (1er mai 1858):

«Curiosité bibliographique.—Pseudonymie.—Ménage.

«Dans tous les temps, les auteurs qui ont voulu se jouer des curieux ont inventé différents moyens de dérouter les lecteurs; Cicéron et le Junius anglais ont réussi dans leur projet. Le Sempsiceranus des lettres à Atticus et le pseudonyme des Lettres de Junius ne nous ont pas encore été dévoilés, après une multitude de recherches érudites. Ménage, qui aimait à surprendre ses amis, témoin son sonnet italien qu'il leur avait présenté sous le nom du Tasse, s'est surpassé lui-même dans ce genre. On a cru, jusqu'à ces derniers temps, à l'existence d'un auteur du nom d'Isarn, qui n'était autre que Ménage lui-même.

«Le *Louis d'or*, adressé, sans nom d'auteur, à mademoiselle de Scudéry, eut deux éditions, l'une en 1660 et l'autre en 1661, avec le retranchement d'un vers trop libre et des additions qui permirent de le réimprimer dans les Éloges de Mazarin, rassemblés par Ménage en un volume in-folio (1666). Il avait des précautions à prendre, pour ménager ses nombreux bienfaiteurs, car, après Chapelain, son protégé, c'était le mieux renté de tous les beaux esprits, au point d'exciter la jalousie d'un plaisant, qui avait trouvé dans le nom de *Gilles Ménage* l'anagramme de *Mange l'Église*.

«Voici comment il s'y prit: son *Dictionnaire étymologique*, deuxième édition de 1694, contient cet éloge d'Isarn ou plutôt de lui-même, comme il sera démontré tout à l'heure: «Il y a, à Castres, une famille du nom d'Isarn, qui se prononce Isar, dont était *M. Isar, auteur du Louis d'or et de plusieurs autres compositions très-ingénieuses.*» Cet éloge d'outre-tombe était assez adroit et trompa la bonne foi de La Monnoye et de quelques autres contemporains; mais, aujourd'hui que les manuscrits de Conrart peuvent être lus par tout le monde, à la Bibliothèque de l'Arsenal, on voit, en regard du nom de *Thrasyle*, une apostille de la main de Pélisson, dans laquelle il parle ironiquement des constantes amours d'Isarn[4]. D'un autre côté, le *Grand Cyrus*[5] contient un récit piquant des amours inconstants de Thrasyle, où nous voyons figurer deux confidentes de *Mandane* (madame de Longueville), mademoiselle de Lavergne et madame d'Harambure, sous les noms d'*Athalie*, de *Cléorite*, et, sous les noms de *Thrasyle* et d'*Hégésippe* (premier historien ecclésiastique grec), Ménage et Huet.

[4] Voir B. de l'Ars., Mss. n° 151, p. 615.

[5] T. VII, p. 1044 et 1090.

«La comparaison d'une pièce écrite par Ménage, que je possède, avec la relation d'une aventure au bord de la Seine, signée *Isar le Pensif*, ne laisse plus aucun doute sur l'identité d'Isarn et de Ménage[6]. Quoique ma pièce remonte à une époque antérieure, elle porte en elle-même, outre la ressemblance du corps de l'écriture, la preuve qu'elle est de notre auteur, qui en a conservé, dans son *Dictionnaire étymologique*, la définition du mot DISTRICT.

«A.-T. BARBIER.»

M. A.-T. Barbier était fier et heureux de sa belle découverte, et je me reproche aujourd'hui de ne l'avoir pas laissé jouir paisiblement de son bonheur. Je pris fait et cause pour *Isarn*, et je me chargeai de défendre son identité dans le *Bulletin du Bouquiniste*, où il avait été sacrifié impitoyablement à ce sournois de *Ménage*.

«Le Ménage-Isarn de M. A.-T. BARBIER.

«Il est impossible de laisser passer, sans une réponse, sans une protestation immédiate, l'inexplicable assertion de M. A.-T. Barbier, qui prétend avoir découvert le savant Ménage sous le masque d'Isarn, «auteur du *Louis d'or* et de plusieurs autres compositions très-ingénieuses,» comme Ménage l'a dit lui-même dans son *Dictionnaire étymologique.*

«C'est chose grave que de vouloir déposséder de ses droits et de son titre d'auteur un écrivain, qui devait se croire, en vertu d'une longue et incontestable possession, à l'abri de pareille chicane littéraire: il faudrait, au moins, une preuve, sinon des preuves, pour établir un nouveau système qui donne un démenti éclatant à une opinion accréditée, confirmée par le témoignage de deux siècles.

«M. A.-T. Barbier est un bibliophile passionné, un chercheur infatigable, un obstiné feuilleteur de livres. Nous l'avons vu, pendant dix mois, dix mois entiers, s'acharner à la poursuite de son Ménage, caché sous la peau d'Isarn; nous l'avons vu, inébranlable dans ses convictions préconçues, repousser, rejeter dédaigneusement tout ce qui pouvait détruire son rêve favori. Le XVIIe siècle avait beau crier: *Isarn*; M. A.-T. Barbier répétait: *Ménage*.

«Quand M. A.-T. Barbier a publié une charmante édition des *Mémoires de Hollande*, qu'il attribuait à madame de Lafayette, nous avons applaudi à sa découverte, un peu problématique cependant, mais fondée, du moins, sur la déclaration formelle d'un ancien bibliographe, le rédacteur de la *Bibliotheca Heinsiana*. C'était peut-être un paradoxe, mais un paradoxe ingénieux, qui ne faisait tort à personne, puisque les *Mémoires de Hollande* ne sont pas trop indignes de l'auteur de *la Princesse de Clèves*, et que cet ouvrage agréable n'a jamais eu de père avoué. L'enfant est de bonne race; on en fait honneur à madame de Lafayette; soit, baptisons l'enfant!

«Il est étrange, il est cruel, au contraire, de s'attaquer à ce pauvre Isarn, à l'auteur reconnu, incontesté du *Louis d'or*, pour lui enlever son livre, son joli petit livre, pour lui arracher, bon gré mal gré, ses lauriers de poëte et de bel esprit, au profit de son contemporain et de son ami, le docte et pédant Ménage. Et sur quoi s'appuie l'échafaudage fragile et mal enchevêtré de ce monstrueux paradoxe? Sur un passage des manuscrits de Conrart, où l'on voit, en regard du nom de Thrasyle, une apostille de la main de Pellisson, dans laquelle ce dernier parle ironiquement des constantes amours d'Isarn. Or, *Thrasyle*, c'était Ménage, dans le monde des Précieuses.

«Le grand maître des autographes, le spirituel et savant M. Feuillet de Conches, nous expliquera la note de Pellisson, lorsqu'il publiera les *Chroniques des Samedis de mademoiselle de Scudéry*, dans la Bibliothèque elzévirienne de M. Jannet. M. Feuillet de Conches est d'autant plus autorisé à nous dire le dernier mot sur Isarn, qu'il possède, dans son admirable collection, beaucoup de lettres et de manuscrits de ce même Isarn, qui n'a jamais été et qui ne sera jamais Ménage, *quoi qu'on die*!

«M. A.-T. Barbier aurait mieux fait de tenir compte de l'opinion tout à fait contradictoire de son illustre parent, l'auteur du *Dictionnaire des Anonymes*, dans lequel Isarn est nommé deux fois comme ayant composé *la Pistole parlante, ou la Métamorphose du Louis d'or* (Paris, de Sercy, 1660, in-12), réimprimée sous le titre du *Louis d'or, à mademoiselle de Scudéry* (Paris, Loyson, 1661, in-12), et plus tard, avec le nom de l'auteur, dans le *Recueil de pièces choisies tant en prose qu'en vers* (La Haye, van Loom, 1714, 2 vol. in-8), publié par Bernard de La Monnoye. A.-A. Barbier n'était pas seulement un excellent bibliographe, c'était un écrivain profondément versé dans l'histoire littéraire. C'est donc lui qui se charge de répondre ici à son cousin, M. A.-T. Barbier.

«En attendant une réponse plus détaillée, nous ferons observer à M. A.-T. Barbier que Ménage n'avait aucun motif de se déguiser sous le masque d'Isarn, ou *Isar le Pensif*. Ménage, d'ailleurs, en sa qualité de *précieux*, connu, admiré, adulé sous la majestueuse dénomination du *sage Thrasyle*, ne se fût pas abaissé à prendre un nom de bête, car, suivant *les Origines de la langue françoise* de Ménage lui-même (Paris, 1650, in-4°), l'*isard* ou *isar*, est une espèce de chamois. M. A.-T. Barbier aura peut-être de bonnes raisons à nous fournir, au sujet de cette métamorphose de Ménage en chamois, métamorphose plus étrange que celle du *Louis d'or* du véritable Isarn.

«Nous renvoyons donc M. A.-T. Barbier au traité de la *Versification françoise*, par Pierre Richelet (Paris, 1671, in-12), dans lequel il est fait mention avec éloge de M. IZARN, et de son *Louis d'or*; nous le renvoyons aux recueils manuscrits de Conrart, où il est souvent question de M. ISARN, qui se trouve là côte à côte et face à face avec Ménage ou Thrasyle; nous le renvoyons enfin à *la Pompe funèbre de Monsieur Scarron* (Paris, Jean Ribou, 1660, in-12), où il verra paraître, dans le cortége démasqué des auteurs du temps, «ISSARE, autheur de *la Pistole parlante*,» entre l'*habile* Cassagne et l'*ingénieux* Perrault, auteur du *Dialogue de l'Amour et de l'Amitié*.

«P. S.—Dans une lettre adressée à Mlle de Scudéry, le 13 octobre 1656, Pellisson dit avoir reçu deux lettres d'Isarn, qui est encore à Bordeaux (Mss.

de Conrart, in-folio, t. V). Dans une autre lettre adressée à Mlle Legendre, le 2 novembre 1656, Pellisson dit avoir dîné chez Godeau, évêque de Vence, avec Chapelain, Isarn, Mlles Robineau et de Scudéry (Bibl. de l'Arsenal, MSS. Belles-Lettres, n° 145, in-fol.). Qu'en pense M. A.-T. Barbier?»

Cette note, modérément sarcastique, n'éclaira pas M. A.-T. Barbier, mais elle le mit au désespoir; loin de s'avouer vaincu, il rassembla de toutes parts une foule de renseignements plus ou moins problématiques, afin de continuer le combat, pour la plus grande gloire de Ménage. Il voulut répliquer à l'article dans lequel j'avais réduit à peu de chose son thème favori sur Isarn, et il présenta au directeur du *Bulletin du Bouquiniste* une argumentation si longue, si verbeuse, si obscure, tranchons le mot, si déraisonnable, que force fut à M. Aubry de refuser l'insertion de cette insignifiante polémique. M. A.-T. Barbier ne se tint pas pour battu: il eut recours au ministère de l'huissier. M. Aubry me pria de prendre la plume une dernière fois et de répondre, sous son nom, à M. A.-T. Barbier. En conséquence, on lut dans le n° 38 du *Bulletin du Bouquiniste* (15 juillet 1858):

«BIBLIOGRAPHIE POÉTIQUE PAR HUISSIER.

«C'est là une nouvelle espèce de bibliographie, qui, nous l'espérons dans l'intérêt des lecteurs du *Bulletin du Bouquiniste*, ne se renouvellera pas souvent.

«Nous avons inséré, dans le 33e numéro (1er mai), une note de M. A.-T. Barbier, qui annonçait au monde bibliographique avoir découvert le fameux Ménage sous le masque d'Isarn. Cette note, rédigée en style sibyllin, avait tous les caractères d'un oracle: obscurité, singularité, nouveauté. Nous connaissions Ménage, nous ne connaissions guère Isarn; il était tout simple que le premier se fût incarné littérairement dans le second. D'ailleurs, M. A.-T. Barbier était sûr de son fait, comme s'il eût, d'un coup de baguette, forcé Ménage à quitter son déguisement de chamois et à reprendre son véritable nom.

«Dans le numéro 35 (1er juin), le bibliophile Jacob répondit à M. A.-T. Barbier, en style de bibliographe, et lui démontra, par des faits, des dates et des arguments sans réplique, qu'Isarn était bien Isarn, comme Ménage était Ménage, et que, même en bibliographie, il vaut mieux laisser chacun comme il est.

«M. A.-T. Barbier, qui avait employé plus d'un an à la découverte de son Ménage, caché sous la peau d'Isarn, comme le dit le bibliophile Jacob, ne voulut pas s'avouer à lui-même qu'il était dupe d'une illusion obstinée: il eut l'intention de prouver qu'il ne se trompait pas et qu'Isarn n'avait jamais existé que dans la personne de Ménage; mais, en bibliographie comme en poésie, l'intention ne saurait passer pour le fait. Deux fois, trois fois, M. A.-T. Barbier nous apporta des notes, toujours écrites en style sibyllin, mais, par cela même, trop obscures pour notre intelligence; il ne faisait que répéter sa première note, en la rendant plus confuse qu'elle n'était d'abord; du reste, pas un renseignement, pas une date, pas une preuve. La bibliographie est une science précise et claire, qui ne saurait vivre dans les ténèbres et dans le chaos. Nous attendions que la lumière se fît dans l'esprit de M. A.-T. Barbier: *Fiat lux!*

«M. A.-T. Barbier, qui a tant de droit à notre déférence, refusa de donner à ses idées et à ses recherches une forme plus nette et plus exacte; il exigea de nous l'insertion de sa réponse telle quelle, et, pour obtenir cette insertion, il eut recours à l'entremise d'un huissier.

«Voici la pièce curieuse que nous mettons sous les yeux des bibliographes:

L'an mil huit cent cinquante huit, le vingt-neuf juin, à la requête de M. André-Thomas Barbier, ancien bibliothécaire, demeurant à Paris, rue de Grenelle Saint-Germain, n° 168,

J'ai, François-Gustave Fontaine, huissier près le tribunal civil de la Seine, séant à Paris, y demeurant, rue de Buci, n° 12, soussigné;

Fait sommation à M. Auguste Aubry, libraire-éditeur du journal le *Bulletin du Bouquiniste*, demeurant à Paris, rue Dauphine, n° 16, en son domicile, parlant à sa femme ai dit, etc.

D'insérer dans le plus prochain numéro du journal *le Bulletin du Bouquiniste* la réponse suivante, que le requérant entend faire à l'article intitulé *le Ménage-Isarn de M. A.-T. Barbier*, signé P. L. Jacob, bibliophile, publié dans le numéro, du premier juin courant, du journal susindiqué, pages 271 et 272.

AU BIBLIOPHILE JACOB.

Sur sa longue plaidoirie en faveur d'Isarn, transformé par lui en chamois, et plus honnêtement en Isarn par Sarazin, comme Ménage nous l'apprend lui-même dans le manuscrit de Conrart, en 1653 et non en 1650.

Vous prétendez qu'Isarn vive,

Trois ans avant que d'être né:

Plus malicieux que l'abbé Rive,

Vous seul l'avez imaginé.

Autrement que Ménage habile,

Vous feriez parler un lapin,

Et plus sorcier que Thrasile,

Sans y perdre votre latin.

Déclarant que, faute de satisfaire à la présente sommation, le requérant se pourvoira par les voies de droit, même par celles extraordinaires, à l'effet de l'y contraindre.

Et j'ai au susnommé, à domicile et parlant comme ci-devant, laissé cette copie.

Coût cinq francs quarante centimes.

Pour réquisition: BARBIER.FONTAINE.

M. A. Aubry, libraire-éditeur, rue Dauphine, n° 16.

«Nous savions que M. A.-T. Barbier était un homme fort instruit, grand fureteur de livres, grand déchiffreur de manuscrits, mais nous ne savions pas qu'il fût poëte à propos de bibliographie; il sera peut-être, un autre jour, bibliographe à propos de poésie. Nous ne lui attribuerons donc pas deux ou trois fautes de prosodie, qui défigurent son joli huitain et que nous lui demandons la permission de mettre sur le compte de l'huissier, car M. François-Gustave Fontaine, huissier près le tribunal civil de la Seine, n'est pas tenu, par état, de savoir que le mot *malicieux* a quatre syllabes et le mot *sorcier* deux: son ministère n'a rien de commun avec Ménage, ni même avec Isarn.

«Nous avons prié naturellement le bibliophile Jacob de répondre à la sommation qui s'adresse à lui autant qu'à nous: il s'en est excusé, en disant qu'il aimait et estimait trop M. A.-T. Barbier pour lui causer du chagrin en lui enlevant un rêve agréable, et qu'il ne se sentait plus compétent dans un débat littéraire qui commençait en sibylle et qui finissait en huissier: *desinit in piscem mulier formosa superne.*

«Le bibliophile Jacob nous fait observer, d'ailleurs, que M. Cousin et la *Biographie universelle* se sont chargés de répondre pour lui: M. Cousin, dans son charmant ouvrage sur la *Société française du XVIe siècle*, qui vient de paraître, et qui a placé Isarn, l'auteur du *Louis d'or*, au milieu de cette société que M. Cousin connaît, comme s'il y avait vécu; la *Biographie universelle*, dans un article consacré à Isarn, lequel article fait partie du tome XX publié ces jours-ci et semble accuser la touche du savant M. Weiss, qui possède la correspondance inédite de mademoiselle de Scudéry.»

Les choses en restèrent là, ou, du moins, le *Ménage-Isarn* cessa d'égayer les amateurs qui n'avaient jamais trouvé la bibliographie plus plaisante. M. A.-T. Barbier ne me pardonna pourtant pas de lui avoir enlevé ses chères illusions à l'égard d'un pseudonyme qu'il avait créé avec tant d'efforts, et il persévéra silencieusement à poursuivre ses recherches à travers les livres et les manuscrits, qui lui montraient souvent l'ombre fugitive d'Isarn, sans laisser poindre l'oreille de Ménage. Il venait souvent à la Bibliothèque de l'Arsenal, et il avait soin de m'éviter, comme si j'eusse été son plus cruel ennemi; mais il ne manquait pas, à chacune de ses visites, de déposer, à mon adresse, chez le concierge de la Bibliothèque, une épigramme aussi bénigne, aussi innocente, qu'il pouvait la faire contre le défenseur d'Isarn. Je m'abstins de renouveler le débat, pour ne pas renouveler les chagrins de mon honorable adversaire, qui avait toujours l'épiderme très-sensible et très-irritable à l'endroit de Ménage.

Cependant je lui fis passer, un jour, par l'entremise d'un ami commun, le passage suivant d'une compilation peu connue, intitulée:... *ana, ou Bigarrures calotines* (Paris, J.-B. Lamesle, 1730, in-12, page 5 du troisième recueil). C'était, en quelque sorte, mettre sous les yeux de M. A.-T. Barbier l'acte de naissance et l'acte de mort du véritable Isarn.

«Isard, selon d'autres Isar, et plus communément Isarn, peu ou presque point connu dans les recueils de poésie, étoit frère d'un greffier de la Chambre de l'Édit de Castres. Il vint à Paris, en 1664, avec M. Pellisson; le même génie qu'ils avoient les intrigua avec Mlle de Scudéry qui les considéroit également du côté de l'esprit. Peut-être mettoit-elle quelque différence du côté de la personne, car celle d'Isar ne respiroit que l'amour et l'inspiroit par sa présence. Celle de Pellisson ne produisoit pas le même effet. Il étoit extrêmement laid, et la petite vérole avoit même marqué sur son visage un air presque difforme. Au contraire, Isar engageoit, par sa physionomie, par sa prestance aisée, et par les traits, le teint et les cheveux, qu'il avoit très-beaux. Cependant ces belles qualités ne détournèrent pas Mlle de Scudéry de se déclarer pour M. Pellisson. Cette préférence ne les rendit pas moins bons amis. Bien loin de se prévaloir de sa bonne fortune, Pellisson ne chercha que les occasions de témoigner son estime à Isar: il lui donna la connoissance de M. Colbert, qui le choisit pour gouverneur de son fils, M. le marquis de Seignelay, lorsque ce ministre entreprit de le faire voyager par les cours intriguées avec la France. A son retour d'Italie, d'Allemagne et d'Angleterre, Isar périt malheureusement, dans une chambre dont les laquais du marquis de Seignelay avoient emporté la clef, et cela, sans qu'Isar, qui fut attaqué de foiblesse, ait trouvé le moyen d'appeler du secours. Cet accident arriva vers l'an 1673. La société galante de Mlle de Scudéry lui fit composer ce joli impromptu, qu'un habile musicien mit sur un air:

Qu'une impatience amoureuse

Est un supplice rigoureux!

Qu'une heure qu'on attend et qui doit être heureuse

Cause de moments malheureux!

Apparemment que l'auteur, qui n'avoit peut-être pas été mécontent de ces vers, qui lui servirent de déclaration auprès de l'illustre Sapho, ne voulut pas qu'elle en perdît la mémoire. Il les mêla avec d'autres poésies, dans la petite fiction qui nous reste de lui sous le titre du *Louis d'or*, imprimée, avec la Réponse de Mlle de Scudéry, dans le Recueil de Vitré de l'an 1666. C'est là le seul ouvrage que je sache de lui. Les auteurs qui ont décidé sur le nom d'*Isarn* au lieu d'*Isar*, l'ont sans doute confondu avec Isarn de Montauban, lieutenant de vaisseau, qui commandoit en 1682.»

M. A.-T. Barbier fut atterré, m'a-t-on dit, à la lecture de ce témoignage contemporain en faveur d'Isarn, car cet Ana, publié par l'abbé d'Allainval sous le titre de *Bigarrures calotines*, est certainement un ouvrage posthume de l'abbé Bordelon; il communiqua le document au savant bibliographe J. Lamoureux, qui en a fait usage dans l'article ISARN, destiné à la *Nouvelle Biographie générale*, et il mourut bientôt après, à la suite d'une opération douloureuse qu'il avait supportée avec un courage stoïque. Peu de semaines avant sa mort, son ardeur de bibliographie n'était pas éteinte, et comme il avait, ce jour-là, entassé autour de lui une trentaine de volumes, à la Bibliothèque de l'Arsenal, le bibliothécaire lui demanda, en le voyant se lever précipitamment pour sortir, s'il reviendrait achever la séance: «Pas aujourd'hui, dit-il gaiement; vous savez que j'ai la pierre? Le chirurgien m'attend pour me tailler.» On ne le revit plus à l'Arsenal.

Quant au *Recueil de Vitré de l'an 1666*, que cite l'auteur des *Bigarrures calotines*, il était bien connu de M. A.-T. Barbier, qui y avait trouvé de quoi appuyer son opinion relative au Ménage-Isarn; car, dans l'exemplaire que possède la Bibliothèque de l'Arsenal, le *Louis d'or* d'Isarn porte des corrections autographes de Ménage. C'est un recueil rare et précieux, que le savant M. Brunet ne nous paraît pas avoir signalé dans le *Manuel du libraire*; Ménage en fut l'éditeur et Vitré l'imprimeur; en voici le titre complet: *Elogia Julii Mazarini cardinalis, a celebrioribus hujus sæculi auctoribus, gallica, italica et latina lingua conscripta, ex mandato illustrissimi domini Johannis Baptistæ Colbert* (Parisiis, e typographia regia, 1666, in-folio). Vendu une livre huit sous, à la vente de Lancelot, en 1741.... O Isarn! ô Ménage! ô A.-T. Barbier!

LES PREMIERS
MÉMOIRES DE SANSON.

En l'an de grâce 1862, un habile éditeur parisien annonçait, à grand renfort de réclames, la prochaine apparition des *Mémoires de Sanson et de sept générations d'exécuteurs* (1688-1847), et ce nouvel ouvrage, qui promettait d'intéressantes révélations sur l'histoire de la guillotine, était attendu avec une vive impatience. Aujourd'hui qu'il est entièrement publié, on peut dire que la curiosité des lecteurs avides d'émotions terribles et horribles a été satisfaite, et que les metteurs en œuvre de ces sanglants Mémoires ont fait preuve d'un incontestable talent.

Mais, en 1862, on avait encore le droit de se demander quels étaient ces Mémoires et quelle parenté ils pouvaient avoir avec ceux qui avaient paru, plus de trente ans auparavant, sous ce titre: *Mémoires pour servir à l'histoire de la Révolution française*, par Sanson, exécuteur des jugements criminels pendant la Révolution (Paris, au Palais-Royal, galerie d'Orléans, n° 1, 1830, 2 vol. in-8; tome Ier, de 24 feuilles 1/4; tome II, de 29 feuilles 1/4. Imprimerie de Cosson). Telle fut la question que M. l'abbé Dufour crut devoir poser dans les *Annales du Bibliophile, du Bibliothécaire et de l'Archiviste*, en déclarant qu'il avait inutilement cherché partout, même à la Bibliothèque impériale, ces premiers Mémoires, cités dans toutes les bibliographies, traduits en allemand et devenus introuvables en France. Il supposait donc que lesdits Mémoires n'existaient pas, ou, du moins, qu'ils avaient été anéantis par quelque cause ignorée, aussitôt après leur mise en vente. Bien plus, il en concluait que les nouveaux Mémoires, qu'il voyait annoncés avec fracas, ne devaient être qu'une seconde édition des Mémoires imprimés déjà eu 1830.

Le devoir d'un bibliographe est de répondre à toutes les questions qui sont de sa compétence, et je répondis sur-le-champ à l'enquête bibliographique, que le savant abbé Dufour, ancien élève de l'École des chartes, avait ouverte dans les *Annales du Bibliophile*, que rédigeait alors avec autant d'esprit que d'érudition mon jeune collègue M. Louis Lacour.

Les *Annales du Bibliophile* ont disparu et sont déjà oubliées. Ma réponse à M. l'abbé Dufour mérite-t-elle de leur survivre? On en jugera, si l'on veut prendre la peine de la lire.

«Voici, en peu de mots, la solution aussi complète que possible de la question bibliographique, que M. l'abbé Val. Dufour a proposée aux lecteurs des *Annales du Bibliophile*. Je n'ai eu qu'à interroger mes propres souvenirs, qui remontent déjà fort loin, hélas! pour réunir tous les renseignements nécessaires sur un ouvrage très-curieux et très-intéressant, qui a erré longtemps le long des quais de la Seine, comme une ombre au bord de l'Achéron, et qui n'est pas devenu, ce me semble, un *livre introuvable*, malgré l'oubli trop injuste dans lequel il est tombé depuis trente ans.

«Il faut reconnaître, cependant, que les *Mémoires de Sanson*, publiés par le libraire Mame en 1830, sont aujourd'hui assez rares; ils le seront davantage, quand on s'avisera de les rechercher et de les conserver comme ils le méritent, car une grande partie de l'édition a été brûlée dans l'incendie de la rue du Pot-de-Fer en 1835, et le reste s'est dispersé à tous les vents, en passant par les étalages des bouquinistes.

«Si M. l'abbé Dufour eût demandé ce livre dans un ancien cabinet de lecture, au lieu d'aller le demander à la Bibliothèque impériale, il l'aurait rencontré, plus ou moins sali et maculé par l'usage, peut-être chargé d'annotations manuscrites, car les exemplaires des *Mémoires de Sanson* qui franchirent le seuil des cabinets de lecture y trouvèrent de nombreux lecteurs. Mais il faut bien le constater, ils furent repoussés avec dédain, à leur apparition, par la plupart des cabinets de lecture.

«Si M. l'abbé Dufour avait consulté la *Bibliographie de la France*, il n'aurait pas eu de doute relativement à l'existence des premiers *Mémoires de Sanson*, lorsque la liste officielle des publications faites en 1830 eût mis sous ses yeux les deux articles suivants:

«No 1017. Mémoires pour servir à l'histoire de la Révolution française, par Sanson, exécuteur des jugements criminels pendant la Révolution, tome Ier, in-8 de 24 feuilles 1/4, imprimerie de Cosson, à Paris. A Paris, au Palais-Royal, Galerie d'Orléans, no 1.

«No 2623. Mémoires... Tome second, in-8 de 29 feuilles 1/4, imprimerie de Cosson. Même adresse de libraire.

«J'entrerai maintenant dans quelques détails littéraires et bibliographiques sur ces Mémoires, en reproduisant d'une manière plus explicite les faits relatés dans une note que je me souviens d'avoir écrite à l'occasion de cet ouvrage, qui figurait dans la bibliothèque de mon ami Armand Dutacq. Voy. le Catalogue de cette bibliothèque, 1857, in-8.

«Dans les derniers mois de 1829, le libraire Mame, qui avait publié avec un prodigieux succès les Mémoires apocryphes de Mme du Barry, d'une Femme de qualité, du cardinal Dubois, etc., reçut la visite d'un libraire, que je ne nommerai pas, lequel venait lui offrir de publier de compte à demi les *Mémoires du Bourreau*. Il y eut des pourparlers à ce sujet; mais, comme le libraire, qui se disait possesseur du manuscrit, avait des prétentions exorbitantes et refusait de communiquer ce manuscrit, l'affaire fut rompue. Mame avait reculé devant le danger que présentait la publication d'un pareil livre avec un pareil titre, car l'exécuteur des hautes œuvres alors en fonctions n'eût pas manqué de protester contre la mise en circulation d'un ouvrage anonyme, dont la responsabilité lui eût été attribuée. Je ne sais par quelle circonstance L'Héritier de l'Ain, qui venait d'achever la composition des fameux *Mémoires de Vidocq*, s'aboucha directement avec Mame, pour publier les véritables Mémoires de Sanson.

«On avait persuadé à Sanson, qui était encore exécuteur des arrêts de la justice criminelle à cette époque, après avoir rempli son terrible ministère pendant tout le cours de la Révolution, qu'il devait à son tour écrire des Mémoires et raconter à la postérité les plus douloureux épisodes de l'histoire révolutionnaire. Sanson était un excellent homme, honnête, loyal et presque naïf. Je ne fais que répéter le jugement que j'ai entendu porter sur son compte par L'Héritier de l'Ain, qui le connaissait particulièrement. Quoi qu'il en soit, les choses furent promptement décidées: Sanson signa un traité de librairie, par lequel il autorisait Mame à éditer les Mémoires qui seraient composés sous son nom, par des écrivains qu'il choisirait ou qu'il adopterait, en leur communiquant des notes et des matériaux. Mame, avec qui j'étais en rapport d'affaires et qui me témoignait beaucoup de confiance, me proposa de me charger de la rédaction de ces Mémoires, de concert avec L'Héritier de l'Ain. Je ne pus accepter son offre, car j'étais occupé à d'autres travaux urgents. Or, Mame voulait que le premier volume des Mémoires de Sanson fût rédigé et imprimé immédiatement, avant la publication rivale qu'on annonçait déjà dans la librairie sous le titre de *Mémoires du Bourreau*.

«Honoré de Balzac, qui s'était fait connaître avantageusement par sa *Physiologie du mariage*, publiée par Levavasseur, avait obtenu plus de succès encore avec les *Scènes de la vie privée*, que Mame réimprimait en ce moment pour la seconde fois. Mame le pria de devenir le collaborateur de L'Héritier de l'Ain pour les Mémoires en question, et Balzac, non sans avoir hésité et même refusé, accepta les offres de son éditeur. C'était pour lui une affaire d'argent, et il éprouva un regret poignant, lorsqu'il dut livrer pour les *Mémoires de Sanson* deux nouvelles qu'il avait préparées pour le cinquième volume des *Scènes de la vie privée: La Messe expiatoire et Monsieur de Paris*. La première de ces nouvelles fit l'introduction des nouveaux Mémoires, et je me rappelle que Mame jugeait bien ce morceau, en déclarant que c'était un chef-d'œuvre. Quant à la seconde nouvelle, elle fut destinée à former la moitié du premier volume, que L'Héritier de l'Ain commençait à rédiger un peu à l'aventure.

«Il y eut, à l'occasion de cette mise en œuvre des Mémoires de Sanson, un grand dîner chez l'auteur responsable. Quoique je n'aie pas assisté à ce dîner extraordinaire, j'ai su, de la bouche de Mame, tout ce qui s'y était passé. Balzac, L'Héritier de l'Ain et quelques autres gens de lettres avaient accompagné Mame, qui était leur introducteur dans la maison du vieux Sanson. Le dîner fut d'abord froid et silencieux; les convives semblaient gênés et inquiets; on mangeait et on buvait peu, bien que la chère ne laissât rien à désirer. Mais, lorsqu'on eut mis sur le tapis le sujet de la réunion, la conversation s'anima, et Sanson donna carrière à ses lugubres confidences. Balzac l'interrogeait, Balzac le forçait à fouiller dans les coins les plus sombres de sa mémoire.

«Sanson racontait avec une sorte de candeur les horribles faits et gestes de sa jeunesse: il raconta ainsi l'exécution des Girondins, celle de Charlotte Corday, celle de Robespierre, etc. Il ne parlait pas de Louis XVI ni de Marie-Antoinette. Balzac lui demanda impitoyablement de retracer les derniers moments de ces augustes victimes. Sanson pâlit et se tut, des larmes coulèrent sur ses joues, et, d'une voix solennelle, il ordonna d'apporter la *relique*. Une boîte d'acajou, fermée à clef, fut placée sur la table entre les bouteilles vides. Il l'ouvrit avec émotion, et tous les assistants, qui se penchaient pour voir ce que renfermait cette boîte mystérieuse, y virent briller une lame d'acier: «Voici le couteau qui a fait tomber deux nobles têtes, dit Sanson qui fondait en larmes. Ce couteau est sacré, et tous les jours je m'agenouille devant lui, en priant pour les saints martyrs de la France, le Roi et la Reine.»

«Cette scène produisit une telle impression sur l'auditoire, que plusieurs des convives furent obligés de sortir de table, et l'un d'eux s'évanouit. Balzac avait conservé de ce dîner un souvenir saisissant, qu'il ramenait souvent dans ses entretiens, et il faisait passer dans l'âme de ses auditeurs les sentiments de terreur et de pitié, qu'il avait emportés lui-même de la maison de Sanson: «Cet homme-là, disait-il, m'a fait assister en réalité aux horreurs de la place de la Révolution.»

«Depuis ce dîner mémorable, il cessa de travailler aux Mémoires de Sanson. Il avait fourni au premier volume, outre l'introduction et l'épisode dramatique qu'il appelait *Monsieur de Paris* (c'était la désignation du bourreau de Paris, dans la famille de Sanson), un petit nombre de pages marquées au coin de son talent, et la touchante anecdote du *Mouchoir bleu*, qu'il avait entendu raconter par Becquet et que Becquet écrivit depuis à sa manière pour la *Revue de Paris*. Le premier volume des Mémoires de Sanson parut chez un libraire du Palais-Royal, qui avait consenti à servir de prête-nom à Mame, et, le même jour, on mit en vente, *chez les principaux libraires*, les *Mémoires de l'Exécuteur des hautes œuvres, pour servir à l'histoire de Paris pendant la Terreur*, in-8°. Lombard de Langres était l'auteur de ce dernier ouvrage, auquel il n'avait pas osé mettre son nom; Lombard de Langres, ancien membre du tribunal de cassation, ancien ambassadeur extraordinaire en Hollande!

«Eh bien! les Mémoires de Sanson n'eurent pas plus de vogue que les *Mémoires de l'Exécuteur des hautes œuvres*: les libraires et les cabinets de lecture semblaient s'être coalisés pour repousser également ces deux ouvrages. On en vendit seulement quelques exemplaires. Mame ne se découragea pas; il avait foi dans le mérite réel de cette composition historique; il espérait que les volumes suivants vaincraient le mauvais vouloir de la librairie et l'indifférence du public. Mais L'Héritier travaillait lentement ou ne travaillait pas: il fallait lui arracher son manuscrit page à page, et tous les jours Mame allait solliciter la paresse de cet écrivain, qui lui livrait trois ou quatre feuillets de copie en échange d'une pièce d'or, qu'il dépensait presque aussitôt de la façon la moins édifiante, car L'Héritier logeait en garni dans une maison de tolérance, rue des Boucheries-Saint-Germain. C'est ainsi que fut composé le second volume des *Mémoires de Sanson*. Le troisième était sous presse, quand la révolution de Juillet donna le coup de grâce à cette triste entreprise de librairie.

«Mame se vit obligé de reprendre presque tous les exemplaires des deux premiers volumes, qu'il avait cédés conditionnellement à différents libraires, entre autres à Lecointe: ces volumes étaient *invendables*, d'après l'opinion de la librairie. Il en vendit pourtant un nombre à un libraire, qui renouvela les titres en 1834, mais qui ne parvint pas à se défaire de sa marchandise. L'édition à peu près entière (on avait tiré 4,500 exemplaires) était en dépôt dans les magasins de papier et les ateliers de brochure de la rue du Pot-de-Fer, quand un incendie, qui dévora en 1837 la moitié des livres que la librairie parisienne avait fabriqués depuis trente ans, anéantit tout ce qui restait de cette édition, en l'empêchant de tomber chez l'épicier.

«Je me plais à répéter que l'ouvrage dont M. Dufour s'est préoccupé, sans pouvoir en apprécier la valeur littéraire, n'est pas indigne d'exciter sa curiosité et de fixer son intérêt. Le premier volume, comme je l'ai dit plus haut, compte au moins trois cents pages qui appartiennent à Balzac et qui ne sont pas les moins remarquables de celles qu'il a écrites de main de maître. L'histoire des amours de la fille du bourreau de Versailles avec le fils du bourreau de Paris est un petit roman fort original, qui tient à la fois de l'idylle et du genre horrible. Quant à l'introduction, je la considère comme une des meilleures créations «du plus fécond des romanciers.»

«On n'eut pas la peine d'oublier les Mémoires de Sanson, qui n'avaient jamais fait le moindre bruit dans le monde. On ignorait assez généralement leur existence. Ils n'avaient fait que passer et disparaître. Je conseillai souvent à Balzac, qui rassemblait ses œuvres complètes, de reprendre possession de tout ce qu'il avait enfoui dans ce livre mort-né et enterré: «Ce sont des perles tombées dans la boue, lui disais-je; elles n'ont rien perdu de leur éclat, ramassez-les, et, après les avoir lavées, placez-les dans votre écrin.» Il suivit mon conseil à demi, et il retravailla l'introduction des Mémoires de Sanson, pour la faire reparaître avec son nom dans un keepsake: elle est à présent dans ses œuvres. Mais il ne se décida pas à faire rentrer dans les *Scènes de la vie privée* ce *Monsieur de Paris*, qu'il se reprochait toujours d'avoir ôté de son cadre pour le jeter aux gémonies: «Ce sera l'affaire des éditeurs de mes œuvres posthumes, disait-il; mais, en vérité, il y a conscience de laisser un pareil ouvrage là où j'ai eu la folie de le mettre: cela peut s'appeler abandonner son enfant dans la rue.»

«Armand Dutacq, l'ami fidèle de la gloire littéraire de ce grand écrivain, s'était promis de restituer à Balzac ce qui, dans les Mémoires de Sanson, appartient à Balzac: il avait donc fait réimprimer, dans le feuilleton du *Pays*, l'épisode du *Mouchoir bleu* et le roman de *Monsieur de Paris* (reproduit déjà dans le *Journal des femmes* et dans un grand nombre d'autres journaux de Paris et des départements), sans les signer, toutefois, du nom de l'auteur; mais ce nom était inscrit dans toutes les pages et à toutes les lignes. Il est probable que ces deux morceaux seront tôt ou tard recueillis, suivant le vœu du défunt, dans ses œuvres posthumes.

«N'est-il pas probable, aussi, que les premiers *Mémoires de Sanson* seront réimprimés, quand on en aura constaté l'importance historique et littéraire? Mais qui osera revendiquer la propriété de cet ouvrage? Sont-ce les héritiers de Sanson ou ceux du libraire Mame? Sont-ce les héritiers de Balzac ou ceux de L'Héritier de l'Ain? La moralité de la fable intitulée *Le Coq et la Perle* s'appliquera probablement à ce livre rare, sinon *introuvable*:

Un ignorant hérita

D'un manuscrit qu'il porta

Chez son voisin le libraire.

«Je crois, dit-il, qu'il est bon,

Mais le moindre ducaton

Serait bien mieux mon affaire.»

«Je vous parlerai une autre fois d'un livre de la même époque, non moins curieux que les *Mémoires de Sanson*, méritant mieux que ceux-ci l'épithète d'*introuvable*, et plus digne aussi de l'attention de M. l'abbé Val. Dufour: ce sont les Mémoires du Père Lenfant, confesseur du roi, Mémoires publiés aussi par Mame et détruits, comme ceux de Sanson, dans l'incendie de la rue du Pot-de-Fer.»

Dans une livraison postérieure des *Annales du Bibliophile*, M. le docteur A. Chereau, qui fait autorité parmi les bibliographes, a bien voulu m'interroger, au sujet d'une réimpression des Mémoires de Sanson, publiée à la même adresse en 1831, mais sortant d'une autre imprimerie: *Paris, à la librairie centrale de Boulland, Palais-Royal, galerie d'Orléans, n° 1.—De l'imprimerie d'Hippolyte Tilliard*, rue de la Harpe, n° 78; 1831, in-8. Tome Ier, de 24 feuilles 1/8, dont 4 formant la préface et paginées I-LXVII; tome II, de 28 feuilles 1/8. J'ai dû envoyer ma réponse au journal, mais elle n'y a pas été insérée, ce me semble.

Je racontais, en m'efforçant de raviver mes souvenirs, que Mame, l'éditeur des *Mémoires de Sanson*, avait cédé, en 1831, toute l'édition de ces Mémoires au libraire Boulland, qui en avait été le vendeur, sans y mettre son nom; mais cette édition était encore en consignation dans les magasins de l'État, qui prêta 10 ou 12 millions à la librairie, sur dépôt de livres, vers la fin de l'année 1830. Il est probable que Boulland fit réimprimer à ses frais l'ouvrage qu'il espérait continuer par l'entremise de Balzac, qui était depuis longtemps en relations d'affaires avec lui et qui, en lui vendant un roman historique intitulé: *la Bataille d'Austerlitz*, lui en avait livré les premiers chapitres. Je me rappelle que Boulland s'efforça, par des annonces et des prospectus, de galvaniser les Mémoires de Sanson, qui se vendirent alors beaucoup mieux qu'ils ne s'étaient vendus dans la nouveauté. Cependant il serait possible que cette nouvelle édition ne fût qu'un *rhabillage* de la première, à l'aide de nouveaux titres. On aurait, dans ce cas, réimprimé seulement les dernières pages des deux volumes, pour y changer quelques phrases qui promettaient la suite de l'ouvrage. Je m'étonne pourtant que Beuchot n'ait pas signalé, selon son habitude, cette métamorphose de l'édition originale.

Au reste, l'heure du succès n'avait pas sonné pour les *Mémoires de Sanson*, qui faisaient assez honteuse figure à côté des *Mémoires de Madame du Barry* et des *Mémoires d'une Femme de qualité*. Lombard de Langres ne réussit pas davantage avec ses *Mémoires de l'Exécuteur des hautes œuvres*, et il en fut pour ses frais de guillotine, à l'époque où la place de Grève, théâtre ordinaire des exécutions capitales, n'avait point encore été purifiée par le sang des *héros* de juillet 1830.

T A B A R I N
ET
LE BIBLIOPHILE TABARINESQUE.

Auguste Veinant était un vrai bibliophile, mais un bibliophile solitaire, inquiet, jaloux et quinteux. Je l'ai suivi bien des fois, le long des quais, les yeux plongés dans les boîtes des bouquinistes; j'ai feuilleté, avant ou après lui, les bouquins qui méritaient d'attirer son attention; je me suis rencontré aussi avec lui chez les libraires qui s'occupent de librairie ancienne, mais je ne lui ai jamais adressé la parole; je ne le saluais pas même et je respectais son incognito, comme il respectait le mien. Il n'existait entre nous, je l'avouerai, aucun autre atome crochu que celui de la bibliographie. Je me plaisais pourtant à rendre justice à cette passion exclusive des livres, qui avait été l'unique affaire de sa vie, et je lui savais un gré infini d'avoir fait réimprimer à un petit nombre d'exemplaires, sans notes et sans études littéraires il est vrai, une foule de pièces rares et singulières, qu'il avait déterrées, avec le flair d'un chien de chasse, dans les immenses nécropoles des bibliothèques publiques.

En 1858, il se décida, non sans peine et sans regret, à publier, dans la *Bibliothèque elzévirienne* de M. Jannet, une édition des œuvres de Tabarin, à laquelle il travaillait depuis vingt ans, et que les amateurs attendaient avec une juste impatience. Cette édition, bien supérieure aux éditions originales et bien plus complète aussi, parut sous le pseudonyme de *Gustave Aventin*, anagramme du nom d'Auguste Veinant; elle fut reçue très-favorablement et elle trouva de nombreux acquéreurs. L'éditeur avait lieu d'être pleinement satisfait de son succès.

Mais il arriva que M. Colombey avait préparé simultanément une nouvelle édition de Tabarin, pour la *Bibliothèque gauloise* de M. Delahays, et que cette édition parut bientôt sous le pseudonyme de M. d'Harmonville, avec une Lettre anonyme, dont l'auteur n'était autre que le savant bibliographe M. Gustave Brunet de Bordeaux, et qui traitait à fond toutes les questions historiques et bibliographiques relatives à Tabarin et à ses œuvres. M. Auguste Veinant m'attribua non-seulement cette édition, mais encore la Lettre anonyme que M. d'Harmonville y avait jointe; il s'indigna, il s'irrita, il m'accusa hautement de concurrence déloyale, car il regardait comme sa propriété le chapeau de Tabarin, et il finit par condenser toute sa bile dans un article intitulé: *De Tabarin et de ses nouveaux éditeurs*, et signé: *un Bibliophile tabarinesque*. C'était une déclaration de guerre en forme, qu'il m'adressait par l'intermédiaire du *Bulletin du Bibliophile* (13e série, octobre 1858, p. 1262).

Je ne répondis pas d'abord, je ne voulais pas répondre, espérant que mon antagoniste, mieux informé, s'excuserait de m'avoir attaqué le plus gratuitement du monde et reconnaîtrait hautement mon innocence à l'endroit de Tabarin. Il n'en fit rien, et mon silence l'eût autorisé à croire que je me cachais sous le manteau de M. d'Harmonville. On me conseilla, on me pria de rompre le silence et de mettre la plume au vent contre le Bibliophile tabarinesque.

Voici la réponse, que le *Bulletin du Bibliophile* se chargea de publier pendant le carnaval de 1859, et qui fit quelque bruit dans le camp de Tabarin.

Mon cher Techener,

Je m'étais promis de ne pas répondre à votre *Bibliophile tabarinesque*, qui m'a cherché noise à propos de Tabarin; mais on me dit que mon silence tendrait à justifier les allégations bibliographiques et autres de cet amateur; sur ce, je prends la plume et vous adresse... une fable de La Fontaine, avec commentaire *ad hominem*.

LE LOUP ET L'AGNEAU.

L'Agneau, c'est moi, si vous voulez bien le permettre; le Loup, c'est le Bibliophile tabarinesque, un vrai loup, que nous voyons sous la peau du renard dans les Fables de La Fontaine:

Un Agneau se désaltérait

Dans le courant d'une onde pure.

Je venais de lire justement un admirable livre, plein de la plus douce et de la plus saine philosophie, les *Mélanges littéraires* de M. Silvestre de Sacy, et point ne songeais, je vous jure, à Tabarin, quoique deux éditions des œuvres tabariniques eussent paru presque simultanément dans la *Bibliothèque elzévirienne* et dans la *Bibliothèque gauloise*, pour la plus grande joie des bibliophiles.

Un Loup survient à jeun, qui cherchait aventure,

Et que la faim en ces lieux attirait.

Le Bibliophile tabarinesque, le Loup, avait besoin de mordre sans doute; c'est là un besoin naturel chez les loups. Voilà pourquoi notre homme allait chercher aventure dans le pays de la bibliographie, où l'on rencontre tant d'agneaux innocents et paisibles.

—Qui te rend si hardi de troubler mon breuvage?

Dit cet animal plein de rage.

Tu seras châtié de ta témérité.

Le Loup, en m'interpellant ainsi, faisait semblant de croire que j'étais l'éditeur du *Tabarin* de la Bibliothèque gauloise, et que je me cachais sous le pseudonyme de M. d'Harmonville; il fallait bien au Loup un prétexte bon ou mauvais, pour me montrer les dents.

—Sire, répond l'Agneau, que Votre Majesté

Ne se mette pas en colère;

Mais plutôt qu'elle considère

Que je me vas désaltérant,

Dans le courant,

Plus de vingt pas au-dessous d'elle,

Et que, par conséquent, en aucune façon,

Je ne puis troubler sa boisson.

Oui, monseigneur le Loup, j'en atteste M. d'Harmonville lui-même, qui est un de nos jeunes écrivains les plus accrédités, j'en atteste aussi l'auteur anonyme de la Lettre qui termine l'édition du *Tabarin* de la Bibliothèque gauloise, j'en atteste le bibliographe excellent, qui ne se nomme pas, mais qui se fait assez connaître dans les pages si remarquables de cet appendice, je suis absolument étranger à ladite édition, laquelle ne fait tort à personne, excepté aux bibliophiles qui ne l'ont pas encore achetée.

   —Tu la troubles! reprit cette bête cruelle.

C'est-à dire, reprit le Loup, que l'édition de la Bibliothèque gauloise trouble le succès de la Bibliothèque elzévirienne. Le Loup continue:

   Et je sais que de moi tu médis l'an passé.

Les agneaux ne médisent pas des loups: ils voudraient pouvoir oublier que les loups existent.

—Comment l'aurais-je fait, si je n'étais pas né?

Reprit l'Agneau: je tette encor ma mère!

Ici la fable s'éloigne légèrement de la réalité, quoique la morale soit la même dans l'une et l'autre. L'Agneau, autrement dit votre serviteur, est né bibliographe depuis près d'un demi-siècle, mais il tette encore sa mère, en style figuré, qui signifie que je ne suis pas sevré du lait de la Bibliographie, et que je m'en abreuve toujours avec bonheur, sans pouvoir me détacher du sein de ma nourrice. C'est là une figure de rhétorique qui passera, si l'on veut, sur le compte de Tabarin.

—Si ce n'est toi, c'est donc ton frère?

Le Bibliophile tabarinesque veut que M. d'Harmonville soit très-proche parent de l'*imperturbable* bibliographe que j'ai l'honneur de vous présenter comme un autre moi-même.—Mon frère? l'Agneau réplique, dans la fable:

Je n'en ai point!

J'en ai deux, au contraire, qui valent mieux que moi, et dont l'un est tout simplement l'auteur de la plus belle tragédie de notre époque: *Le Testament de César.* Je puis jurer qu'il n'a jamais lu Tabarin. Le Loup ne se laisse pas convaincre par de bonnes et honnêtes raisons:

C'est donc quelqu'un des tiens?

Car vous ne m'épargnez guère,

Vous, vos bergers et vos chiens.

On me l'a dit; il faut que je me venge.

Le commentateur hasardera timidement une simple conjecture: *Vous*, ce sont les bibliophiles; *vos bergers*, ce sont certainement les libraires qui vendent de beaux livres; *et vos chiens*, ce seraient donc les bouquinistes. Voici le dénouement du drame:

Là dessus, au fond des forêts,

Le Loup l'emporte, et puis le mange,

Sans autre forme de procès.

A l'heure qu'il est, ce terrible Loup s'imagine que le pauvre Agneau demande grâce, pendant qu'on le déchire à belles dents. Assez d'Agneau, assez de Loup, s'il vous plaît.

Le Bibliophile tabarinesque, qui s'est mis en grands frais pour découvrir, après plus de deux siècles d'oubli, quel pouvait être le Tabarin de la place Dauphine, aurait eu moins de peine et aurait mieux réussi à savoir quel était M. d'Harmonville, quel était l'auteur de la Lettre à moi adressée au sujet de Tabarin. Il faut avoir du flair, quand on veut dépister les anonymes et les pseudonymes qui ont échappé aux poursuites infatigables du savant Barbier. Or, le flair, chez notre Bibliophile tabarinesque, est complétement perverti et gâté par ce qu'il nomme le *parfum tabarinique*. Je suis sûr que, s'il se mettait en peine de deviner quel est le principal docteur de la *Bibliotheca scatologica*, il ne manquerait pas de trouver que ce doit être le poëte chrétien *Venantius Fortunatus*.

Ah! M. le Bibliophile tabarinesque, vous supposez que le rôle de bibliographe consiste surtout à réimprimer, à petit nombre, sans notes et sans travaux littéraires, quelques livrets rarissimes, pour les vendre fort chers aux amateurs? C'est là, je l'avoue, une œuvre modeste et utile, dont le pauvre Caron vous a donné l'exemple, avec une persévérance assez mal récompensée; mais la bibliographie, il faut bien vous le dire, a des vues plus désintéressées et plus honorables; la bibliographie est une science remplie de ténèbres et de mystères impénétrables; c'est, en quelque sorte, un sphinx qui ne dit jamais son dernier mot aux Œdipes les plus ingénieux et les plus érudits. Consolez-vous donc de n'avoir pas deviné que *Tabarino, canaglia milanese*, était un type de farceur dans l'ancien théâtre italien, comme *Harlequino*, comme *Pantalone*, et tant d'autres qui devaient leurs noms à certaines particularités de costume ou de caractère; que le type tabarinique fut importé en France par quelque bateleur, qui le mit en vogue sur les tréteaux de la place Dauphine, et que différents auteurs, Antoine Gaillard sans doute, Chevrol peut être, ont recueilli, arrangé et publié, sous le nom générique de Tabarin, des facéties analogues à celles que l'illustre bouffon débitait pour l'ébaudissement des badauds.

Soyez Bibliophile tabarinesque, si c'est votre vocation et votre plaisir, mais ne vous mêlez pas de jouer au bibliographe, sous peine de perdre la partie; ce jeu-là demande non-seulement des connaissances spéciales, ce que je vous accorde volontiers, mais encore *du bon sens et de l'art*, ce que Boileau exige même en matière de chanson. Vous avez mal fait de vous en prendre à un bibliophile, qui ne vous regardait pas de travers, comme les boucs des Bucoliques, *torvis tuentibus hircis*, et qui vous eût laissé de grand cœur vous ébattre dans les prés fleuris de Tabarin; vous avez mal fait de vous attaquer à M. d'Harmonville, qui est un rude champion et qui a pour lui l'avantage, puisque vous lui avez donné le droit de repousser vivement une injuste agression; vous avez mal fait surtout de vous attaquer aussi à un bibliographe anonyme, qui vous traduira un jour ou l'autre en justice bibliographique.

Le résumé de ce débat, c'est que le *Tabarin* de la Bibliothèque elzévirienne se vend aussi bien que le *Tabarin* de la Bibliothèque gauloise, et que les éditeurs de l'une et de l'autre devraient se féliciter mutuellement d'avoir compris que la vieille gaieté de nos pères n'était pas encore morte en France. Elle mourra bientôt, hélas! mais pas avant que les deux éditions tabariniques soient épuisées.

Sur ce, mon cher Techener, je n'essayerai pas de lever le masque du Bibliophile tabarinesque, vu que nous sommes en carnaval.

Votre tout dévoué,

P. L. JACOB, *bibliophile.*

«*P.S.* Une autre fois, je parlerai du Catalogue Pixerécourt, de Corneille de Blessebois, et de l'amiral Tromp, que le Bibliophile tabarinesque a fait intervenir d'une manière assez déplacée dans la question. Il n'est pas possible de cacher plus de malice sous le fameux chapeau de Tabarin.»

Cette lettre venait à peine de voir le jour, lorsque le pauvre Auguste Veinant mourut, au milieu de ses livres, le 4 mars 1859. Je me reprocherais de l'avoir écrite, si je pouvais supposer qu'il l'eût connue *in extremis.* Un bibliophile tel que lui avait droit à une autre oraison funèbre. La notice bibliographique, qui figure en tête du Catalogue des livres rares et précieux de sa bibliothèque (*Paris, L. Potier,* 1860, in-8) devra donc être consultée par les personnes qui liront mon épître. C'est là qu'on trouvera un bon portrait d'Auguste Veinant... *avant la lettre.*

NOTICES
SUR
QUELQUES LIVRES RARES.

LA MORALITÉ
DE
L'AVEUGLE ET DU BOITEUX
ET LA FARCE DU MUNIER.

La Moralité de l'Aveugle et du Boiteux, qui a tous les caractères d'une farce, et qui diffère de la plupart des moralités proprement dites, en ce qu'elle ne met pas en scène des personnages allégoriques, se trouve à la suite du *Mystère de saint Martin*, dans un manuscrit de la Bibliothèque impériale, provenant du duc de la Vallière et décrit dans le Catalogue des livres de la bibliothèque de ce célèbre amateur, t. II, p. 418, n° 3362. Ce manuscrit est certainement l'original de l'auteur, qui l'avait fait pour la représentation du Mystère, joué publiquement à Seurre, en Bourgogne, le lundi 10 octobre 1496. Il contient, outre le *Mystère de saint Martin*, la *Moralité de l'Aveugle et du Boiteux*, la *Farce du Munyer*, et «des noms de ceux qui ont joué la Vie de monseigneur saint Martin.» Le Mystère est encore inédit, mais la Moralité et la Farce qui le suivent ont été publiées, en 1831, par les soins de M. Francisque Michel, dans la collection des *Poésies gothiques françoises* (Paris, Silvestre, in-8). M. Francisque Michel a publié aussi séparément le curieux procès-verbal de la représentation, qui termine le volume et qui offre la signature de l'auteur lui-même, André de la Vigne.

André de la Vigne était un des poëtes les plus renommés de son temps. Il s'est fait connaître surtout par un grand ouvrage d'histoire, en vers et en prose, qu'il a composé en collaboration avec Octavien de Saint-Gelais, évêque d'Angoulême: *le Vergier d'honneur de l'entreprise et voyage de Naples*, imprimé pour la première fois à Paris, sans date, vers 1499, et souvent réimprimé depuis. Ce fut sans doute à cet ouvrage et à l'amitié de son collaborateur épiscopal, que le pauvre André ou Andry de la Vigne dut l'honneur d'être nommé *orateur* du roi de France Charles VIII et secrétaire de la reine Anne de Bretagne. Il avait été, auparavant, secrétaire du duc de Savoie.

Mais ces charges de cour ne l'avaient pas mis au-dessus du besoin: il était toujours dénué d'argent, quoique couché sur l'État de la maison du roi et de la reine. Dans les poésies qui accompagnent son *Vergier d'honneur*, il ne craint pas d'avouer sa profonde misère. Ainsi, lorsqu'il prenait seulement le titre de secrétaire du duc de Savoie, il disait à ce prince:

Comme celluy que ardant desir poinct,

Humble de cueur, desirant en Court vivre,

Affin, chier sire, de venir à bon poinct,
Raison m'a fait composer quelque livre,
Lequel couste d'argent plus d'une livre,
Et pour ce donc qu'à mon fait je pourvoye,
Secourez-moy, ou l'hospital m'abaye!

Cent jours n'y a que j'estoye bien en poinct,
Hardy et coint, pour ma plaisance ensuivre:
A ce coup-cy, n'ay robbe ne pourpoinct,
Resne, ne bride, cataverne, ne livre:
Là, Dieu mercy, si ne suis-je pas yvre,
En faisant livre, duquel argent je paye:
Secourez-moy, ou l'hospital m'abaye!

Le duc de Savoie le secourut sans doute, et André de la Vigne n'alla point à l'hôpital, mais il n'en devint pas plus riche, lorsqu'il s'intitula orateur du roi et secrétaire de la reine. Voici un rondeau qu'il adresse à Charles VIII:

Mon très-chier sire, pour m'advancer en Court,
De plusieurs vers je vous ay fait present;
Si vous supplie de bon cueur en present
Qu'ayez regard à mon argent très-court.
Les grans logis, où Rongerie trescourt,
M'ont fait d'habits et de chevaux exempt,
Mon très-chier sire!

Mon esperance, pour ce, vers vous accourt,
Que vous soyez de mes maux appaisant,
Car escu n'ay, qui ne soit peu pesant,
Et, qui pis vault, je plaidoye en la Court,
Mon très-chier sire.

Ce poëte royal recevait pourtant des *gages* modiques, qui lui étaient fort inexactement payés, comme tous ceux des officiers et domestiques de l'hôtel du roi; il était donc forcé d'avoir recours, pour vivre, à tous les expédients poétiques qui pouvaient suppléer à l'insuffisance de sa pension. Il célébrait par des pièces de vers tous les événements mémorables, et il adressait, au roi ou à la reine, aux princes ou aux grands seigneurs, ces poésies de circonstance, pour obtenir quelques présents; il rimait des ballades en l'honneur de la sainte Vierge, et il les envoyait au Palinod de Caen, au Puy de Rouen, et aux différents *puys d'amours*, établis dans les principales villes de France, pour remporter des prix de *gaie science*; il composait des mystères, des moralités et des farces, qu'il faisait représenter et dont il était lui-même un des acteurs.

Nous croyons donc qu'il avait figuré dans la confrérie des Enfants-sans-souci, du moins à l'époque où il dirigea la représentation solennelle du *Mystère de saint Martin* dans la ville de Seurre. Aucun de ses ouvrages dramatiques ne fut imprimé, de son vivant, du moins avec son nom. Le manuscrit, qui renferme un Mystère, une Moralité et une Farce, appartient incontestablement au répertoire des Enfants-sans-souci ou de la Mère-Sotte, car les représentations scéniques de ces deux troupes de comédiens se distinguaient du théâtre pieux de la confrérie de la Passion, en ce qu'elles se composaient, à la fois, d'un Mystère, d'une Moralité et d'une Farce.

La *Moralité de l'Aveugle et du Boiteux*, comme nous l'avons dit plus haut, s'écarte entièrement du genre ordinaire des moralités, qui étaient consacrées à des allégories morales, souvent très-obscures, toujours très-froides et quelquefois très-ennuyeuses. On y voit, de même que dans un ancien fabliau, dont il existe de nombreuses imitations, un aveugle et un boiteux s'aider mutuellement et secourir de la sorte leurs infirmités: le boiteux met ses yeux au service de l'aveugle, lequel prête ses jambes au boiteux. Mais tout à coup ces deux mendiants sont guéris, malgré eux, miraculeusement, par la grâce de saint Martin, et ils se désolent ensemble, l'un d'avoir recouvré la vue, l'autre de retrouver l'usage de ses jambes; car ils perdent, avec leurs infirmités, le droit de demander l'aumône et de vivre aux dépens des âmes charitables.

Il y a, dans cette petite pièce, des idées comiques, des mots plaisants, des vers naturels, en un mot une franche allure de gaieté gauloise; mais le style d'André de la Vigne n'est ni correct ni élégant; on y rencontre aussi trop d'insouciance de la prosodie, qui, pour n'être pas encore fixée, était déjà devinée et comprise par les oreilles délicates. On peut supposer qu'André de la Vigne avait écrit d'autres pièces de théâtre, qui ne sont pas venues jusqu'à nous.

Au reste, la représentation solennelle donnée à Seurre, en 1496, par la confrérie des Enfants-sans-souci ou par celle de la Mère-Sotte, prouve que ces deux confréries théâtrales avaient des maîtres de jeux, lesquels parcouraient la France, en s'arrêtant de ville en ville, pour y faire jouer leurs pièces avec le concours des habitants, qui non-seulement leur fournissaient des acteurs et des spectateurs, mais encore qui se chargeaient de tous les frais de mise en scène, de décors et de costumes. Ainsi, André de la Vigne avait lui-même *monté* cette représentation, en qualité d'auteur et de *maître du jeu*.

La *Farce du Munyer* fut représentée également à Seurre, en 1496, après le *Mystère de saint Martin*, et la *Moralité de l'Aveugle et du Boiteux*.

Le sujet de cette Farce très-divertissante se retrouverait probablement dans les fabliaux des trouvères. C'est un petit diable, nommé Berith, que Lucifer envoie sur la terre pour faire son apprentissage, et qui a promis de rapporter à son maître une âme damnée. Or, ce diable novice ne sait où prendre l'âme au sortir du corps d'un pécheur. Lucifer, qui partage l'opinion de certains philosophes goguenards ou naïfs du moyen âge, apprend à Berith que tout homme qui meurt rend son âme par le fondement. Muni de cette savante instruction, le chasseur d'âmes va se mettre en embuscade dans le lit d'un meunier, qui est à l'agonie et qui se confesse à son curé: il attend le dernier soupir du mourant, et reçoit précieusement dans son sac ce qui s'échappe du derrière de ce larron. Lucifer, en ouvrant le sac, n'y trouve pas ce qu'il y cherchait: il en conclut que les meuniers ont l'âme infecte, et il ordonne à ses diables de ne lui apporter jamais âmes de meuniers.

André de la Vigne a encadré ce sujet bouffon et fantastique, où l'âme immortelle est traitée avec assez d'irrévérence, dans une scène de mœurs populaires, où sont représentées les amours du curé avec la meunière et les querelles du mari avec sa femme. Cette Farce est un petit chef-d'œuvre de malice et de joyeuseté. On y remarque des traits d'un excellent comique.

La *Farce du Munyer*, qui est encore pour nous si plaisante, devait produire sur les spectateurs un merveilleux effet de rire inextinguible, à une époque où les meuniers, à cause de leurs fourberies et de leurs vols dans la manutention des farines, avaient fourni au conte et à la comédie un type traditionnel d'épigrammes et de plaisanteries[7]. Le public accueillait avec des éclats de grosse gaieté ce personnage matois et narquois, dont il disait proverbialement: «On est toujours sûr de trouver un voleur dans la peau d'un meunier.» Cette disposition railleuse et agressive des gens du peuple à l'égard des meuniers, devint pour ceux-ci une sorte de persécution permanente, que le Parlement de Paris dut faire cesser, en défendant, sous peine de prison et d'amende, d'injurier les meuniers dans les rues ou de les poursuivre par des quolibets.

[7] Voy. *le Tracas de Paris*, par François Colletet; pag. 235 et suiv. du recueil intitulé: *Paris burlesque et ridicule*, édition de la Bibliothèque Gauloise (Paris, A. Delahays, 1859, in-12).

Nous ne doutons pas que le meunier de la Farce du quinzième siècle ne se soit transformé, au dix-septième siècle, en Pierrot enfariné, sur les tréteaux du pont Neuf et de la place Dauphine.

LA
CONDAMNACION DE BANCQUET.

Cette singulière moralité, qu'on peut regarder comme un des chefs-d'œuvre du genre, se trouve dans un recueil fort rare, dont la première édition est intitulée: *La Nef de santé, avec le Gouvernail du corps humain et la Condamnacion des bancquetz, à la louenge de diepte et sobrieté, et le Traictié des Passions de l'ame.* On lit, à la fin du volume, in-4° gothique de 98 ff. à 2 colonnes: *Cy fine la Nef de santé et la Condampnacion des bancquetz, avec le Traicté des Passions de l'ame. Imprimé à Paris, par Anthoine Verard, marchant libraire, demeurant à Paris.* Au-dessous de la marque de Verard: *Ce present livre a esté achevé d'imprimer par ledit Verard le XVIIIe jour de janvier mil cinq cens et sept.* Ce recueil contient quatre ouvrages différents: la *Nef de santé* et le *Gouvernail du corps humain,* en prose; la *Condamnacion de Bancquet,* et le *Traicté des Passions de l'ame,* en vers.

On compte, au moins, quatre éditions, non moins rares que la précédente: l'une, imprimée à Paris, *le XVIIe jour d'avril 1511, par Michel Lenoir, libraire,* pet. in-4° de 96 ff. à 2 colonnes, avec fig. en bois; l'autre, imprimée également à Paris, vers 1520, *par la veufve feu Jehan Trepperel et Jehan Jehannot,* pet. in-4° goth. à 2 colonnes, avec fig. en bois; l'édition de Philippe Lenoir, sans date, que cite Du Verdier, n'a pas été décrite par M. Brunet, qui s'étonne avec raison de ne l'avoir jamais rencontrée; en revanche, M. Brunet cite une autre édition, avec cette adresse: *A Paris, en la rue neufve Nostre Dame, à l'enseigne sainct Jehan Baptiste, près Saincte Genevieve des Ardens.*

Ce recueil, malgré ses cinq éditions bien constatées, est si peu connu, que La Croix du Maine ne l'a pas compris dans sa *Bibliothèque françoise,* et qu'Antoine du Verdier, dans la sienne, ne fait que le mentionner incomplétement parmi les ouvrages anonymes. De Beauchamps, dans ses *Recherches sur les théâtres de France,* et le duc de la Vallière, dans sa *Bibliothèque du Théâtre françois,* ne l'ont pas oublié cependant: ils le citent avec exactitude, en nommant l'auteur Nicole de la Chesnaye. C'est le nom, en effet, qui figure en acrostiche dans les dix-huit derniers vers du prologue de la *Nef de santé.*

Cet auteur, poëte, savant et moraliste, qui était médecin de Louis XII, serait absolument ignoré, si l'abbé Mercier de Saint-Léger n'avait pas écrit cette note, sur l'exemplaire qui appartenait à Guyon de Sardière et que nous avons vu dans la bibliothèque dramatique de M. de Soleinne: «Ce Nicolas de la Chesnaye doit être le même que *Nicolaus de Querqueto,* dont du Verdier (t. VI, p. 181 de l'édit. in-4) cite le *Liber auctoritatum,* imprimé à Paris aux dépens d'Antoine Verard, en 1512, in-8. A la fin de cette compilation latine de Querqueto, on trouve un acrostiche latin, qui donne *Nicolaus de la Chesnaye,* et à la fin du prologue de la *Nef de Santé,* imprimée dès 1507, aussi aux dépens de Verard, il y a un acrostiche qui donne les mêmes noms: *Nicole de la Chesnaye.*» On ne sait rien de plus sur Nicole ou Nicolas de la Chesnaye.

Le prologue en prose, que nous croyons devoir réimprimer ici, nous apprend seulement que l'*acteur* avait été *requis et sollicité par plus grand que soy*, de mettre la main à la plume et de rédiger en forme de moralité son ouvrage diététique autant que poétique. On peut supposer que Nicole de la Chesnaye, qui a dédié son recueil à Louis XII, désigne ce roi et la reine Anne de Bretagne, en disant qu'il a été contraint de se faire poëte, non-seulement pour complaire à *aucuns esprouvez amys*, mais pour obéir *à autres desquelz les requestes lui tiennent lieu de commandement.* Voici ce prologue, où l'on voit que, si cette Moralité avait été faite pour la représentation, elle n'était pas encore représentée *sur eschaffaut*, c'est-à-dire en public, lorsqu'elle fut publiée en 1507 et peut-être auparavant.

Comment l'Acteur ensuyt en la Nef de Santé la Condamnacion des Bancquetz, à la louenge de diette et sobrieté, pour le prouffit du corps humain, faisant prologue sur ceste matiere.

«Combien que Orace en sa Poeterie ait escript: *Sumite materiam vestris qui scribitis aptam viribus.* C'est-à-dire: «O vous qui escrivez ou qui vous meslez de copier les anciennes œuvres, elisez matiere qui ne soit trop haulte ne trop difficile, mais soit seullement convenable à la puissance et capacité de vostre entendement.» Ce neantmoins, l'acteur ou compositeur de telles œuvres peut souventesfois estre si fort requis et sollicité par plus grand que soy, ou par aucuns esprouvez amys, ou par autres, desquels les requestes lui tiennent lieu de commandement, qu'il est contraint (en obeyssant) mettre la main et la plume à matiere si elegante ou peregrine, que elle transcede la summité de son intelligence. Et, à telle occasion, moy, le plus ignorant, indocte et inutile de tous autres qui se meslent de composer, ay prins la cure, charge et hardiesse, à l'ayde de Celuy qui *linguas infantium facit disertas*, de mettre par ryme en langue vulgaire et rediger par personnages, en forme de moralité, ce petit ouvrage, qu'on peut appeller la *Condampnacion de Bancquet*: à l'intencion de villipender, détester et aucunement extirper le vice de gloutonnerie, crapule, ebrieté, et voracité, et, par opposite, louer, exalter et magnifier la vertu de sobrieté, frugalité, abstinence, temperence et bonne diette, en ensuyvant ce livre nommé *la Nef de santé et gouvernail du corps humain.* Sur lequel ouvrage, est à noter qu'il y a plusieurs noms et personnages des diverses maladies, comme Appoplexie, Epilencie, Ydropisie, Jaunisse, Goutte et les autres, desquels je n'ay pas tousjours gardé le genre et sexe selon l'intencion ou reigles de grammaire. C'est à dire que, en plusieurs endrois, on parle à iceux ou d'iceux, par sexe aucunesfois masculin et aucunesfois féminin, sans avoir la consideracion de leur denominacion ou habit, car aussi j'entens, eu regard à la proprieté de leurs noms, que leur figure soit autant monstrueuse que humaine. Semblablement, tous les personnages qui servent à dame Experience, comme Sobrieté, Diette, Seignée, Pillule et les autres seront en habit d'homme et parleront par sexe masculin, pour ce qu'ilz ont l'office de commissaires, sergens et executeurs de justice, et s'entremettent de plusieurs choses qui affierent plus convenablement à hommes que à femmes. Et pource que telles œuvres que nous appellons jeux ou moralitez ne sont tousjours faciles à jouer ou publiquement representer au simple peuple, et aussi que plusieurs ayment autant en avoir ou ouyr la lecture comme veoir la representacion, j'ay voulu ordonner cest opuscule en telle façon qu'il soit propre à demonstrer à tous visiblement, par personnages, gestes et parolles, sur eschauffaut ou aultrement, et pareillement qu'il se puisse lyre particulierement ou solitairement, par manière d'estude, de passe-temps ou bonne doctrine. A ceste cause, je l'ay fulcy de petites gloses, commentacions ou canons, tant pour elucider ladicte matiere, comme aussi advertir le lecteur, des acteurs, livres et passaiges, desquels j'ay extraict les alegations, histoires et auctoritez, inserées en ceste presente compilacion. Suffise tant seulement aux joueurs prendre la ryme tant vulgaire que latine et noter les reigles, pour en faire à plain demonstracion quand bon semblera. Et ne soit paine ou moleste au lisant ou estudiant, pour informacion plus patente, veoir et perscruter la totalité tant de prose que de ryme, en supportant tousjours et pardonnant à l'imbecilité, simplicité, ou inscience du petit Acteur.»

Cette Moralité, dont nous attribuons l'idée première à Louis XII lui-même, fut certainement représentée par la troupe des Enfants-sans-souci et de la Mère Sotte, car le sujet allégorique qu'elle met en scène devint assez populaire, pour être reproduit en tapisseries de haute lice, tissées dans les manufactures de Flandre et destinées à orner les châteaux et hôtels des seigneurs. Voyez, dans le grand ouvrage de MM. Achille Jubinal et Sansonnetti: *les Anciennes Tapisseries historiées*, le dessin et la description d'une tapisserie en six pièces, qui représente la Moralité de la Condamnation de Banquet; mais cette tapisserie, que M. Sansonnetti a découverte à Nancy, ne provient pas des dépouilles de Charles le Téméraire, mort en 1475, comme M. Jubinal a essayé de le démontrer dans une notice savante et ingénieuse.

Si la Moralité de Nicole de la Chesnaye est plus courte et moins embrouillée que la plupart des Moralités de la même époque, le sujet n'en est pas moins compliqué. On en jugera par ce simple aperçu: Trois méchants garnements, *Dîner*, *Souper* et *Banquet*, forment le complot de mettre à mal quelques honnêtes gens, qui ont l'imprudence d'accepter leur invitation d'aller boire et manger chez eux. Ce sont *Bonne-Compagnie*, *Accoutumance*, *Friandise*, *Gourmandise*, *Je-bois-à-vous*, et *Je-pleige-d'autant*. Au milieu du festin, une bande de scélérats, nommés *Esquinancie*, *Apoplexie*, *Epilencie*, *Goutte*, *Gravelle*, etc., se précipitent sur les convives et les accablent de coups, si bien que les uns sont tués, les autres blessés. *Bonne-Compagnie*, *Accoutumance* et *Passe-Temps*, échappés du carnage, vont se plaindre à dame *Expérience* et demandent justice contre *Dîner*, *Souper* et *Banquet*. Dame *Expérience* ordonne à ses domestiques, *Remède*,

Secours, Sobresse, Diète et *Pilule,* d'appréhender au corps les trois auteurs du guet-apens.

C'est alors que commence le procès des trois accusés, par-devant les conseillers de dame *Expérience,* savoir: *Galien, Hypocras, Avicenne* et *Averroys.* Laissons Mercier de Saint-Léger continuer l'analyse de la Moralité, dans la *Bibliothèque du Théâtre françois,* publiée sous les auspices du duc de La Vallière: «*Expérience* condamne *Banquet* à être pendu; c'est *Diette,* qui est chargé de l'office du bourreau. *Banquet* demande à se confesser: on lui amène un beau père confesseur; il fait sa confession publiquement, il marque le plus grand repentir de sa vie passée et dit son Confiteor. Le beau père confesseur l'absout, et *Diette,* après lui avoir mis la corde au cou, le jette de l'échelle et l'étrangle. *Souper* n'est condamné qu'à porter des poignets de plomb, pour l'empêcher de pouvoir mettre trop de plats sur la table; il lui est défendu aussi d'approcher de *Dîner* plus près de six lieues, sous peine d'être pendu, s'il contrevient, à cet arrêt.»

Il résulte de ce jeu par personnages, qui justifie parfaitement son titre de Moralité, que le *banquet* ou festin d'apparat, où l'on mange et boit avec excès, est coupable de tous les maux qui affligent le corps humain: il doit donc être condamné et mis hors la loi. Quant au *souper,* on lui permet de subsister, à condition qu'il viendra toujours six heures après le *dîner.* C'est là le régime diététique, qui fut suivi par Louis XII jusqu'à son mariage en troisièmes noces avec Marie d'Angleterre: «Le bon roy, à cause de sa femme, dit la Chronique de Bayard, avoit changé du tout sa manière de vivre, car, où il souloit disner à huit heures, il convenoit qu'il disnast à midy; où il souloit se coucher à huit heures du soir, souvent se couchoit à minuit.» Trois mois après avoir changé ainsi son genre de vie, Louis XII mourut, en regrettant sans doute de n'avoir pas mieux profité des leçons de la Moralité, composée et rimée naguère par son médecin.

Cette Moralité est très-curieuse pour l'histoire des mœurs du temps aussi bien que pour l'histoire du Théâtre; on y voit indiqués une foule de détails sur les jeux de scène, les costumes et les caractères des personnages. Elle est écrite souvent avec vivacité, et l'on y remarque des vers qui étaient devenus proverbes. Les défauts du style, souvent verbeux, obscur et lourd, sont ceux que l'on reproche également aux contemporains de Nicole de la Chesnaye. Quant à la pièce elle-même, elle ne manque pas d'originalité, et elle offre une action plus dramatique, plus pittoresque, plus variée, que la plupart des Moralités contemporaines; c'est bien une Moralité, mais on y trouve, au moins, le mot pour rire, et l'on peut en augurer que le médecin de Louis XII était meilleur compagnon et plus joyeux compère que Simon Bourgoing, valet de chambre du même roi et auteur de la Moralité intitulée: *l'Homme juste et l'Homme mondain, avec le jugement de l'Ame dévote et l'exécution de la sentence.*

LE VERGIER AMOUREUX.

Ce singulier ouvrage, qui n'a pas de titre imprimé dans le seul exemplaire qu'on en connaît, pourrait bien avoir été publié sous le nom de *la Forest des sept pechez mortels*, plutôt que sous celui du *Vergier amoureux*. Ce dernier titre lui a été donné par l'ancien possesseur, qui s'est mépris peut-être sur le véritable objet de cette allégorie mystique. Au reste, l'exemplaire que possède la Bibliothèque impériale publique de Saint-Pétersbourg, et qu'on dit unique, pourrait bien ne pas être complet. En voici la description:

C'est un petit in-folio de 10 ff. non chiffrés, qui ont été remontés avec soin et dont les signatures ne sont pas régulières. Ainsi, les deux premiers feuillets ne portent aucune signature; le troisième est signé *a. n.*; le quatrième, *b. n.*; le cinquième, *c. n.*; le sixième n'est pas signé; le septième et le huitième sont signés *e. n.* et *f. ij*; les feuillets 9 et 10 n'ont pas de signature. Le texte se compose de vers français, imprimés en gothique sur 2 colonnes, pour accompagner les arbres généalogiques des Vices et des Vertus. Plusieurs pages sont remplies par des gravures en bois, sans autre texte que les inscriptions qui font partie de ces gravures; le dernier feuillet, dont le recto est blanc, est imprimé à longues lignes, en partie, et ne contient que de la prose; toutes les pages sont encadrées au moyen d'une réunion plus ou moins ingénieuse de petites gravures en bois, empruntées à diverses éditions du temps et surtout aux livres d'heures.

Le premier feuillet, dont l'encadrement est plus large et mieux orné que celui des autres feuillets, commence par ces vers imprimés en tête de la première colonne, au-dessus de la marque de l'imprimeur:

Gaspard Philippe m'a voulu imprimer

En apetant que vices soient repris:

Si vous supply ne veuillez deprimer

Ceste euvre cy, car povez extimer

Qu'il l'appete vendre à competent pris:

Bon marché faict, ainsi qu'il a apris:

Aussi l'Acteur faict protestacion

Qu'il se submet à la correction

De tous lecteurs et aux donnans escout,

Car on cognoist à sa condition,

Qu'il apete faire Raison par tout.

Il résulte de ces vers, que Gaspard Philippe est l'imprimeur du livre, et que l'Acteur, qui ne se nomme pas, avait pour devise: *Raison partout*. Cette devise est, comme on sait, celle de Mère Sotte ou de Pierre Gringore.

La marque de Philippe Gaspard se compose de l'écusson de cet imprimeur, avec son monogramme, suspendu à un arbre entre deux dauphins couronnés.

 Le poëme débute ainsi:

Revisitez la forest, gens mondains,

Et en vueillez les branches bien eslire,

En redoubtant, craignant hazars soubdains:

Gardez de user de vos langaiges vains,

Lorsque viendres pour en ce vergier lire,

Et par ainsi vous eviteres l'ire

Du Createur: laissant vostre folie,

Que vostre esprit grosses branches deslie,

Qui empeschent par la forest passer:

Fuyez orgueil: temps est que on se humilie,

Car on ne scait quant on doit trespasser.

On voit que la seconde strophe avait fourni à l'ancien propriétaire du livre (le comte de Suchtelen, bibliophile russe) le titre qu'il lui a imposé; en voici le commencement:

C'est le vergier amoureux, delectable,

Forest de reconciliation,

A tous humains doctrine veritable,

Très utile, louable, prouffitable

A en faire la recordation...

Au verso du second feuillet, est représenté l'arbre généalogique de l'Orgueil, avec cette légende: *Orgueil, racine de tous vices*; en regard, au recto du second feuillet, l'arbre généalogique de l'Humilité, avec cette légende: *Humilité, racine de toutes vertus*. Le verso du second feuillet et le recto du troisième comprennent l'*arbre d'Orgueil avecques sa sequelle*; le verso du troisième feuillet et le recto du quatrième, *l'arbre d'Avarice avecques sa sequelle*, et ainsi de suite pour les cinq autres péchés mortels. L'arbre, dont chaque rameau offre une inscription morale en prose, a pour base un sujet, où le péché mortel est mis en scène avec beaucoup d'originalité: à droite et à gauche de l'arbre sont imprimés des quatrains moraux qui renferment des conseils pour se préserver du péché en question.

Le huitième feuillet, signé F.ij, représente la *Tour de Sapience*, fondée sur *Humilité, mère de toutes les vertus*. Cette tour, précédée de quatre colonnes morales, savoir: *conseil, prudence* et *diligence; stabilité, force* et *repos; miséricorde, justice* et *vérité; moralité, tempérance* et *mundicité*, est élevée sur sept degrés, qui sont *oraison, compunction, confession, pénitence, satisfaction, aulmosne, jeûne*. Cette fameuse tour a quatre fenêtres, nommées: *discrétion, religion, dévotion, contemplation*, et cinq guérites ou *guettes*, au-dessus des créneaux ou *défenses*: ces guérites s'appellent: *Tutelle aux bons, Vengeance aux mauvais, Jugement aux mauvais, Discipline aux fidelles*, et *Increpation aux mauvais*.

Au verso du feuillet 8, est l'image de *l'angel Cherubin* avec cette légende, que nous reproduisons textuellement: *Cherubin a six elles soit leu par le nombre assigné a chascune deux*: l'image de *l'angel Seraph* est au recto du feuillet 9, avec cette légende que nous copions aussi textuellement: *Seraph a six elles soit leu par le nombre assigné a ung chascun*.

Au verso de ce feuillet 9, une grande gravure en bois, d'un assez bon style, représente Jésus-Christ dans sa gloire, entre sa mère et saint Jean-Baptiste agenouillés, venant juger les vivants et les morts. On lit, d'un côté du souverain juge: *Venes bieneurez possider mon paradis*, et de l'autre: *Allez mauditz damnes au feu eternel*.

Le dernier feuillet, imprimé en rouge et en noir, commence par cet intitulé: *S'ensuit la forme de soy confesser instructive pour adresser les penitens ignorans à faire confection* (sic) *entiere*. C'est un tableau qui met en regard les différentes manières de pécher, par *cogitacion*, par *locucion*, par *optacion* et par *obmission*. Cette page, destinée à faciliter un examen de conscience, se termine par une prière.

Au-dessus, à l'angle droit du feuillet, dans un cadre ménagé entre divers petits sujets, gravés en bois, on lit cette suscription, imprimée en rouge, de haut en bas: *Imprimé à Paris, par Gaspard Philippe*. A côté de cet encadrement, il y a un écusson, représentant un arbre qui paraît être l'emblème de l'imprimeur; cet écusson, surmonté de la tiare pontificale et des clefs de saint Pierre, se trouve placé entre l'écusson de France et l'écusson de Bretagne mi-parti de France.

Une devise latine: *Immoderata ruunt*, qu'on remarque au-dessus de l'adresse de l'imprimeur, paraît être une allusion aux querelles de Louis XII contre le pape Jules II.

Ce livre rare, qui n'a jamais été décrit, provient de la bibliothèque du comte de Suchtelen, savant amateur russe, dont le blason gravé est collé en dedans de la reliure en maroquin qu'il avait fait exécuter.

On a relié, dans le même volume, deux feuillets, imprimés en gothique, à deux colonnes, avec quelques titres en rouge, et dont le verso est blanc, ce qui fait supposer que ces impressions étaient destinées à être collées sur des écriteaux dans les couvents. L'un porte cet intitulé: *Prologus venerabilis Hugonis de Sancto Victore, de fructu carnis et spiritus*; l'autre: *Frater Nicholaus de Pratis divi Victoris cenobita devoto formule hujus exploratori gratias in presenti et gloriam in futuro.* Cette lettre latine est suivie de vers latins du même moine de l'abbaye de Saint-Victor: *De feliciore dogmatis hujus exortu carmen.* Ces deux feuillets, qui ne portent pas de nom d'imprimeur, sont encadrés avec des sujets et des ornements en bois. On peut supposer, avec beaucoup de probabilité, qu'ils sont également sortis des presses de Gaspard Philippe, qui fut reçu libraire-imprimeur en 1502, et qui exerçait encore à Paris en 1512.

LA RÉCRÉATION
ET
PASSE-TEMPS DES TRISTES.

Les bibliographes et les biographes, qui se suivent et qui se ressemblent trop par malheur, répètent avec la plus confiante unanimité que Guillaume des Autels est l'auteur du recueil intitulé: *la Récréation et passe-temps des Tristes.*

Il ne tenait qu'à nous de nous conformer humblement et aveuglément à l'avis de nos devanciers sur cette question littéraire, qui n'a pas encore été controversée ni discutée; mais, après avoir jeté les yeux sur ce recueil, qui est fort rare et qui mériterait, à ce titre seul, d'être réimprimé, s'il n'était pas d'ailleurs très-joyeux et très-récréatif, nous nous sommes promis de prouver aux plus incrédules que Guillaume des Autels était, soit comme auteur, soit comme éditeur, bien étranger à cette publication facétieuse.

Guillaume des Autels, originaire de Charolles, en Bourgogne, où il naquit vers 1529, a composé divers ouvrages en vers, entre autres: *Amoureux Repos* (1553), *Repos de plus grand travail* (1550), etc. Ces ouvrages n'ont aucun rapport de genre, de forme ni de style avec la *Récréation et passe temps des Tristes.* La Monnoye, dans une note sur son article dans la *Bibliothèque françoise* de Du Verdier, l'a très-bien jugé en disant de lui: «La fantaisie d'imiter Ronsard, et le désir de paroître plus savant qu'il ne l'étoit, le rendirent obscur, souvent inintelligible, dans la plupart de ses écrits, et l'éloignèrent toujours du simple et du naturel.»

Au contraire, le recueil de poésies récréatives, qu'on lui attribue si mal à propos, tient, et au delà, les promesses de son titre: *Récréation et passe-temps des Tristes.* Ce sont des épigrammes ou de petites pièces courtes et vives, sur des sujets libres, plaisants ou galants, écrites la plupart dans la langue claire, précise et animée, de l'école marotique. Un grand nombre de ces pièces, dignes de l'Anthologie grecque ou de Martial, appartiennent en propre à Clément Marot lui-même, ainsi qu'à Saint-Gelais et à leurs imitateurs: Bonaventure des Periers, Victor Brodeau, Lyon Jamet, Saint-Romard, Germain Colin, etc. Quant à Guillaume des Autels, il n'y brille que par son absence.

Comment donc et pourquoi s'est-on avisé de mettre ce charmant recueil sur le compte d'un poëte si lourd, si ennuyeux, si pédant et si solennel?

La *Bibliothèque françoise* de La Croix du Maine, aussi bien que celle du sieur Du Verdier, ne font aucune mention de la *Récréation des Tristes*, dans leurs articles sur Guillaume des Autels. Il faut descendre jusqu'à la *Bibliothèque des Auteurs de Bourgogne*, par l'abbé Papillon, c'est-à-dire en 1742, pour trouver cette mention exprimée en termes amphibologiques; l'auteur comprend, dans la liste des ouvrages de Guillaume des Autels, «*la Récréation des Tristes*, recueil de pièces, imprimé in-16, à Lyon. On lui attribue, ajoute-t-il, ce recueil, dans lequel il y a de l'esprit.» Aussitôt l'abbé Goujet, qui préparait alors son édition du Grand Dictionnaire de Moréri, dans laquelle sont fondus tous les suppléments publiés à part (1749, 10 vol. in-fol.), consacra un long article à Guillaume des Autels, qui n'avait obtenu que huit lignes dans les éditions précédentes; on lit dans cet article: «*Récréation des Tristes*, recueil de pièces en vers, imprimé in-16, à Lyon. On lui attribue ce recueil, dans lequel il y a de l'esprit.» L'abbé Goujet n'avait donc fait que répéter textuellement la phrase de l'abbé Papillon, sans prendre la peine de recourir à plus amples informations. Dans sa *Bibliothèque françoise* (t. XII, publié en 1748), qu'il faisait imprimer concurremment avec le Moréri, il avait modifié légèrement la phrase que lui fournissait la *Bibliothèque des Auteurs de Bourgogne*: «On attribue encore, dit-il (page 353 du t. XII), à des Autels la *Récréation des Tristes*, recueil de pièces en vers, dans lesquelles il y a quelque génie, et qui a été imprimé à Lyon, in-16, sans date.»

L'abbé Goujet eût été bien embarrassé de produire cette édition, sans date, imprimée à Lyon, qui n'a jamais existé, puisqu'elle n'est citée dans aucun catalogue. Il n'y a réellement que deux éditions, l'une de Paris, 1573, et l'autre de Rouen, 1595.

Nous hasarderons une conjecture au sujet du quiproquo qui a fait attribuer à Guillaume des Autels un ouvrage qu'il est impossible de lui laisser. On lui attribue, avec plus de probabilité, puisqu'on peut s'appuyer à cet égard sur l'autorité de La Croix du Maine et de Du Verdier, un petit livre facétieux en prose, intitulé: *Mitistoire barragouyne de Fanfreluche et Gaudichon, trouuée depuis n'aguere d'une exemplaire escrite à la main, à la valeur de dix atomes, pour la recreation de tout bons franfreluchistes* (Lyon, par Jean Dieppi, 1574, in-16). Quelqu'un aura extrait de ce titre la phrase suivante, qui est devenue elle-même un titre séparé: *la Récréation de tous bons franfreluchistes*; et quelque autre, renchérissant sur l'erreur ou l'ignorance de son devancier, a vu naturellement dans ce titre imaginaire, qu'il a supposé défiguré, la *Récréation des Tristes*.

Rien n'est plus fréquent que de pareilles métamorphoses de mots et de titres, dans l'histoire de la bibliographie.

Au reste, on avait vu paraître, avant la *Récréation des Tristes*, un recueil du même genre, intitulé: *Consolation des Tristes* (Rouen, Robert et Jean du Gort, 1554, in-16), que La Monnoye, dans une note sur Du Verdier, conjecturait devoir être une réimpression du *Boute-hors d'oisiveté*, publié en 1553, à Rouen, par les mêmes libraires. Le titre de *Récréation et passe-temps des Tristes* peut avoir été imaginé aussi pour rappeler un recueil de poésie, qui avait eu du succès et qui était encore estimé en librairie, sinon en littérature, quoique d'un genre plus grave et moins divertissant: *le Passe-temps et songe du Triste, composé en ryme françoise* (Paris, Jehannot, sans date), in-8, goth.

Quoi qu'il en soit, le recueil, dont M. Gay a publié une édition nouvelle destinée aux vrais pantagruélistes *et non aultres*, est une compilation mieux choisie et plus complète que divers recueils analogues, imprimés, sous des titres variés, à Paris, à Lyon et à Rouen, de 1530 jusqu'en 1573. Voici l'indication de ces recueils, tous presque également rarissimes et curieux, qui se trouvent refondus dans la *Récréation et passe-temps des Tristes*:

1. *Petit traicté contenant la fleur de toutes joyeusetez en epistres, ballades et rondeaux fort recreatifz, joyeux et nouveaulx.* Paris, par Antoine Bonnemere, pour Vincent Sertenas, 1535, in-16.—Réimprimé, avec des augmentations, sous le titre suivant:

Recueil de tout soulas et plaisir, pour resiouir et passer temps aux amoureux, comme epistres, rondeaux, balades, epigrammes, dixains, huictains, nouuellement composé. Paris, Jean Bonfons, 1552, pet. in-8.

Et sous cet autre titre:

Fleur de toute joyeuseté, contenant epistres, ballades et rondeaux joyeulx et fort nouveaulx, sans nom et sans date, in-8, goth.

2. *Recueil de vraye poësie françoyse, prinse de plusieurs poëtes les plus excellens de ce regne.* Paris, imp. de Denys Janot, 1544, pet. in-8.—Réimprimé sous le titre suivant:

Poësie facecieuse extraite des œuvres des plus fameux poëtes de nostre siecle. Lyon, par Benoist Rigaud, 1559, in-16.

3. *Le Paragon de joyeuses inventions de plusieurs poëtes de nostre temps, ensemble la conviction de la chaste et fidelle femme mariée.* Rouen, Robert Dugort, sans date, in-16.—Réimprimé sous le titre suivant:

Le Tresor des joyeuses inventions du Paragon de poësie, contenant epistres, ballades, rondeaux, dizains, huictains, epitaphes et plusieurs lettres amoureuses fort recreatives. Paris, veuve Jean Bonfons, sans date, in-16.

4. *La Fleur de poësie françoyse, recueil joyeulx, contenant plusieurs huictains, dixains, quatrains, chansons et aultres dictez de diverses matieres, mis en notte musicalle par plusieurs autheurs et reduictz en ce petit livre.* Paris, Alain Lotrian, 1543, pet. in-8.

5. *Traductions de latin en françois et inventions nouvelles, tant de Clément Marot que des plus excellens poëtes de ce temps.* Paris, Étienne Grouleau, 1554, in-16.

Ces différents recueils, qui ne sont que des pots-pourris de petites pièces facétieuses rassemblées sans ordre, ont été vraisemblablement formés par les libraires eux-mêmes. En 1573, Guillaume des Autels était sans doute à Paris depuis quatorze ou quinze ans, puisqu'il publiait dans la capitale, chez André Wechel et Vincent Sertenas, des poésies de circonstance, écrites dans le goût de Ronsard; mais il eût dédaigné de descendre des hauteurs poétiques de la Pléiade, pour s'amuser à ramasser des épigrammes en style marotique. Il faut avouer que les *Passe-temps* de Baïf, qui paraissaient alors aux applaudissements de la cour de France, n'avaient pas trop d'analogie avec la *Récréation et le passe-temps des Tristes*.

Voici la description des deux éditions connues de ce dernier recueil:

La Recreation et passe-temps des Tristes, pour resjouyr les melencoliques, lire choses plaisantes, traictans de l'art de aymer, et apprendre le vray art de poësie. Paris, Pierre l'Huillier, rue Sainct-Jacques, à l'enseigne de l'Olivier, 1573, in-16 de 96 ff., sign. A-Miiij, avec une figure sur le titre et une autre en tête de la *Comparaison de l'amour à la chasse du cerf,* folio 85.

La Recreation et passe-temps des Tristes, traictant de choses plaisantes et recreatives touchant l'amour et les dames, pour resjouir toutes personnes melancholiques. Rouen, Abraham Cousturier, libraire, tenant sa boutique près la porte du Palais, 1595, in-16.

Cette édition ne diffère de la première que par l'addition d'une innombrable quantité de fautes grossières, de non-sens, de vers faux et altérés, et par la suppression d'une douzaine de pièces dirigées contre les moines ou sentant l'hérésie[8].

[8] M. Gay, qui a fait réimprimer à cent exemplaires *la Récréation et passe-temps des Tristes*, n'a eu connaissance que tardivement de la première édition; il a pu toutefois en reproduire le texte avec fidélité, mais il n'a pas remis à leur place les pièces qui manquent dans l'édition de 1595; il les a réunies à la fin de la réimpression, à partir de l'épigramme de *Frère Lubin*, page 169; on a ainsi sous les yeux ces épigrammes qui n'avaient pas trouvé grâce devant la censure rouennaise.

Ces deux éditions, que la Bibliothèque impériale, nous assure-t-on, ne possède pas, se trouvent à la Bibliothèque de l'Arsenal (Belles-lettres, nos 18115 et 9310); la première provient de la collection du marquis de Paulmy, et la seconde, de celle du duc de La Vallière (no 15429 du Catal. La Vallière-Nyon).

VASQUIN PHILIEUL
ET
SON POËME SUR LES ÉCHECS.

Ce petit livre est une des innombrables impressions du seizième siècle, qui ont disparu, sans laisser d'autre trace qu'une simple indication, souvent erronée et toujours incomplète, dans les ouvrages de bibliographie.

Nous l'avons cherché inutilement dans les catalogues des plus riches et des plus curieuses bibliothèques, car notre oracle, notre guide, le *Manuel du libraire*, dans son avant-dernière édition, du moins, avait passé sous silence le nom de Vasquin Philieul, qui est certainement l'auteur de ce poëme rarissime sur le jeu des échecs.

Il paraît que les bibliographes du dix-huitième siècle, qui en font mention, n'avaient pas même eu la chance de le voir, puisqu'ils ne savaient pas bien si c'était ou non une traduction du poëme latin de Vida, ainsi que le fameux poëme de Louis des Masures, Tournisien: *Guerre cruelle entre le Roy blanc et le Roy maure* (Paris, Vincent Sertenas, 1556, in-4); car l'abbé Goujet le signale seulement, en ces termes, dans sa *Bibliothèque françoise* (t. VIII, p. 99):

«Du Verdier, dans sa *Bibliothèque*, dit que Vasquin Philieul, de Carpentras, a traduit en vers le poëme des Échecs (de Vida) et que cette traduction a été imprimée à Paris, in-4, mais sans marquer le temps de l'impression. La Croix du Maine parle de ce poëme des Échecs, *composé* par Philieul et imprimé en caractères françois, l'an 1559, à Paris, sans désigner si c'est ou non une traduction de Vida. N'ayant pu trouver cet ouvrage, je ne puis vous le faire mieux connaître.»

L'annotateur de la *Bibliothèque françoise* de La Croix du Maine, Rigoley de Juvigny, n'était pas mieux instruit que l'abbé Goujet, lorsqu'il disait, dans une note de son édition publiée en 1772: «La Croix du Maine aurait dû nous apprendre de quel auteur Vasquin Philieul a traduit le poëme du Jeu des Échecs, si c'est de Vida ou d'un autre.» Rigoley de Juvigny n'avait pas remarqué que Du Verdier, en deux endroits différents de sa *Bibliothèque françoise* (à l'article de VASQUIN PHILIEUL et à l'article de LOUIS DES MASURES), dit positivement que le poëme du Jeu des Échecs est une traduction du poëme de Vida.

Cette traduction aurait paru d'abord à Paris, suivant Du Verdier, qui cite une édition que nous ne connaissons pas: «Il a mis aussi en rime françoise, dit-il, le Jeu des Échecs, décrit en vers latins par Hiérôme Vida, Crémonnois, imprimé à Paris, in-4.» La seule édition dont l'existence soit bien constatée, puisque la bibliothèque de l'Arsenal en possède un exemplaire (nº 14637 du

Catalogue La Vallière-Nyon), a été indiquée par La Croix du Maine, qui dit à l'article de Vasquin Philieul: «Il a écrit et composé en vers françois le Jeu des Échecs, imprimé à Paris, chez Philippe Danfrie et Robert Breton, l'an 1559, de caractères françois.»

Le nom de l'auteur n'est pas sur le titre de cette édition, qui serait la seconde, si la note bibliographique de Du Verdier est exacte; mais le *distichon* de Jean Gryphe, jurisconsulte, en l'honneur de Vasquin, ne nous laisse pas de doute à l'égard d'une attribution littéraire que confirment amplement les témoignages de La Croix du Maine et de Du Verdier. La dédicace à François d'Agoult (l'imprimé porte *de Gaout*, ce qui doit être une faute d'impression), seigneur de Sault, ne nous donne aucun détail sur l'auteur; mais nous y voyons que ce seigneur avait *autrefois* enseigné à Vida lui-même le jeu des échecs, que le *grand Crémonnois* a chanté pour rendre hommage à son maître.

Aucune biographie, excepté la *Biographie générale* de MM. Didot, n'ayant accordé à notre poëte amateur du jeu des échecs une notice de quelques lignes, nous croyons devoir réparer cette omission le plus succinctement possible.

Suivant La Croix du Maine, il se nommait Vasquin Phileul ou Philieul, et il était docteur en droit; Du Verdier le fait, en outre, chanoine de Notre-Dame des Doms. Son père, Romain Philieul, en latin *Filiolus*, fut notaire à Carpentras et publia la première édition latine des Statuts du Comtat Venaissin (*Statuta Comitatus Venayssini*. Avenio, 1511, in-4, goth.). Vasquin Philieul, quoique originaire de Carpentras, a dû successivement résider à Avignon, à Paris, à Alais (Gard) et à Lyon, de 1548 à 1565. «Il florissoit à Lyon l'an 1561, disait La Croix du Maine en 1584: je ne sçay s'il est encore vivant.» Il mourut vers 1582, à Avignon, où il remplissait les fonctions de juge de la Cour temporelle, suivant la *Biographie du Dauphiné*, par Barjavel.

Son premier ouvrage avait paru à Avignon, chez Barthélemy Bonhomme, sous ce titre, que Du Verdier a recueilli, sans nous donner la date de l'édition in-8: *Œuvres vulgaires de François Petrarque, contenant quatre livres de madame Laure d'Avignon, sa maistresse, en sonnets et chants, et les Triomphes d'Amour, de Chasteté, de Mort, de Renommée, du Tems et de la Divinité.* Cette traduction en vers français des poésies de Pétrarque fut réimprimée à Paris, par Jacques Gazeau, en 1548, sous ce titre différent: *Laure d'Avignon, au nom et adveu de Catherine de Medicis, royne de France, extraict du poëte florentin Françoys Petrarque, et mis en françoys*, in-16 de 119 ff., caractères italiques. La Croix du Maine suppose une troisième édition, imprimée à Lyon, en 1555, par Barthélemy Bonhomme.

Un sonnet de Jean Chartier[9], qui termine le volume, semble annoncer que le recueil avait été publié par les soins de ce personnage, et ses éloges protestent d'avance contre les critiques de Du Verdier, qui déclare, en passant, que les vers de Philieul sont *rudes et mal rendus*.

Jean Chartier, natif d'Apt, avocat-général du roi au parlement de Provence, a traduit différents ouvrages du grec, du latin et de l'italien. Voyez son article dans la *Bibliothèque françoise* de Du Verdier.

L'abbé Goujet, dans sa *Bibliothèque françoise* (t. VII, p. 330), confirme le jugement rigoureux de Du Verdier: «Mais, ajoute-t-il, je crois que l'affection de ce bibliothécaire pour Jérôme d'Avost, son ami (qui a traduit également en vers les sonnets de Pétrarque), avoit encore plus de part, dans cette décision, que l'amour de la vérité.» Rigoley de Juvigny, dans ses notes sur La Croix du Maine, ne partage pas l'opinion de l'abbé Goujet à l'égard de Philieul: «C'était moins le talent que l'usage du monde qui lui manquoit, dit-il, car on trouve quelques morceaux de sa traduction fort heureusement tournés.»

«Cet auteur, né à Carpentras, dit l'abbé Goujet (*Bibl. franc.*, t. VII, p. 329), avait toujours vécu loin du centre de la politesse et du bon goût. Aussi ne se loue-t-il pas plus qu'il ne doit, lorsqu'il dit, dans son épître dédicatoire à la reine Catherine de Médicis, à qui il adresse sa traduction en vers des Sonnets, Chansons et Triomphes de Pétrarque, qu'il n'avoit

Ni digne engin, ni pouvoir, ni science.»

Voici le commencement de cette épître:

De tout mon cœur, Royne qui n'as esgale,

Prix et appuy de la fleur lisliale,

J'ay tousjours eu espoir et volunté

M'offrir devant ta haulte majesté,

Pour veoir si point, quand le Ciel le voudroit,

Sçaurois par moy la servir quelque endroit.

Nous ignorons si ce fut cette épître qui valut au poëte traducteur de Pétrarque un canonicat à Notre-Dame des Doms. Quoi qu'il en soit, c'est à Alais ou plutôt à Auson, près des bords du Gard, qu'il rima sa traduction, comme l'indiquent ces derniers vers du *Jeu des Échecs*:

Voilà le tout, que, fasché d'un hasard,

J'en sceus chanter, gardant nostre maison,

Au bruit de l'eau transversant sur l'Auson.

Il possédait donc une maison dans cette petite localité, où les habitants du pays vont encore prendre les eaux d'une fontaine thermale, qui était dès lors renommée. On peut supposer que les malades qui prenaient les eaux (*Or maintenant que Mars plus ne nous fasche*, disait Vasquin Philieul) se récréaient à jouer aux échecs, et que le vieux seigneur de Sault, qui dut être un des premiers joueurs de son temps, se plaisait à leur donner des leçons, suivant les préceptes de Vida, que Philieul traduisit à sa requête. Il y aurait donc, à en croire Du Verdier, une première édition in-4, faite à Paris, de la traduction rimée de Philieul; mais nous n'avons trouvé que l'édition in-8 de 1559, en caractères de civilité.

Vasquin Philieul traduisit ensuite de l'italien de Paolo Jovio les *Dialogues des devises d'armes et d'amours, avec un discours de Loys Dominique sur le même sujet, auquel on a ajouté les devises heroïques et morales de Gabriel Simeon* (Lyon, Guillaume Rouville, 1561, in-4, avec fig.). Il traduisit encore du latin, d'après l'édition donnée par son père: *Statuts de la Comté de Venaissin* (Avignon, 1558, in-4), et d'après un ouvrage de Christophe de Mandric, docteur en théologie, de la Compagnie de Jésus, un *Traité de souvent recevoir le saint Sacrement de l'Eucharistie*, imprimé à Avignon par Pierre Roux en 1565, et réimprimé depuis à Paris, par Thomas Brumen, sous le titre de *Traicté de la fréquente communion*. Du Verdier ne nous en dit pas davantage sur notre chanoine, qui avait appris, du *très-magnanime et très-puissant seigneur* François d'Agoult, la science du jeu de Palamède, et qui se livrait, sans doute, dans ses vieux jours, à cet honnête passe-temps, qu'il avait décrit en vers *rudes* et surtout obscurs, sous l'inspiration de ce fameux joueur d'échecs.

LE SIEUR DE CHOLIÈRES
ET SES OUVRAGES.

Les *Neuf Matinées* et les *Après-disnées* du seigneur de Cholières sont rares; mais son ouvrage intitulé *la Guerre des masles contre les femelles* est beaucoup plus rare encore; on ne le voit figurer que dans un petit nombre de catalogues, entre autres ceux de Barré, de Gaignat, de Méon, de Chardin, de Bignon, de Monmerqué, de Veinant, etc. L'exemplaire, décrit dans ce dernier catalogue, s'est vendu 131 fr., et le prix du livre ne s'arrêtera pas là. C'est un petit in-12 de 8 feuillets prélim., y compris le titre, de 143 feuillets chiffrés et d'un feuillet non chiffré pour l'extrait du privilége. Il faut remarquer qu'il y a deux feuillets chiffrés 93, entre lesquels sont intercalés trois feuillets qui ne portent pas de numérotage: néanmoins les signatures se suivent sans interruption. Le privilége, en date du 22 mars 1586, est délivré au libraire-éditeur, Pierre Chevillot, pour six années consécutives. On peut donc considérer comme une édition nouvelle l'édition de *Paris, Gilles Robinot*, 1614, in-12, avec un privilége daté de 1587. Cette édition se trouvait chez Nodier et chez Bignon.

La *Guerre des masles contre les femelles* est un ouvrage du même genre et du même style que les *Neuf Matinées* et les *Après-disnées*; il renferme, comme ces deux recueils, des dialogues plaisants, facétieux et philosophiques sur des matières diverses et notamment sur des sujets joyeux. On peut dire que le livre de Rabelais a été la source où le seigneur de Cholières puisait à pleines mains, quand il était *dans ses bonnes*. C'est un galant compère qui sait par cœur son *Gargantua* et son *Pantagruel*, en manière d'évangile. Maître François n'a pas eu peut-être d'imitateur plus digne de lui. On ne s'explique pas comment tous les biographes se sont mis d'accord pour traiter ce spirituel et amusant *pantagruéliste* avec le plus impitoyable dédain. Nous gagerions, à coup sûr, qu'ils ne l'avaient jamais lu, ou bien qu'ils n'étaient pas capables de l'apprécier.

Les *Meslanges poétiques*, qui font suite à la *Guerre des masles contre les femelles*, ne sont pas, comme l'a dit ou plutôt répété de confiance l'auteur d'une très-bonne note bibliographique imprimée à la fin des *Neuf Matinées* (édit. J. Gay), un composé de vers pris dans les œuvres de Ronsard, d'Amadis Jamin et de Mme des Roches. Ces *Meslanges* appartiennent exclusivement au sieur de Cholières, et se rapportent à l'histoire de ses amours avec Aris, Marzine et Callirée. On y voit que le sieur de Cholières était toujours amoureux et quelquefois poëte. On doit s'étonner de n'y pas découvrir plus de détails intimes sur sa personne et sur sa vie. Voici seulement quelques vers de l'élégie finale, qui nous apprennent que l'auteur avait les cheveux gris à l'époque où il célébrait ses amours:

Car, moy, qui des amours ay passé la saison,

Qui ay morne le sang, le sens demy grison,

Dès longtemps sa beauté mon ame avoit blessée,

Et le traict seulement estoit en ma pensée.

J'estois de la servir soigneux et curieux:

Aussi bien que les rois, les pauvres ont des yeux.

L'abbé Goujet, dans sa *Bibliothèque françoise*, et Viollet-le-Duc, dans sa *Bibliothèque poétique*, ont oublié d'accorder un souvenir au sieur de Cholières.

La dédicace de la *Guerre des masles contre les femelles* est adressée «à madamoiselle Penthasilée de Malencorne, infante d'Inebile, dame de la Croulée, la Houssée, etc.,» laquelle damoiselle est sortie tout armée de l'imaginative de l'auteur. Cette croustilleuse dédicace à la reine des Amazones porte cette date: «De Saincte-Bonne-lez-Marignon, ce premier jour d'aoust 1587.» Nous supposons que cette localité est également imaginaire; car *Saincte-Bonne-lez-Marignon* paraît être la patrie des bonnes femmes en mariage.

Au reste, on ne sait rien sur le sieur ou seigneur de Cholières, si ce n'est qu'il était avocat à Grenoble. La publication de ses trois ouvrages, en 1585, 1587 et 1588, nous permet de dire qu'il était venu à Paris alors et <u>qu'il</u> y resta trois ans pour se faire imprimer. Son premier ouvrage, les *Neuf Matinées*, fut dédié à monseigneur messire Louys de la Chambre, chevalier, conseiller du roi en son conseil d'État, cardinal et abbé de Vendôme, grand prieur d'Auvergne, etc. Mais l'auteur, dans la préface des *Après-disnées*, qui n'ont pas de dédicace, nous raconte que messire Louys de la Chambre ne voulut prendre sous ses auspices les *Neuf Matinées*: «Ma muse, dit-il, avoit esclos le frère de ces *Après-disnées*, son nom ne peut estre ramenteu: son parrain a esté si vilain, que, pour l'exemple de quelques honnestetez, il a désavoué son filleu, lequel de toutes parts j'estoie prié de loger, et bien mieux qu'il n'a rencontré.» Voilà pourquoi le sieur de Cholières crut devoir publier ces *Après-disnées*, sans aucun nom de protecteur. On n'y retrouve pas même, comme dans les préliminaires des *Neuf Matinées*, une épître laudative en prose du sieur Félicien Valentin, un de ses plus fidèles amis, deux sonnets du seigneur de Montessuyt, un sonnet de I. D. C., *son singulier et ancien ami*, un autre signé A. DIANE OU ANGE, ce qui représente certainement un pseudonyme de l'auteur.

Faut-il accepter de confiance les dates de la naissance et de la mort du sieur de Cholières, telles que nous les donne le *Dictionnaire biographique universel et pittoresque* (Paris, Aimé André, 1834, 4 vol. gr. in-8), dates qui ne se trouvent dans aucune autre biographie? Suivant ce Dictionnaire, que nous sommes loin de dédaigner, Nicolas de Cholières serait né en 1509 et mort en 1592. Il devait être très-vieux en 1587, puisqu'il dit dans l'avis *aux liseurs* de ses *Après-disnées*: «Si je vis encore quelques années, vous verrez que je ne suis simple prometteur, ains que, sans estre gascon, je suis plus prompt à excuser *in terminis habilibus*, qu'à promettre.» Il promettait, à cette époque, un livre intitulé *les Partis amoureux*, livre qui n'a jamais paru.

Mais on a publié, après sa mort sans doute, un autre ouvrage, qui lui est attribué dans quelques biographies, quoiqu'il ait été imprimé sous le nom de *Colières*, mais qui est certainement de lui. Cette erreur de nom s'explique par la prononciation ordinaire du nom de *Cholières*. L'auteur, d'ailleurs, n'était plus là pour empêcher qu'on estropiât son nom. Voici le titre de cet ouvrage, plus rare encore que les précédents, car nous ne l'avons rencontré que dans les Catalogues Courtois et La Vallière-Nyon:

«*La Forest nuptiale, où est representée une variété bigarrée, non moins esmerveillable que plaisante, de divers mariages, selon qu'ils sont observez et pratiquez par plusieurs peuples et nations estranges, avec la maniere de policer, regir, gouverner et administrer leur famille.*» Paris, Pierre Bertault, 1600, in-12 de 12 feuillets préliminaires non chiffrés et de 144 feuillets chiffrés.

Le privilége est remplacé par une approbation des docteurs régents en la Faculté de théologie, certifiant «avoir lu et visité le livre intitulé *la Forest nuptiale*, composé par le sieur de Colières, auquel n'avons trouvé ny aperceu chose qui puisse empescher qu'il ne fust imprimé et mis en lumière.» Cette belle approbation est datée du 8 mai 1595 et signée I. Ardier. L'avant-discours de l'auteur et le sonnet qui le suit portent pour signature ce pseudonyme: A. DIANE OU ANGE, que nous avons déjà remarqué au bas d'un sonnet dans les pièces préliminaires des *Neuf Matinées*. Voici le sonnet, assez peu intelligible, de *la Forest nuptiale*:

AU LISEUR.
SONNET DE L'AUTEUR.

Te fasches-tu, liseur, pour veoir des mariages

Icy tant bigarez? Quoi? la diversité

Te devroit resjouir? Voir de mainte cité

Et de peuples divers les nuptiaux usages!

Tu veois le bien, le mal: quicte les badinages

Des polygamies: suis la pudicité

Où te guide le train que ceux ont limité,

Qui, à droit, sont tenus pour prudens et pour sages.

Joignant le blanc au noir, tu peux appercevoir

La naïfve blancheur: hé! pour te faire voir

Le lustre nuptial, je t'ay des bigareures

Dressé, comme j'ay peu: si quelque traict deffaut,

Sans trop t'effaroucher, liseur, il ne te faut

Qu'abaisser sans rigueur les trop hautes coutures.

A. DIANE OU ANGE.

En dépit de l'approbation des docteurs en théologie, le sieur de Cholières, qui avait déjà consacré un curieux chapitre au mariage dans ses *Après-disnées*, revient gaillardement à ce sujet qu'il connaissait, comme il le dit, *experto crede Roberto*, et il entasse, sur le compte des Babyloniens, des Turcs, des Moscovites et de la plupart des peuples étrangers, une foule de descriptions peu ou point décentes sur les usages nuptiaux. Il a soin de laisser de côté les chapitres de la France, de l'Angleterre et d'autres pays de l'Europe: a beau parler, qui vient de loin: «Puisque le mariage est tant à priser, dit-il malignement dans son avant-propos, j'inférerai qu'il m'est loisible, voire honneste, d'entamer propos, qui, quoy que diametralement ne passe par la ligne du milieu, par reflexion neantmoins, se rapproche au centre nuptial.» On peut dire qu'il était là dans son centre. La *Forest nuptiale* est du domaine rabelaisien et n'a rien de commun avec la *Sylva nuptialis* de Nevizanus.

<hr>

LES
AMOURS FOLASTRES ET RÉCRÉATIVES
DU FILOU ET DE ROBINETTE[10].

[10] Dediez aux Amoureux de ce temps, par l'un des plus rares esprits. *A Bourg en Bresse, par Jean Tainturier*, 1629, in-16 de 84 pages.

Le savant auteur du *Manuel du Libraire*, en décrivant ce petit livre dans la dernière édition de son admirable ouvrage, l'a qualifié ainsi: «Roman comique, peu connu.» En effet, on ne l'avait pas vu passer dans les ventes publiques, avant celle de Charles Nodier, où un charmant exemplaire, relié en maroquin vert par Kœhler, ne fut vendu que 62 francs, parce qu'on ne connaissait pas encore *les Amours folastres et récréatives du Filou et de Robinette*, dans le monde des bibliophiles.

Mais Charles Nodier le connaissait bien, ce curieux roman comique et satirique, et il eût certainement consacré, à un livret dont il savait tout le prix, une de ces notes que lui seul pouvait faire, si la mort lui eût laissé le temps de terminer lui-même le Catalogue de sa bibliothèque. M. G. Duplessis, qui fut le continuateur de ce Catalogue posthume, n'a pas remplacé la note que nous regrettons, par cette vague indication: «Joli exemplaire d'un petit roman presque introuvable et d'une gaieté un peu libre.»

Ce roman était si peu connu que Lenglet-Dufresnoy ne l'avait pas cité dans sa *Bibliothèque des romans*. Plus tard, il figurait dans l'immense collection de romans français formée par le duc de la Vallière (voyez le n° 10236 du Catalogue de Nyon) et le marquis de Paulmy. Mais ce dernier, qui avait pris la peine de lire ou de feuilleter la plupart de ces romans, s'était montré fort injuste à l'égard de cette histoire divertissante, qu'il a inscrite dans son Catalogue manuscrit avec un jugement dont nous appellerons, en invitant les amateurs de notre littérature gauloise à décider la question: «Ce petit roman est rare et mauvais.»

Espérons, pour l'honneur littéraire du marquis de Paulmy, qu'il avait confié l'examen de ce petit roman à un de ses secrétaires, Mayer, Contant d'Orville ou Legrand d'Aussy, qui étaient chargés de préparer des notices pour la *Bibliothèque universelle des romans*, ou pour les *Mélanges tirés d'une grande bibliothèque*, et qui s'acquittaient souvent de cette tâche avec aussi peu de goût que de conscience. Quoi qu'il en soit, la Bibliothèque de l'Arsenal possède deux exemplaires de ce volume rarissime.

Quel en est l'auteur, que le titre proclame *l'un des plus rares esprits* de son temps? Nous regrettons de ne l'avoir pas découvert, malgré nos recherches.

Cependant nous avions pensé d'abord à Marcelin Allard, né en Forez, qui avait publié en 1605 la *Gazette françoise,* recueil bizarre et amusant, lequel renferme beaucoup de détails sur les mœurs de sa province, assez voisine de la Bresse; mais il n'est pas sûr que Marcelin Allard ait vécu jusqu'en 1629. Nous ne pouvions oublier que le savant Claude-Gaspard Bachet, sieur de Méziriac, et le poëte Nicolas Faret, l'un et l'autre originaires de Bourg en Bresse, étaient aussi contemporains du Filou et de Robinette; mais l'histoire littéraire n'a jamais soupçonné que l'auteur de *l'Honnête homme* et le traducteur des Épîtres d'Ovide eussent fourvoyé leur muse décente dans le genre trivial et facétieux. Nous nous sommes donc rejetés sur Charles Sorel, qui, n'étant pas encore historiographe de France, ne se faisait pas scrupule de composer ou de faire imprimer des romans gaillards sous le pseudonyme du comédien Moulinet, sieur du Parc. On peut constater, il est vrai, beaucoup d'analogie entre le *Francion* et les *Amours folastres et récréatives du Filou et de Robinette:* l'esprit gaulois, mélangé de naïveté et de malice, que Sorel mettait alors dans ses livres, se retrouve au même degré dans les deux ouvrages qui sont à peu près du même temps, car la première édition de *la Vraie Histoire comique de Francion* est de 1622. Dès l'année 1613, Sorel avait fait paraître *les Amours de Floris et de Cléonthe,* qui ne valent peut-être pas *les Amours du Filou et de Robinette.*

Une objection se présente tout d'abord, que nous n'avons pas résolue. Comment le Parisien Charles Sorel aurait-il fait imprimer un de ses ouvrages à Bourg-en-Bresse? Passe encore s'il eût été Bressan ou Forésien. De plus, n'est-il pas singulier que le second livre imprimé à Bourg-en-Bresse soit justement un petit roman comique, assez libre, dans le genre de ceux qu'on appréciait surtout à la cour et que les *beaux esprits de ce temps* ne se lassaient pas de produire? Le premier livre imprimé à Bourg-en-Bresse, deux ans auparavant, chez le même Jean Tainturier, est la traduction des *Épistres d'Ovide en vers françois, avec un commentaire fort curieux,* par Claude-Gaspard Bachet, sieur de Méziriac. On sait combien cette édition est rare; on peut supposer que l'auteur ne l'avait fait imprimer que pour ses amis. Or le sieur de Méziriac, ami de Racan, de Malherbe et des poëtes en renom à cette époque, avait passé plusieurs années à Paris dans leur société, avant de revenir se fixer en Bresse, dans sa ville natale, où il s'était marié richement et où il menait le train d'un grand seigneur. Son commentaire sur les épîtres d'Ovide ne prouve pas seulement son érudition; il donne la mesure et le ton de son esprit galant, délicat et agréablement caustique. Ce n'est pas dire que nous dussions lui attribuer, un peu à l'aventure, la composition des *Amours du Filou et de Robinette,* mais il avait certainement introduit l'imprimerie à Bourg-en-Bresse et fait venir dans cette ville Jean Tainturier pour imprimer ses propres ouvrages. On peut donc croire avec assez de vraisemblance qu'il ne fut pas étranger à l'impression ou à la réimpression de ce roman comique, qu'un de ses amis, Charles Sorel peut-être, lui avait envoyé de Paris pour le divertir.

L'éditeur, dans sa dédicace aux Amoureux de ce temps, ne nomme pas l'auteur, qui a voulu garder l'anonyme; mais il déclare que cet auteur était *grandement versé aux discours amoureux*, c'est-à-dire déjà connu par d'autres ouvrages traitant de matières amoureuses; en outre, il promet de s'occuper d'un commentaire destiné à éclaircir *l'obscurité de cette œuvre importante*. Voilà bien le commentateur Claude-Gaspard Bachet, sieur de Méziriac. On doit induire, de ce passage, que le roman des *Amours du Filou et de Robinette* faisait allusion à des faits et à des personnages véritables, de même que la plupart des romans d'amour qu'on publiait alors.

Il faut d'abord remarquer les trois petites figures gravées en bois, qu'on voit sur le titre de l'édition originale. Celle du milieu représente évidemment Robinette, tenant un bouquet qui semble être le prix de la lutte entre deux amoureux rivaux: elle est vêtue à la mode du temps, les cheveux frisottés en buisson, avec la grande collerette ou guimpe tuyautée et godronnée, le corsage plat et ouvert par devant, à manches étroites et à épaulières bouffantes; la robe à cerceaux en tonnelle, de couleur bariolée; la ceinture ou cordelière tombant jusqu'aux pieds. A la droite de Robinette, on reconnaît le Filou, à la flûte dont il joue pour attendrir «cette belle nymphe de cuisine,» comme l'appelle l'auteur du roman; il est habillé dans le goût de la cour: le justaucorps boutonné sur la poitrine et serré autour des reins, les manches collantes sur le poignet et bouffantes en haut du bras, les chausses de soie dessinant la jambe jusqu'au-dessus du genou, et l'ample haut-de-chausses à crevés de satin. Il n'a pas de coiffure et l'on ne distingue pas sa fameuse moustache. Le rival du Filou est placé à la gauche de Robinette, qui lui tourne le dos. Ce rival ne peut être que l'illustre Gueridon, qu'on mettait toujours à côté de Robinette dans les chansons, dans les ballets, dans les estampes, avant qu'il eût été supplanté par le Filou. Gueridon paraît avoir le costume de province: le chapeau de feutre à larges bords, le pourpoint flottant sur les cuisses, avec les chausses lâches sans canons et sans jarretières. Il porte tristement sous son bras une cornemuse, que la flûte du Filou a rendue silencieuse et inutile.

Qu'est-ce que Gueridon? Qu'est-ce que le Filou? Qu'est-ce que Robinette?

Ce sont trois types comiques, inventés ou mis en scène, d'après des personnages réels, sous la régence de Marie de Médicis, vers 1611. On lit, dans le *Discours sur l'apparition et faits pretendus de l'effroyable Tasteur*, imprimé à Paris en 1613: «On ne parle plus ni du Filou, ni de la vache à Colas. Robinette est censurée. On ne dit plus mot du Charbonnier.» M. Édouard Fournier, qui a réimprimé cette curieuse pièce dans son recueil des *Variétés historiques et littéraires* (t. II, p. 38), dit, dans une note, que «*Robinette censurée* fait allusion aux chansons et pasquils assez licencieux de *Robinette et Gueridon*, de *Filou et Robinette*.» Gueridon n'étant pas en cause, nous n'avons pas à nous en préoccuper ici.

Quant au Filou, voici la note que notre savant ami M. Édouard Fournier lui consacre à propos de ce passage du *Discours sur l'apparition du Tasteur:* «Ce mot de *filou* n'était pas encore le nom d'une espèce; c'était celui d'un type de bandit à la mode, dont la barbe épaisse et hérissée avait mis en vogue ce que l'on appelait les *barbes à la filouse.* Dix ans après, le nom s'est étendu à l'espèce tout entière. Dans un arrêt du Parlement du 7 avril 1623, il est parlé des hommes hardis *se disant filous.* Toutefois Filou se maintient comme type jusqu'en 1634. Voy. notre tome 1er, page 138.» M. Édouard Fournier renvoie son lecteur à cette phrase du *Rolle des presentations faictes au grand jour de l'eloquence françoise:* «S'est présenté Gilles Feneant, sieur de Tourniquet, l'un des ordinaires de la maison du Roy de bronze, fondé en procuration du Filou et de Lanturelu.» Mais il n'a pas jugé à propos de chercher, dans une note, par quel motif l'auteur de la pièce imprimée en 1634 a fait intervenir ici le Filou et Lanturelu, lorsque ces deux héros de la chanson n'étaient plus à la mode: leurs deux noms se sont offerts naturellement à l'esprit de l'auteur, qui évoquait le *Roi de bronze,* lequel n'est autre que la statue de Henri IV sur le Pont-Neuf, car le Pont-Neuf avait été le théâtre principal de la gloire du Filou et de Lanturelu, à l'époque où la chanson populaire associait ces deux noms dans ses joyeux refrains.

Ce fut peut-être aussi sur le Pont-Neuf que le Filou se fit connaître par ses exploits de *pince* et de *croc,* qui valurent à son nom l'honneur de devenir synonyme de *voleur.* «Il y avoit desja quelques années que le Filou estoit roy de Paris, écrivait en 1629 l'historiographe de ses *Amours folastres et récréatives,* et s'en estoit retiré après y avoir acquis une renommée universelle.» Il devait probablement cette renommée à des vols et à des escroqueries, qui n'avaient pas eu pour lui une issue malheureuse, car nous ne voyons pas qu'il ait été pendu ni même envoyé aux galères, ce que la chanson n'eût pas manqué de raconter par la voix des *Chantres du Pont-Neuf.* «Je suis ce Filou, dit-il lui-même en se recommandant à Robinette, je suis ce Filou, dont la gloire jadis tant publiée a effacé le renom de toutes les plus belles âmes de son temps.» Le mot *filou* se trouve pour la première fois, avec la signification de *pipeur* ou *voleur,* dans les *Curiositez françoises,* d'Antoine Oudin (Paris, A. de Sommaville, 1640, in-8). Antoine Oudin, secrétaire et maître de langues du roi, avait pu entendre souvent à la cour ce mot-là, qui y était en usage depuis trente ans environ. «Il n'y a pas trente ans que le mot de *filou* a été mis en usage,» disait Jean Bourdelot, dans un Traité de l'étymologie des mots françois, qu'il laissa manuscrit à l'époque de sa mort, en 1638. Ménage, qui a recueilli cette particularité dans ses *Origines françoises,* publiées en 1650, ajoute: «Ce mot fut ensuite donné à ceux qui volent la nuit et tirent la laine.»

L'étymologie du mot a donné lieu à bien des suppositions plus ou moins plausibles: les uns dérivaient *filou* du grec φιλήτης [Greek: philêtês], qui veut dire *voleur;* les autres, du flamand *fyil,* signifiant *vaurien;* ceux-ci, du vieil allemand *fillen*, dans le sens de frapper ou battre; ceux-là, de l'italien *figliuolo*, pris en mauvaise part. Du Cange, en invoquant un ancien texte latin que Caseneuve avait cité déjà dans ses *Origines françoises*, constate que la basse latinité, antérieurement au douzième siècle, s'était approprié le mot *fillo* dans le même sens que *filou*, qui paraît en être sorti. Cette expression, que les Actes de Saint-Gall (*de Casibus S. Galli*) emploient au pluriel: *fillones*, suggère au savant et judicieux Du Cange cette définition: «*Nebulones* cujusmodi sunt, quos nostri inde fortean *filous* vocant: Verberones. Kero monach. *Verbera, Fillo, Verberum, Filloum, Fillonokertu.*»

Il est certain que *filou*, qui conserve à peu près la forme et l'<u>assonance</u> du mot bas-latin ou tyois *fillo*, se prenait d'abord dans l'acception de *mauvais garçon* et de *vagabond*; mais ce mot-là impliquait encore un genre de fourberie impudente, que caractérise tout spécialement une épigramme de Theodulphus, rapportée dans les *Analecta* de Mabillon; ce distique, qui n'a pas été oublié dans le *Glossarium ad scriptores infimæ latinitatis*, nous semble bien convenir au personnage du Filou, tel que le dix-septième siècle l'avait fait paraître:

Ecce nugax labiis Filo quidam certa susurrans;

Nunc joca, nunc fletus, nunc quoque turpe canit.

Ce personnage, dont l'original existait sans doute et qui semble être le type du *lenon* parisien à cette époque, était sans doute peint d'après nature dans une chanson du Pont-Neuf, que nous n'avons pas retrouvée, mais qui est mentionnée dans une facétie en vers de l'année 1614: *Estreine de Pierrot à Margot*. Pierrot exige qu'une bonne chambrière sache

Dire *Prominon Minette*,

Ou quelque autre chansonnette,

Comme seroit Laridon,

Le Philoux ou Gueridon...

Au reste, le portrait physique et moral du Filou est esquissé d'une manière très-vive et très-plaisante dans une facétie du temps, que M. Édouard Fournier a réimprimée dans le t. II de ses *Variétés historiques et littéraires*, et que nous allons citer ici en entier, comme une pièce à l'appui de notre opinion sur le personnage réel ou allégorique du Filou. Cette facétie, intitulée *la Moustache des Filoux arrachée*, se trouvait dans un précieux recueil formé par le duc de la Vallière et détaillé dans le Catalogue de sa bibliothèque en 3 volumes, sous le n° 3913; mais le Catalogue ne nous a pas appris en quelle année ladite pièce aurait été imprimée à Paris, et nous ne savons si le sieur du Laurens, qui s'en déclare l'auteur, est le même que Jacques du Lorens, à qui l'on doit un volume de satires souvent réimprimé alors. M. Édouard Fournier n'a pas éclairci ces deux points, et nous ne sommes pas éloigné de croire que le titre de la pièce doit être ainsi restitué: *la Moustache du Filou arrachée*, par le sieur du Lorens.

Muse et Phebus, je vous invoque.

Si vous pensez que je me mocque,

Baste! mon stil est assez doux;

Je me passeray bien de vous.

Je veux conchier la moustache,

Et si je veux bien qu'il le sçache,

De cet importun fanfaron

Qui veut qu'on le croye baron,

Et si n'est fils que d'un simple homme.

Peu s'en faut que je ne le nomme.

Il se veut mettre au rang des preux

Par une touffe de cheveux,

Et se jette dans le grand monde

Sous ombre qu'elle est assez blonde,

Qu'il la caresse nuict et jour,

Qu'il l'entortille en las d'amour,

Qu'il la festonne, qu'il la frise,

Pour entretenir chalandise,

Afin qu'on face cas de luy:

Car c'est la maxime aujourd'huy

Qu'il faut qu'un cavalier se cache,

S'il n'est bien fourny de moustache.

S'il n'en a long comme le bras,

Il monstre qu'il ne l'entend pas,

Qu'il tient encor la vieille escrime,

Qu'il ne veut entrer en l'estime

D'estre un de nos gladiateurs,

Mais plustost des reformateurs,

Et qu'avec son nouveau visage

Il prétend corriger l'usage,

 Ce qu'il ne pourroit faire, eust-il

Glosé sur le Docteur subtil.

L'usage est le maistre des choses;

Il fait tant de métamorphoses

En nos mœurs et en nos façons,

Que c'est le subject des chansons.

Quiconque ne le veut pas suivre

Fait bien voir qu'il ne sçait pas vivre.

Les roses naissent au printemps;

Il faut aller comme le temps.

Le sage change de méthode:

On lui voit sa barbe à la mode,

Et ses chausses et son chapeau;

En ce différant du bedeau,

Qui porte, quelque temps qu'il fasse,

Mesme bonnet et mesme masse;

Son habit fort bien assorty,

Comme une tarte my-party,

Toutesfois sans trous et sans tache.

Il n'entreprend sur la moustache

De nostre baron prétendu,

De peur de faire l'entendu

Et en quelque façon luy nuire,

Car c'est elle qui le fait luire,

Qui fait qu'il se trouve en bon lieu

Et qu'il disne où il plaist à Dieu;

Car il n'a point de domicille,

Et s'il ne disnoit point en ville,

Sauf votre respect, ce seigneur

Disneroit bien souvent par cœur.

Bien que pauvreté n'est pas vice,

Ceste moustache est sa nourrice,

Son honneur, son bien, son esclat.

Sans elle, ô dieux! qu'il seroit plat,

Ce beau confrère de lipée,

Avecque sa mauvaise espée

Qui ne degaine ny pour soy,

Ny pour le service du roy!

Quoiqu'il ait eu mainte querelle,

Elle a fait vœu d'estre pucelle,

Comme son maître le baron

Fait estat de vivre en poltron,

Je dis plus poltron qu'une vache,

Nonobstant sa grande moustache,

Qui le fait, estant bien miné,

Passer pour un déterminé,

Capable, avec ceste rapière,

De garder une chenevière.

Il tient que c'est estre cruel,

Que de s'aller battre en duël.

Qu'on le soufflette, il en informe,

Et vous dit qu'il tient cette forme

D'un postulant du Chastelet,

Qui n'avoit pas l'esprit trop let,
Et le monstra dans une affaire
Qu'il eut contre un apotiquaire
Pour de prétendus recipez
Où il y en eust d'attrapez.
La loy de la chevalerie,
C'est l'extreme poltronnerie.
Il fait pourtant le Rodomont
A cause qu'il fut en Piedmont,
Ou, que je n'en mente, en Savoye,
D'où vient ce vieux habit de soye,
Qui mérite d'être excusé,
Si vous le voyez tout usé;
Il y a bien trois ans qu'il dure.
Fust-il de gros drap ou de bure,
Aussi bien qu'il est de satin,
Il eust achevé son destin.
Mais sa moustache luy repare
Tout ce que la Nature avare
Refuse à son noble desir;
C'est son délice et son plaisir,
C'est son revenu, c'est sa rente,
Bref, c'est tout ce qui le contente,
Et fait, tout gueux qu'il est, qu'il rit,
Qu'avec grand soin il la nourrit;
Qu'il ne prend jamais sa vollée,
Qu'elle ne soit bien estallée;
Que son poil, assez deslié,
D'un beau ruban ne soit lié,

Tantost incarnat, tantost jaune.

Chacun se mesure à son aune;

Il y a presse à l'imiter.

Les filoux osent la porter

Après les courtaux de boutique;

Tous ceux qui hantent la pratique,

Laquais, soudrilles et sergens,

Quantité de petites gens

Qui veulent faire les bravaches,

Tout Paris s'en va de moustaches.

Ils suivent leur opinion

Contre la loy de Claudion.

Vous n'entendez que trop l'histoire...

Nos gueux s'en veulent faire à croire

En se parant de longs cheveux.

Pensez qu'au temple ils font des vœux

Et prières de gentils-hommes.

O Dieux! en quel siècle nous sommes!

Qu'il est bizarre et libertin!

Quant à moy, j'y perds mon latin

Et suis d'advis que l'on arrache

A ce jean-f..... sa moustache.

Le mestier n'en vaudra plus rien,

Nostre baron le prévoit bien:

C'est ce qui le met en cervelle.

La sienne n'est pas la plus belle.

Il sent bien que son cas va mal.

Je le voy dans un hospital,

Ou qui se met en embuscade

Pour nous demander la passade.

Il peut réussir en cet art,

Car il est assez beau pendart

Pour tournoyer dans une église;

Mais je luy conseille qu'il lise,

S'il veut estre parfait queman,

Les escrits du brave Gusman,

Dit en son surnom Alpharache.

Bran! c'est assez de la moustache.

Voilà un portrait achevé, auquel le petit roman des *Amours folastres* ajoutera pourtant quelques coups de pinceau.

Nous ne dirons plus rien sur le Filou, si ce n'est que le recueil de la Vallière, que nous avons indiqué plus haut et qui serait aujourd'hui, dit-on, à la Bibliothèque impériale, donne les titres de plusieurs pièces qui concernent les filous en général: *Regles, statuts et ordonnances de la caballe des Filous, reformez depuis huit jours dans Paris: ensemble leur police, estat, gouvernement et le moyen de les connoistre d'une lieue loing sans lunettes*, in-8;—*la Blanque des illustres Filous du royaume de Coquetterie*, Paris, 1655, in-12, etc. Dans son *Recueil de diverses pièces comiques, gaillardes et amoureuses* (Paris, 1671, in-12), César Oudin de Préfontaine a décrit *l'Assemblée des filoux et des filles de joie*, de manière à prouver que le nom de *filou* était devenu synonyme de *marlou*, souteneur de filles. Cependant *marlous* et *filous* n'en étaient pas moins des voleurs de nuit, à cette époque, puisque Mlle de Scudéry adressa contre eux un *Placet au Roi*, en vers, pour se plaindre de leurs mauvais procédés nocturnes à l'égard des amants, qu'ils dévalisaient dans les rues de Paris: un poëte anonyme composa alors le *Placet contraire présenté au Roi par les Filoux*.

Une autre pièce pourrait bien se rapporter plus spécialement au Filou de Robinette: *l'Estrange Ruse d'un filoux habillé en femme, ayant duppé un jeune homme d'assez bon lieu, sous apparence de mariage*, in-8. Enfin, n'y aurait-il pas quelque analogie entre le Filou et ce *Courtizan grotesque*, qui fut l'objet de tant de sarcasmes facétieux en vers et en prose dans le genre de la pièce suivante: *Coq à l'asne sur le mariage d'un Courtisan grotesque*, 1620, in-8?

Passons maintenant à Robinette, qui n'était pas moins célèbre que le Filou et qui avait existé aussi réellement. Cette «personne si recommandable à la postérité,» quoique l'auteur des *Amours folastres* la qualifie de *nymphe de cuisine*, devait être particulièrement connue à la cour de France, «en laquelle, dit-il, la bonne fortune avoit fait une dame extremement fameuse en reputation, qui se nommoit Robinette, de qui le nom voloit desja par tout l'univers, et sans l'assistance de laquelle il ne se fait point de belle entreprise à Paris, qu'elle n'y soit meslée... Tous les meilleurs poëtes estoient employez à faire des vers à sa louange, et les meilleurs balladins ne composèrent point de ballets, qu'elle n'y fust appellée; bref, elle estoit chantée, publiée et proclamée unanimement de tout le monde; et celuy s'estimoit malheureux, de qui le nom de Robinette ne venoit à la bouche.»

Il y avait aussi une chanson populaire relative à Robinette, chanson dont le commencement est mentionné dans les *Amours folastres*:

Appelez Robinette,

Qu'elle vienne un peu ça bas, etc.

On découvrirait certainement cette chanson dans les recueils du temps. Il y avait, en outre, beaucoup de pièces volantes en prose et en vers, dont Robinette était l'héroïne, en compagnie du Filou ou de Gueridon. Une de ces pièces porte pour titre: *les Folastres et joyeuses Amours de Gueridon et Robinette: ensemble les missives envoyées de Provence à Chastellerault par ledit Gueridon à Robinette, avec leur heureuse rencontre à la Foire Saint-Germain* (Paris, 1614, in-8). Ce titre rappelle celui du ballet, qui fut dansé à la cour, le jeudi 23 janvier de cette même année 1614: *Ballet des Argonautes, où estoit représenté Guelindon dans une caisse comme venant de Provence et Robinette dans une gaisne comme estant de Chastellerault* (Paris, Fleury Bourriquant, 1614, in-8).

L'introduction de Gueridon ou Guelindon et de Robinette dans le *ballet des Argonautes* n'est pas trop raisonnable, mais ces deux personnages étaient alors tellement à la mode, que la magicienne Circé n'avait pu se dispenser de les faire venir de Provence et de Châtelleraut; le poëte de ballet a mis dans leur bouche des vers qui, tout vagues qu'ils soient, font partie essentielle de notre sujet:

GUELINDON AU ROY.

Grand Roy, de qui la gloire avec l'âge s'accroît,

Il est vray que mon nom sur les autres paroît,

Et que tous en leurs chants me font un sacrifice;

Mais je promets pourtant, en foy de Guelindon,

Que, s'il s'offre jamais un sujet de service,

Je rendray mes effects plus cognus que mon nom.

GUELINDON A LA ROYNE.

Royne, à qui nos raisons consacrent des autels,

Lassé de me voir croistre en couplets immortels,

Et de parler tousjours ou des uns ou des autres,

Je viens sous une feinte à vous me retirer,

Pour ne parler jamais que pour vous admirer,

Et faire tous efforts pour adorer les vostres.

GUELINDON AUX DAMES.

Ce fameux Guelindon qu'icy je représente,

Pour s'estre trouvé seul avec une servante,

Luy mit incontinent l'honneur à l'abandon;

Mais, si j'avois de vous ce qui pourroit me plaire,

Je jure, par la foy d'un autre Guelindon,

Que j'en ferois bien plus et me sçaurois mieux taire.

ROBINETTE AU ROY.

Comme une fille abandonnée,

J'ay couru le long d'une année,

Sans pouvoir trouver de support;

Mais, vous obligeant mon servage,

Je ne sçaurois en meilleur port

Me mettre à l'abry du naufrage.

ROBINETTE A LA ROYNE.

Grande Royne, qui tous les ans,

Ou par aumosnes, ou par présens,

Mariez tant de pauvres filles,

Faites-moy cette charité:

Si je ne suis des plus gentilles,

Je n'ay pas moins de volonté.

ROBINETTE AUX DAMES.

Je suis Robinette en habit,

Mais si, d'un changement subit,

Sans vous tromper à mon visage,

Vous me vouliez prendre à l'essay,

Je monstrerois bien que je sçay

Comme il faut frotter le mesnage.

Cette dernière strophe semblerait faire allusion à l'aventure de ce filou, habillé en femme, qui avait dupé un jeune homme *sous apparence de mariage*, aventure qui ne nous est connue que par le titre de la pièce indiquée plus haut. Néanmoins Robinette, la véritable Robinette, et ici le *ballet des Argonautes* et le roman des *Amours folastres* semblent d'accord, était vraisemblablement une servante de Châtellerault, une *belle nymphe de cuisine*, une *lavandière*, d'une pruderie ridicule, qui avait fait de la vertu avec l'un, mais qui s'était abandonnée avec l'autre, épisode galant et grotesque, qu'un procès scandaleux avait peut-être divulgué et que la chanson racontait à tous les coins de Paris et de la France.

Nous ne chercherons pas à prêter une étymologie quelconque au nom de Robinette. Dès le treizième siècle, on voit figurer le nom et le personnage de Robin dans une farce ou *jeu-parti* d'Adam de la Hale; mais alors Robin est mis en scène à côté de Marion. Longtemps après, Robin est encore le héros naïf et joyeux des épigrammes libres de Clément Marot, dans lesquelles Margot a remplacé Marion. Plus tard Gueridon succède à Robin, et Margot devient Robinette; si les noms changent, les types et les caractères restent les mêmes. Quant au Filou, c'est peut-être une lointaine réminiscence de *l'Homme armé*, qui se montre déjà dans le *jeu de Robin et Marion*, et qui vient troubler les amours de ces pauvres pastoureaux en battant l'un et en caressant l'autre, ce que Collé a si plaisamment représenté dans sa chanson de *Cadet et Babet*. Malgré l'ancienneté évidente de ces types populaires, nous ne jugeons pas nécessaire de rechercher, comme l'a fait Borel dans son *Thresor des antiquitez françoises*, si le Filou ne descendrait pas en droite ligne du poëte *Villon*, qui avait laissé en héritage son nom aux voleurs, comme le Filou a laissé le sien aux coupeurs de bourse.

LES VAUX-DE-VIRE
ET
OLIVIER BASSELIN.

Avant l'édition des *Vaux-de-Vire*, publiée en 1811 par les soins de M. Augustin Asselin, sous-préfet de Vire, le nom d'Olivier Basselin était à peine connu, quoiqu'il eût été cité dans diverses compilations, à propos de l'origine du Vaudeville; quant aux chansons de ce poëte virois, elles étaient à peu près ignorées.

Il n'existait, en effet, que deux exemplaires de l'édition unique de ces *Vaux-de-Vire*, imprimée, vers 1670, à Vire même, par Jean de Cesne, et quelques copies manuscrites plus ou moins anciennes qui s'étaient conservées dans les mains des compatriotes d'Olivier Basselin. Ce fut un de ces derniers, M. Richard Seguin, qui commença le premier la résurrection d'Olivier Basselin, en réimprimant tant bien que mal une partie des Vaux-de-Vire dans son *Essai sur l'histoire de l'industrie du Bocage* (Vire, impr. d'Adam, 1810, in-8).

L'éveil était donné au patriotisme des habitants de Vire; un des deux seuls exemplaires de l'édition de 1670, sortant de la bibliothèque du médecin By, venait de reparaître, comme un trophée, dans la ville où il avait été imprimé; le sous-préfet de cette ville, M. Asselin, se mit à la tête d'un comité qui s'était formé spontanément pour donner une nouvelle édition des Vaux-de-Vire d'Olivier Basselin. Cette édition, faite par les soins de M. Asselin lui-même, avec le concours de ses associés virois, et imprimée à Avranches, chez Lecourt, en 1811, sous ce titre: *Les Vaudevires, poésies du quinzième siècle, par Ollivier Basselin, avec un Discours sur sa vie et des notes,* fut tirée seulement à 148 exemplaires, savoir:

In-4o	Papier vélin superfin
	Grand carré
In-8o	Papier rose
	Vélin
	Raisin
	Épreuve

On lit, au verso du titre: «Cette nouvelle édition est faite aux frais et par les soins des habitants de Vire, dont les noms suivent: MM. ASSELIN (Auguste), sous-préfet; CORDAY (DE), membre du collége électoral du département; DE

CHEUX DE SAINT-CLAIR, id.; DESROTOURS DE CHAULIEU (Gabriel), maire de la Graverie, id.; DUBOURG-D'ISIGNY, membre du conseil d'arrondissement; FLAUST, maire de Saint-Sever; HUILLARD D'AIGNAUX, premier adjoint du maire de la ville de Vire; LANON DE LA RENAUDIERE, avocat; LE NORMAND, receveur principal des droits réunis de l'arrondissement de Vire; ROBILLARD, receveur des droits d'enregistrement et conservateur des hypothèques de l'arrondissement de Vire.»

C'était peu de chose que 148 exemplaires pour faire connaître les poésies d'Olivier Basselin, non-seulement à Vire et à la Normandie, mais encore à tous les amis de notre vieille littérature; c'était assez cependant pour replacer Olivier Basselin au rang qu'il devait occuper dans cette littérature où il allait figurer désormais comme chef d'école ou de genre, comme créateur du Vau-de-Vire, sinon du Vaudeville. L'édition de M. Asselin devint d'autant plus rare qu'elle était plus recherchée. Plusieurs hommes de lettres entreprirent alors concurremment de préparer une nouvelle réimpression des Vaux-de-Vire, en y ajoutant des pièces inédites qu'on attribuait encore à Basselin et qui n'étaient que des compositions de son premier éditeur, Jean Le Houx. La réputation d'Olivier Basselin n'avait pas tardé à se répandre et à s'accroître en Normandie, où l'on attendait avec impatience cette édition si lente à voir le jour après tant de promesses réitérées. M. Louis Dubois, ancien bibliothécaire, et M. Pluquet, libraire à Paris, tous deux Normands, et, comme tels, jaloux de populariser les poésies de Basselin, s'étaient occupés simultanément de cette édition qu'ils voulaient faire plus complète, plus critique et plus savante que celle de M. Asselin.

Ce fut dans ces circonstances que M. Asselin, qui se trouvait en relation avec Charles Nodier et qui appréciait la supériorité de ce grand écrivain, fit abnégation de tout amour-propre littéraire, en engageant l'illustre philologue à devenir l'éditeur d'Olivier Basselin. Cette proposition avait de quoi flatter et intéresser à la fois Charles Nodier: il s'agissait de remettre en honneur un de ces poëtes provinciaux, pour lesquels il avait toujours manifesté une sorte de fanatisme; il s'agissait aussi de rétablir un texte qui s'était altéré en passant de bouche en bouche; il s'agissait enfin d'éclaircir ce texte par des notes savantes et ingénieuses qui convenaient si bien au talent du commentateur des Fables de la Fontaine. Charles Nodier consentit donc à publier, sans doute de concert avec M. Asselin, une édition annotée des Vaux-de-Vire; il s'attacha d'abord à revoir le texte; il rédigea un certain nombre de notes grammaticales, mais on ne sait pourquoi, après quelques semaines de travail, il laissa de côté le manuscrit destiné à l'impression, et ce manuscrit, chargé de corrections et de notes autographes, appartient aujourd'hui à la Bibliothèque impériale, qui l'a reçu de moi comme un souvenir de l'illustre bibliographe.

M. Louis Dubois n'avait pas renoncé, ainsi que Charles Nodier, à mettre au jour l'édition qu'il préparait depuis dix ans, et cette édition parut en 1821, à

Caen, sous ce titre: *Vaux-de-Vire d'Olivier Basselin, poëte normand de la fin du quatorzième siècle, suivis d'un choix d'anciens Vaux-de-Vire, de Bacchanales et de Chansons, poésies normandes, soit inédites, soit devenues excessivement rares, avec des dissertations, des notes et des variantes.* Ce volume in-8 de 271 pages, tiré à 500 exemplaires, témoignait des efforts que l'éditeur avait faits, en s'aidant des communications de M. Pluquet, pour rendre sa publication aussi satisfaisante que possible. L'édition fut accueillie avec beaucoup d'empressement, quoique le nombre des premiers souscripteurs ne s'élevât pas à plus de 121, et elle ne tarda guère à s'épuiser, malgré des critiques assez vives qui reprochaient surtout à M. Louis Dubois la lourdeur de son docte commentaire sur des chansons, et qui invitaient un nouvel éditeur à réunir les Vaux-de-Vire de Jean Le Houx à ceux d'Olivier Basselin.

M. Julien Travers, membre de la Société des Antiquaires de Normandie, répondit à cet appel et tint compte de ces critiques, lorsqu'il publia, en 1833, à Avranches, *les Vaux-de-Vire édités et inédits d'Olivier Basselin et Jean Le Houx, poëtes virois, avec discours préliminaire, choix de notes et variantes des précédents éditeurs, notes nouvelles et glossaire.* Cette édition in-18, tirée à 1,000 exemplaires, qui suffirent à peine aux nombreux admirateurs qu'Olivier Basselin comptait déjà en Normandie, avait été faite d'après les indications de M. Asselin et avec des matériaux fournis par cet amateur éclairé: «Restaurateur de Basselin, en 1811, dit M. Julien Travers dans sa préface, il a quelques raisons de tenir à l'édition qu'il a donnée de cet auteur; mais il a un trop bon esprit pour ne pas désirer qu'il en paraisse une meilleure encore. Telle est à cet égard son abnégation personnelle et sa ferveur pour la gloire de Basselin, qu'il m'a généreusement offert tous les moyens d'améliorer son premier travail. Ses livres, ses papiers, au moindre désir que j'en ai manifesté, ont quitté sa bibliothèque, la ville même de Cherbourg, et sont, depuis plusieurs mois, à vingt lieues de leur propriétaire. Puisse le fruit de mon zèle à préparer cette édition répondre à tant de complaisance!»

Après trois éditions également recommandables à différents titres, pour en publier une nouvelle, je ne pouvais que mettre à contribution les travaux de mes devanciers, en les combinant ensemble et en cherchant à les perfectionner. C'est ce que je me suis efforcé de faire, dans mon édition, intitulée: *Vaux-de-Vire* d'Olivier Basselin et de Jean Le Houx, suivis d'un choix d'anciens Vaux-de-Vire et d'anciennes Chansons normandes, tirés des manuscrits et des imprimés, avec une notice préliminaire et des notes philologiques par A. Asselin, L. Dubois, Pluquet, Julien Travers et Charles Nodier (*Paris, Adolphe Delahays,* 1858, in-12 de XXXVI et 288 pages).

Tous les Vaux-de-Vire et toutes les Chansons normandes, recueillis par MM. Asselin, Louis Dubois et Julien Travers, ont été scrupuleusement conservés dans cette édition, qui se divise en cinq parties: 1º Vaux-de-Vire d'Olivier Basselin; 2º Vaux-de-Vire de Jean Le Houx; 3º Chansons normandes du seizième siècle, tirées d'un manuscrit; 4° Chansons normandes anciennes, tirées de recueils imprimés; 5° Bacchanales et Chansons, tirées d'un recueil imprimé en 1616. Nous avons cru devoir adopter intégralement le choix des pièces que nos devanciers avaient jugées dignes de composer l'élite de la Muse normande; on appréciera le motif qui nous a empêché d'ajouter une seule pièce à ce choix, qu'il eût été facile d'augmenter du double, en puisant à pleines mains dans les recueils d'anciennes Chansons.

Quant aux Vaux-de-Vire d'Olivier Basselin, qui font la partie principale de notre volume, nous les avons laissés dans l'ordre systématique où M. Louis Dubois les a rangés, et nous avons respecté l'orthographe qu'il leur a donnée, en approuvant les raisons sur lesquelles il s'est fondé pour adopter cette orthographe. «Assurément, dit-il dans la préface de son édition, si nous avions le texte primitif de Basselin, il serait à propos de lui conserver sa manière d'orthographier: c'est une chose admise généralement; mais, le texte de Basselin ayant subi des changements, son style étant devenu celui de la fin du seizième siècle, il faut donner à ce style l'orthographe contemporaine, pour que l'un et l'autre soient en harmonie... Il est évident qu'il n'est pas convenable d'employer la vieille orthographe, dont a fait usage l'éditeur de 1811... Les Vaux-de-Vire ayant été composés au commencement du quinzième siècle et imprimés longtemps après, retouchés, quant aux expressions, par ceux qui les chantaient et qui voulaient les accommoder au style de leur temps, il n'est pas étonnant qu'ils offrent des disparates assez choquantes, telles que des couplets purement écrits et rimés correctement, à côté de vers remplis de fautes de toute espèce, de simples assonances au lieu de rimes, l'absence même de la rime dans plusieurs vers, des hiatus, des strophes faibles et des idées ingénieuses.» Charles Nodier a pleinement approuvé, dans ses *Mélanges tirés d'une petite bibliothèque*, le système d'orthographe que M. Louis Dubois crut devoir adopter dans son édition, contrairement à l'exemple de ses devanciers. «Du Houx, dit l'illustre critique, n'eut pas grand'chose à faire pour approprier les Vaux-de-Vire d'Olivier Basselin, qui étaient locaux, qui étaient célèbres dans le pays, qui étaient éminemment traditionnels: il n'eut qu'à les recueillir de la bouche des anciens du pays, ou plutôt qu'à les écrire comme il les avait appris, quand il commençait lui-même à faire des chansons. Sa leçon est donc leur leçon propre, celle que la tradition avait faite, et c'est nécessairement la bonne, car un vaudeville ne vaut rien, quand il ne vit pas dans la mémoire et qu'il ne *s'accroît pas en marchant*. Pour que les savants Éditeurs de Vire pussent croire nécessaire de rétablir l'orthographe de Basselin, il faudrait supposer qu'ils se croyaient sûrs d'avoir retrouvé son texte, et le texte de Du Houx n'est pas plus le texte de Basselin que l'orthographe de Du Houx n'est l'orthographe de Basselin.»

Nous n'avons donc pas admis dans notre édition l'orthographe factice que M. Asselin s'était efforcé de calquer sur les monuments de la langue du quinzième siècle; mais nous nous serions fait un scrupule de supprimer la Notice préliminaire que le premier éditeur moderne de Basselin a mise en tête des Vaux-de-Vire, car cette Notice est, en quelque sorte, le point de départ de la renommée littéraire du poëte normand, qui n'avait pas, avant l'édition de 1811, une existence bien constatée, et qui pourrait être encore aujourd'hui rejeté dans le mystérieux domaine des auteurs imaginaires. Depuis la Notice intéressante, quoique un peu vague, que M. Asselin a consacrée au chansonnier de Vire, aucun document nouveau ne s'est produit, qui puisse établir avec certitude à quelle époque vivait Olivier Basselin, et même s'il a réellement vécu.

C'est, comme nous l'avons dit, vers 1670, que Jean de Cesne imprimait à Vire un petit volume in-16, de 53 feuillets non chiffrés, sans date, intitulé: *le Livre des chants nouveaux de Vaudevire, par ordre alphabétique, corrigé et augmenté outre la précédente impression.* Le nom d'Olivier Basselin ne se trouve pas même dans cette édition, qui fut précédée d'une ou de plusieurs autres impressions qu'on ne connaît pas. On a prétendu, sans en fournir aucune preuve, que la première de ces impressions remontait à 1576. Quoi qu'il en soit, on a retrouvé, dans divers recueils de chansons, publiés depuis 1600 jusqu'en 1625, quelques-uns des Vaux-de-Vire attribués à Basselin, mais qui ne portent pas de nom d'auteur dans ces recueils où ils ont été imprimés d'abord sans aucune indication d'origine.

«Il est sans doute fort extraordinaire qu'il ne soit resté aucune trace des premières éditions des Vaux-de-Vire, dit Charles Nodier dans ses *Mélanges tirés d'une petite bibliothèque* (p. 250), et que, de celle même qui a été donnée par Du Houx, on ne connaisse que deux exemplaires. On ne saurait comprendre l'acharnement qui se serait attaché à la destruction de ce petit livre si naïf, si complétement inoffensif; je dirais volontiers si décent, quand on pense que les plus obscènes turpitudes, imprimées dans le même temps, nous sont parvenues en nombre et ont échappé à la proscription dont on veut que les chansons de Basselin aient été l'objet. Je suis assez porté à croire que leur extrême rareté est plutôt le résultat assez naturel de leur popularité même, et que ces petits volumes, d'un usage si nécessaire, qu'on ne cessait probablement de les porter dans la poche que lorsque leur contenu était passé tout entier dans la mémoire, ont subi la destinée commune aux livrets éphémères du même genre, qu'on distribue incessamment dans nos places publiques, et qui disparaissent du commerce au moment même où tout le monde les sait par cœur. Je ne fais donc pas de doute qu'avec des recherches ou plus actives ou plus heureuses, on ne réussisse à trouver de nouveaux exemplaires de l'édition de Du Houx, et même des éditions antérieures, qui paraissent encore plus rares.»

Le nom d'Olivier Basselin apparaît pour la première fois sous le règne de Louis XII, dans une chanson populaire dont les premiers vers se trouvent cités à la fin d'une lettre de Guillaume Crétin, mort en 1525, et qui a été conservée presque entière dans des manuscrits qu'on dit appartenir au commencement du seizième siècle. Voici le passage de la lettre en question, adressée à François Charbonnier, secrétaire du duc de Valois, qui fut plus tard le roi François Ier: «Si monsieur de La Jaille se présente à ta veue, je te prie faire mes très-amples recommandations, et en ceste bouche finiray la presente, disant:

Olivier Bachelin,

Orrons-nous plus de tes nouvelles?

Vous ont les Anglois mis à fin!

Et jeu sans vilenie. *Fiat.*»

Voici maintenant ce qui nous reste de la chanson que citait Guillaume Crétin avant l'avénement de François Ier, qui monta sur le trône en 1515:

Hellas! Olivier Basselin,

N'orrons-nous point de vos nouvelles?

Vous ont les Engloys mis à fin...

• •

Vous souliez gayement chanter,

Et desmener joyeuse vie,

Et les bons compaignons hanter,

Par le pays de Normendye.

Jusqu'à Sainct Lo en Cotentin,

Est une compaignye moult belle:

Oncques ne vy tel pellerin...

• •

Les Engloys ont faict desraison

Aux compaignons du Vau-de-Vire:

Vous n'orrez plus dire chanson,

A ceux qui les souloyent bien dire!

Nous prierons Dieu, de bon cueur fin,

Et la doulce Vierge Marye,

Qu'ell' doint aux Anglois malle fin:

Dieu le pere sy les mauldye!

Cette chanson, ce Vau-de-Vire, est un témoignage historique qui semblerait, jusqu'à un certain point, assigner à l'existence d'Olivier Basselin une date certaine, antérieure au seizième siècle; mais il faut dire aussi que les trois premiers vers cités par Crétin sont les seuls qu'on puisse déclarer authentiques; ceux qui suivent nous semblent avoir été composés longtemps après, dans le but de rattacher personnellement à l'auteur des Vaux-de-Vire un refrain populaire qui concernait un autre Olivier Basselin, lequel aurait vécu à la fin du quinzième siècle ou dans les premières années du seizième siècle, et qui s'était peut-être signalé dans les guerres contre les Anglais.

Ne serait-il pas plus logique de reconnaître, comme d'ailleurs on l'a fait, l'auteur des Vaux-de-Vire dans un autre Olivier Bisselin, *homme très-expert à la mer*, qui fit imprimer à Poitiers, chez Jean de Marnef, en 1559, à la suite des Voyages de Jean Alfonse, un opuscule portant ce titre: «Tables de la declinaison ou l'esloignement que fait le soleil de la ligne équinoctiale chascun jour des quatre ans; pour prendre la hauteur du soleil à l'astrolabe; pour prendre la hauteur de l'estoille tant par le triangle que par l'arbaleste; pour prendre la hauteur du soleil et de la lune, et autres estoilles de la ligne équinoctiale et des tropicques; déclaration de l'astrolabe, pour en user en pillotage par tout le monde.» Notre Olivier Basselin, dont le nom est écrit *Bisselin* par La Croix du Maine, et *Bosselin* par Du Verdier, a pu être à la fois chansonnier et pilote: son Vau-de-Vire XXVI, que les éditeurs modernes ont intitulé *le Naufrage*, raconte sans doute un épisode de sa vie maritime:

J'avois chargé mon navire

De vins qui estoient très-bons,

Tels comme il les faut, à Vire,

Pour boire aux bons compagnons.

Donnez, par charité, à boire à ce povre homme marinier,

Qui, par tourmente et fortune, a tout perdu sur la mer.

Nous estions là bonne trouppe,

Aimant ce que nous menions,

Qui, ayant le vent en pouppe,

Tous l'un à l'autre en beuvions.

Donnez, par charité, à boire à ce povre homme marinier,

Qui, par tourmente et fortune, a tout perdu sur la mer.

Desjà proche du rivage,

Ayant beu cinq à six coups,

Vînmes à faire naufrage,

Et ne sauvasmes que nous.

Donnez, par charité, à boire à ce povre homme marinier,

Qui, par tourmente et fortune, a tout perdu sur la mer.

Il y a un autre Vau-de-Vire, le *Voyage à Brouage*, dans lequel Olivier Basselin se représente lui-même dans l'exercice de ses fonctions de pilote et de caboteur:

Messieurs, voulez-vous rien mander?

Ce bateau va passer la mer,

Chargé de bon breuvage.

Le matelot le puisse bien mener,

Sans peril et sans naufrage!

Il va couler ici aval:

Pourveu qu'un pilleur desloyal

Ne le prenne au passage,

Et que le vent ne le mene point mal,

Il va descendre en Brouage.

Helas! ce vent n'est gueres bon.

Nous sommes perdus, compagnon!

Vuider faut ce navire,

Et mettre tous la main à l'aviron:

Regardez comme je tire!

Se vous tirez autant que moy,

Bien tost, ainsi comme je croy,

Gaignerons le rivage.

Il est bien près, car desja je le voy!...

Compagnon, prenons courage!

Ces deux Vaux-de-Vire, où la personnalité de l'auteur se trahit avec une sorte de complaisance, nous permettent de croire qu'Olivier Basselin était, en effet, *homme expert à la mer*, comme on le dit d'Olivier Bisselin, à la fin de son livre, *achevé d'imprimer à la fin du mois d'apvril en l'an 1559*, et probablement sous les yeux de l'auteur. Il faut remarquer, en outre, que, dans le Vau-de-Vire III, intitulé: *les Périls de mer*, où le chansonnier s'adresse à un *compagnon marinier*, on remarque plusieurs expressions empruntées à l'art nautique; que, dans le XXXIXe, le poëte avoue qu'il *hait naturellement l'orage et la tourmente*; et que, dans le LIVe, qui commence ainsi:

Sur la mer je ne veux mie

En hazard mettre ma vie...

il a l'air de dire adieu à son métier de pilote.

Dans tous les cas, l'*homme expert à la mer*, qui faisait imprimer un de ses ouvrages en 1559, ne saurait être le même Olivier Basselin dont le nom figurait déjà dans une chanson populaire, avant 1515, et qui avait été *mis à fin* par les Anglais. A plus forte raison, serait-il impossible de faire remonter Olivier Basselin et ses Vaux-de-Vire au règne de Charles VI ou de Charles VII. Ce paradoxe littéraire, que M. Asselin a essayé de soutenir dans sa Notice, et que MM. Louis Dubois et Julien Travers ont repris avec une imperturbable assurance, tombe de lui-même, non-seulement devant les faits et les dates, mais encore devant le texte même des Vaux-de-Vire attribués à Olivier Basselin.

Ces Vaux-de-Vire sont évidemment du milieu ou de la fin du seizième siècle; ils ont été rajeunis par Jean Le Houx, qui les a recueillis le premier, si toutefois il ne les a pas composés lui-même, sous le nom d'Olivier Basselin, nom très-connu en Normandie à cause de l'ancienne chanson qui se chantait du temps de Guillaume Crétin. Au reste, Jean Le Houx a rassemblé tout ce qu'on savait,

par tradition, de la vie d'Olivier Basselin, dans ce Vau-de-Vire qu'il adresse
à Farin du Gast:

Farin Du Gast, tu es un honneste homme:
Par mon serment, tu es un bon galois!
Estois-tu point du temps que les Anglois
A Basselin firent si grand' vergongne?
Ma foy, Farin, tu es un habile homme.

Mais quoy! Farin, y a-t-il quelque chose
Qui mieux que toy ressemble à Basselin?
Premierement beuvoit soir et matin,
Et, toy, Farin, tu ne fais autre chose:
Ne jour, ne nuit, chez toy on ne repose.

Onc Basselin ne voulut de laitage,
Et, toy, Farin, tu le hais plus que luy;
Mais, pour vuider, s'il le falloit, un muid,
Tu le ferois, et encor davantage.
Si Farin meurt, ce seroit grand dommage.

Basselin feut de fort rouge visage,
Illuminé, comme est un chérubin;
Et, toy, Farin, tu as tant beu de vin,
Que maintenant tout en toy le presage.
Si Farin meurt, ce seroit grand dommage.

Raoul Basselin fit mettre en curatelle
Honteusement le bon homme Olivier;
Et, toy, Farin, vois-tu point le Soudier
Qui, en riant, te fait mettre en tutelle?
«Ça, dit Farin, par ma foy, j'en appelle.»

A Basselin ne demeura que frire;

Et, toy, Farin, tu es bon mesnager.

Pour boire un peu, ce n'est pas grand danger:

C'est de ton creu. Encore faut-il rire!

Bois donc, Farin, et ne prens pas du pire.

Il est aisé de voir que les *Anglais*, dont parle Jean Le Houx dans ce Vau-de-Vire en l'honneur d'Olivier Basselin, étaient les créanciers, contre lesquels ce bon buveur eut à se défendre pendant sa vie employée à boire et à chanter. On est allé jusqu'à prétendre que Basselin avait péri glorieusement en combattant les Anglais qui saccageaient les côtes de la Normandie; mais il faut simplement supposer, d'après la chanson de Le Houx, que les Anglais, qui *firent si grand' vergogne* au pauvre *chanteur virois*, étaient ses propres parents, entre autres ce Raoul Basselin, qu'on accuse de l'avoir mis *honteusement* en curatelle dans sa vieillesse. Ce qu'il y a de mieux prouvé dans la biographie du *bonhomme Olivier*, c'est qu'il n'a fait que boire tant qu'il a chanté, et qu'il a chanté tant qu'il a bu.

Olivier Basselin, comme buveur, comme chansonnier, comme pilote, comme foulon, devait être bien connu à Vire. Les souvenirs qu'il y avait laissés s'étaient conservés par tradition jusqu'au commencement du siècle dernier.

On lit ce qui suit dans les *Mémoires pour servir à l'histoire de la ville de Vire*, par Leroy, lieutenant particulier au bailliage de Vire (manuscrit in-fol., Bibl. de l'Arsenal, Hist., n° 346): «Le plus ancien et le plus fameux autheur de Vire, dont on ait connoissance, est Ollivier Basselin. Il fit et composa des chansons à boire, que l'on appela *Vaux-de-Vire*, qui ont servy de modèle à une infinité d'autres que l'on a fait depuis, auxquelles on a donné par corruption le nom de *Vaudevilles*. Il étoit originaire de Vire et faisoit le mestier de foulon en draps. Ménage, dans ses *Étymologies*, et, après luy, les autheurs du *Dictionnaire universel de Trévoux*, se sont trompés, quand ils ont dit que ces chansons furent premièrement chantées au Vaux de Vire, qui est le nom d'un lieu proche de la ville de Vire, car il est certain qu'il n'y a jamais eu proche Vire aucun lieu de ce nom-là. Il est bien vray que Olivier Basselin demeuroit dans le moulin dont il se servoit pour fouler des draps, situé proche la rivière de Vire, au pied du costeau, qu'on appelle les Vaux, qui est entre le château de Vire et le couvent des cordeliers; qui sert à sécher les draps, et où les habitants de Vire vont se promener; et, parce que Ollivier Basselin chantoit souvent ses chansons en ce costeau, on leur donna le nom de Vaux-de-Vire, qui est composé de deux mots, sçavoir de Vaux, qui est le nom du costeau où on les chantoit, et de Vire, sous lequel il est situé; ces chansons, étant composées vers la fin du quinzième siècle, se sentoient un peu de la dureté du stille et de l'obscurité des vers de ce temps-là. Jean Le Houx, dit le Romain, vers la fin du seizième siècle, les corrigea et les mit en l'état que nous les avons à présent.

Les prestres de Vire, pour lors fort ignorans, n'aprouverent pas son ouvrage et luy reffuserent l'absolution, et, pour l'obtenir, il fut obligé d'aller à Rome, ce qui luy acquist le surnom de *Romain*.»

Cependant la célébrité locale d'Olivier Basselin ne s'étendit pas même par toute la Normandie: «Sentant le prix de la liberté, dit le savant Lanon de la Renaudière, article BASSELIN dans la *Biographie universelle* de Michaud, il ne sortit point de son vallon. Ce fut pour ses voisins qu'il composa ses rondes joyeuses: elles amusaient un auditoire peu difficile, que le poëte réunissait sur le sommet du coteau qui dominait son moulin. La tradition est muette sur sa vie. On ignore même l'époque de sa mort.» Sa renommée ne s'effaça pourtant pas dans la mémoire de ses compatriotes, qui chantaient encore ses chansons deux siècles après lui.

Bernard de la Monnoye, l'auteur des *Noëls bourguignons*, curieux qu'il était d'étudier les poésies populaires de nos anciennes provinces, chercha sans doute les Vaux-de-Vire de Basselin, sans les découvrir; mais il connaissait du moins le nom de ce vieux poëte normand: «Il y a eu, sous Louis XII, et peut-être sous Louis XI, dit-il dans ses notes sur la *Bibliothèque françoise* de la Croix du Maine, un Olivier Basselin, foulon à Vire, en Normandie, prétendu inventeur des chansons appelées communément *vaudevilles*, au lieu qu'on devroit, dit Ménage, après Charles de Bourgueville dans ses *Antiquités de Caen*, les nommer *vaudevires*, parce qu'elles furent premièrement chantées au Vaudevire, nom d'un lieu proche de la ville de Vire; étymologie que je ne puis recevoir, le mot *vaudeville* étant très-propre et très-naturel pour signifier ces chansons qui vont à *val de ville*, en disant *vau* pour *val*, comme on dit *à vau de route* et *à vau l'eau*, outre qu'on ne sauroit me montrer que *vaudevire* ait jamais été dit dans ce sens.

«Charles de Bourgueville est le premier qui a imaginé cette origine, et ceux qui l'ont depuis débitée n'ont fait que le copier. Je ne dis pas qu'Olivier Basselin, ou, comme Crétin l'appelle, *Bachelin*, n'ait fait de ces sortes de chansons, et que son nom ne soit resté dans quelque vieux couplet; mais, les vaudevilles étant aussi anciens que le monde, il est ridicule de dire qu'il les a inventés[11].»

[11] La Monnoye avait deviné juste; dès la fin du quinzième siècle, on trouve le mot *vaul de ville*, employé par Nicolas de la Chesnaye, dans sa moralité de la *Condamnacion de Bancquet*. Voy. mon *Recueil de farces, soties et moralités du quinzième siècle* (Paris, Ad. Delahays, 1859, in-12, p. 316). C'est dans une note de l'auteur ainsi conçue: «Ici dessus sont nommez les commencemens de plusieurs chansons, tant de musique que de vaul de ville, et est à supposer que les joueurs de bas instrumens en sçauront quelque une qu'ils joueront prestement devant la table.» Il faut remarquer qu'aucun de ces

commencements de chansons n'appartient au Recueil des Vaux-de-Vire d'Olivier Basselin. Ce passage, que personne n'avait encore signalé, nous permet de fixer définitivement le sens et l'origine du mot *vaudeville*: on appelait *chanson de Vaux-de-Ville* un refrain populaire qui courait par la ville.

L'opinion de La Monnoye fit autorité et fut reproduite dans diverses compilations, jusqu'à ce que la réimpression des poésies d'Olivier Basselin eut constaté que les Vaux-de-Vire existaient en même temps que les Vaudevilles, qui ont été définis en ces termes par Lefebvre de Saint-Marc dans une note sur le fameux vers de Boileau:

Le Français, né malin, créa le vaudeville:

«Sorte de chansons faites sur des airs connus, auxquelles on passe toutes les négligences imaginables, pourvu que les vers en soient chantants, et qu'il y ait du naturel et de la saillie[12].»

[12] Œuvres de Boileau, édit. de 1747, t. II, p. 60.

Les Vaux-de-Vire d'Olivier Basselin remplissent toutes conditions du genre; ils se recommandent, d'ailleurs, par leur incontestable ancienneté et leur vieille réputation normande; ils sont certainement les premiers types de la chanson bachique en France. Qu'Olivier Basselin et Jean Le Houx ne fassent qu'un seul et même poëte, peu importe: ce n'est pas Horace, ce n'est pas Anacréon, c'est un *bon biberon* qui chante le cidre et le vin, avec une gaieté toute gauloise, dans la bonne langue vulgaire qu'on parlait en Normandie vers la fin du seizième siècle.

LA MUSE FOLASTRE.

La *Muse folastre* est, sans contredit, le plus rare des recueils du même genre qui ont été imprimés et réimprimés avec une sorte de concurrence libertine dans les vingt premières années du dix-septième siècle.

C'est cependant celui dont on a fait peut-être le plus grand nombre d'éditions. On peut aussi le considérer comme le premier de tous les recueils analogues et le prototype du genre.

La plus ancienne édition paraît être celle de Tours, 1600, in-16, qui est citée dans la *Biblioth. Stanleiana*, n° 346, mais qu'il n'a pas été donné aux bibliographes français de voir de leurs propres yeux et de décrire *de visu*.

Le *Manuel du libraire* (5ᵉ édit.), auquel nous empruntons ce renseignement, nous offre la nomenclature de toutes les éditions qui ont passé de loin en loin dans les catalogues de vente et que l'illustre doyen de la bibliographie, M. Jacques-Charles Brunet, a probablement citées, sans les avoir vues toutes dans le cours de sa longue carrière de bibliographe et de bibliophile. Voici cette nomenclature avec quelques additions:

Le premier (le second et le troisième) livre de la Muse folastre, recherchée des plus beaux esprits de ce temps. *Rouen*, 1603, 3 tom. en 1 vol. in-24.

Cette édition porte, sur le titre, qu'elle est *augmentée*, ce qui constituerait l'existence d'une édition antérieure.

—*Lyon*, 1607, 3 part. in-12.

—*Paris, Jean Fuzy*, 1607, 2 part. en 1 vol. in-12 de 116 et 185 p.

Cette édition, qui contient les trois livres en deux parties, est «de nouveau revue, corrigée et augmentée.»

—*Rouen, Claude Le Villain*, 1609, 3 vol. in-24.

—*Lyon, Barthélemy Ancelin, imprimeur ordinaire du roy*, 1611, 3 part. in-12 de 81, 60 et 58 feuillets.

Cette édition, qui présente quelques différences avec les éditions de Rouen que nous avons eu l'occasion d'examiner, n'est pas, comme on pourrait le croire, incomplète des feuillets 73, 74, 76, 78 et 80 dans la première partie. Il y a eu sans doute des cartons exigés dans la pièce *A la louange des cornes*, et ces cartons ont donné lieu à un numérotage fautif: ainsi le feuillet 73, portant la signature N, n'a pas de chiffraison et compte pour les deux feuillets 73 et 74 supprimés; les feuillets chiffrés 77 et 79, avec les signatures N 3 et N 7, comptent également pour les feuillets absents 77, 78, 79 et 80. Les réclames de tous ces cartons indiquent qu'il n'y a pas de lacune dans le texte.

—*Rouen, Claude Le Villain*, 1615, 3 part. in-24.

—*Rouen, Daniel Cousturier*, sans date, in-16.

—*Jene, de l'imprimerie de Jean Beitman*, 1617, 3 part. in-24.

—*Rouen, Nicolas Cabut*, 1621, 3 vol. in-24 de 142 et 144 p.

Le premier volume contient 72 feuillets chiffrés; le second et le troisième, chacun 71 feuillets non chiffrés. Cette édition est une reproduction textuelle des éditions de Claude Le Villain, mais mieux imprimée.

—*Troyes, Nicolas Oudot*, sans date, 3 vol. en 1 vol. in-24 ou in-32.

M. J.-C. Brunet dit que cette édition, plus belle que les éditions de Rouen, a dû paraître vers 1620.

—*Ibid., id.*, 1640, 3 part. in-16.

Aucune de ces éditions n'est accompagnée d'un privilége du roi.

«Ce charmant petit volume, dit Viollet-le-Duc dans la seconde partie du *Catalogue des livres composant la Bibliothèque poétique*, contient une grande quantité de pièces que je n'ai jamais trouvées ailleurs, bien différent en cela d'une foule de recueils qui se répètent les uns les autres. Quelques-unes sont imitées du latin de Gilebert, de l'italien de Bembo; d'autres sont d'auteurs inconnus, tels que Bouteroue, de l'Ecluze, Vaurenard, Blenet, de la Souche, etc., et qui ne sont pas réellement plus mauvais que beaucoup de leurs confrères en réputation.»

Cette dernière phrase de Viollet-le-Duc n'exprime pas du tout sa pensée; il a voulu dire que ces auteurs inconnus ne sont pas plus mauvais que des poëtes de la même époque qui ont eu de la réputation et qui en gardent quelque chose. Au reste, le sieur de Bouteroue n'est pas un poëte inconnu, comme l'a dit Viollet-le-Duc, et l'on chercherait en vain parmi les poëtes du temps ce *Vaurenard*, dont l'épitaphe est signée R. F. dans *la Muse folastre*.

On ne voit pas que *la Muse folastre*, quoique dépourvue de la sauvegarde d'un privilége du roi, ait été comprise dans les poursuites judiciaires qui furent dirigées en 1617 contre Théophile et ses amis N. Frenicle et Guillaume Colletet, éditeurs du *Parnasse satyrique*. Il est vrai que cette *Muse folastre* ne renfermait pas de vers de Théophile, que le Parlement avait mis en cause comme athée.

L'éditeur de *la Muse folastre* ne se nomme pas, mais il est permis de le reconnaître dans un des auteurs du recueil, Paul de l'Écluse, qui y a inséré sous son nom, folio 6 de la 2ᵉ partie (édit. de Lyon, 1611), une élégie *sur la mort d'un perroquet*; folio 49 de la 3ᵉ partie, *le Bocage de Simphalier, dédié à Monsieur Bertrand, advocat*, et sous ses initiales P. D. L., cinq pièces dans la seconde partie du volume.

Les noms de plusieurs poëtes sont imprimés en toutes lettres, au bas des pièces qu'ils ont fournies au recueil ou bien que l'éditeur leur a empruntées sans leur aveu: Z. Blenet, dit Belair, de la Souche, C. Brissard et Beroalde de Verville. Les trois pièces qui portent la signature de ce célèbre écrivain tourangeau sont intitulées: *le Pallemail*, *l'Alchemiste* et *le Jeu du volant ou gruau*. Les deux dernières sont données mal à propos au sieur de Bouteroue dans les éditions de Rouen.

Les autres auteurs ne sont désignés que par leurs initiales: sept pièces signées R. F.; deux pièces, G. N.; deux, A. C. Chacun des anonymes représentés par les initiales suivantes: F. R. D., A. C. B., P. C., F. G. L., A. F. B., B. A., ne figure que par une seule pièce dans le recueil. On peut supposer cependant que le même poëte est désigné par les initiales A. C. et A. C. B. (Blaisois?), de même que les initiales F. R. D. (Dunois?) semblent ajouter seulement une qualification d'origine au nom propre de F. R.

Il serait bien difficile de retrouver les véritables noms que cachent ces initiales. Quant aux pièces qui n'offrent aucune espèce de signature, nous ignorons également à qui elles appartiennent.

On rencontre, dans la première partie du recueil, *les Folastries de Pierre de Ronsard non imprimées en ses œuvres*, dont le texte ne diffère pas sensiblement de celui qui a été imprimé à part, en 1553 et 1584, sous le titre de *Livret des folastries*. *La Muse folastre* a recueilli, au folio 64, une neuvième *folastrie* qu'elle n'attribue pas positivement à Ronsard.

Nous avons reconnu, dans la 2ᵉ et la 3ᵉ parties, diverses *Mascarades* qui ne sont que des extraits de ces curieux ballets de cour, dansés au Louvre et à l'Arsenal en présence de Henri IV, et dont les titres seuls ont été conservés dans les *Recherches sur les théâtres en France*, par Beauchamps.

CHANSONS FOLASTRES ET PROLOGUES
TANT SUPERLIFIQUES QUE DROLATIQUES
DES COMÉDIENS FRANÇOIS.

Il ne s'est conservé qu'un seul exemplaire de ce recueil, qui fut sans doute imprimé à grand nombre; mais les exemplaires se sont détruits, par l'usage, dans les mains du peuple, qui les avait achetés à la porte du théâtre. L'exemplaire qui est venu jusqu'à nous par un heureux hasard faisait partie de la bibliothèque du marquis de Paulmy; il se trouve à la bibliothèque de l'Arsenal (Belles-lettres, n°s 8802 et 8803).

Ce sont deux petits volumes in-12, de format étroit et allongé. Le premier, dont le titre, reproduit ci-dessus, offre ces mots: *revus et augmentés de nouveau par le sieur de Bellone* (Rouen, Jean Petit, 1612, avec permission), se compose de 76 feuillets non chiffrés, avec les signatures AII—FV; le second, dont le titre porte: *Par Estienne Bellonne, Tourangeau* (ibid., 1612), contient 144 pages numérotées. Chaque volume est terminé par le mot: FIN. On doit en conclure qu'ils ont paru séparément, l'un après l'autre, et que le succès du premier volume a donné naissance au second. Il est probable que l'édition s'est écoulée à Rouen et en Normandie, et que peu d'exemplaires sont arrivés à Paris, d'autant plus que cet ouvrage, imprimé avec permission, est une contrefaçon des *Fantaisies* de Bruscambille.

Le sieur Bellonne ou de Bellone, qui osa le publier sous son nom, n'en était pas l'auteur. Nous avons tout lieu de croire que cet Étienne Bellone, Tourangeau, fut un comédien de la troupe de Rouen. Il s'était fait connaître par une tragédie en cinq actes: *les Amours de Dalcméon et de Flore*, suivie de *Meslanges poétiques* (Rouen, Raphaël du Petit-Val, 1610, petit in-12 de 58 p.); réimprimée à Rouen, chez le même libraire, en 1621, pet. in-12, et comprise dans le *Théâtre des tragédies françoises* (ibid., id., 1615, petit in-12). La *Bibliothèque du Théâtre françois* (Dresde, Groell, 1768, 3 vol. in-8, t. Ier, p. 538) donne une analyse de cette tragédie, avec quelques citations; le Catalogue de la Bibliothèque dramatique de M. de Soleinne (n° 947) cite aussi ces vers, que déclame Dalcméon, au moment de périr, pour faire ses adieux à sa maîtresse absente:

Prenons premier congé de ces divinitez

Où sont, tant morts que vifs, mes désirs arrestez:

Adieu donc, ce beau chef, qui fait honte au Pactole...

Adieu, ce front polly, le siége de l'amour,

Et ces astres bessins, flambeaux de nostre jour...

Adieu, bouche où tousjours Cupidon se promène,

Adieu, joue de roze où croissent des œillets...

Adieu, sein rondelet, le logis de mon ame...

Adieu, corps tout parfaict en ses proportions,

Corps, Louvre des beautez...

Nous supposons que la troupe des comédiens de Rouen avait adopté l'usage des *prologues* et des *chansons joyeuses*, que les comédiens de l'Hôtel de Bourgogne, à Paris, faisaient entendre à leur public, avant que le spectacle commençât. Dans l'origine, sans doute, ces prologues se débitaient, ces chansons se chantaient sur des tréteaux, en dehors du théâtre, pour attirer la foule. Plus tard, ce fut sur la scène même, qu'un acteur comique venait faire ce qu'on nommait l'*avant-jeu*, en préludant ainsi à la tragédie et même à la farce par des chants et des bouffonneries qui égayaient le spectateur et lui donnaient à rire jusqu'au lever du rideau. Le prologue XI du tome premier débute ainsi: «Messieurs, avant que ce théâtre soit remply, comme vous attendez, je veux vous entretenir familierement, suivant ma coustume.» Dans le prologue VI du second livre, la tragédie qu'on va représenter est annoncée en ces termes: «Toutes ces diversitez, diversement amassées, promettent que la Fortune qui s'empare aujourd'hui de nostre theastre, pour y représenter les plus furieux actes de la tragedie, décoche ordinairement les traicts de son ire sur les choses les plus hautes, les plus patentes et solides. En quoy, messieurs, vous remarquerez, s'il vous plaist, que de tout ce qui est compris sous l'archande céleste, il n'y a rien qui se puisse dire exempt de revolutions et vicissitudes, puisque les choses qui semblent estre icy bas immuables souffrent les secousses du temps et l'inconstance de la fortune. Nostre tragedie, un peu plus relevée que mes paroles, vous en donnera telle preuve, que je n'allongerai point davantage le fil de cet ennuyeux discours. Voicy desjà l'un de nos acteurs, qui, ravi de l'attention que nous tenons de vos courtoisies, vous vient apporter les arrhes de ma promesse. Et, moy, je me retirerai contant et redevable à vostre favorable silence.»

On se rendra compte des motifs qui avaient amené l'introduction des prologues facétieux à l'Hôtel de Bourgogne, en se figurant ce que devait être l'aspect de la salle avant la représentation; voici en quels termes un zélé catholique dénonçait le scandale, en 1588, dans ses *Remontrances très humbles au roy de France et de Pologne, Henry troisiesme de ce nom, sur les desastres et miseres du royaume*: «En ce cloaque et maison de Sathan, nommée l'Hostel de Bourgogne, dont les acteurs se disent abusivement *confrères de la Passion de Jesus-Christ*, se donnent mille assignations scandaleuses, au préjudice de l'honnesteté et pudicité des femmes et à la ruine des familles des pauvres artisans, desquels la salle basse est toute pleine et lesquels, plus de deux heures avant le jeu, passent leur temps en devis impudiques, jeux de cartes et de dez, en gourmandise, en ivrognerie, tout publiquement: d'où viennent plusieurs querelles et batteries.»

«On doit donc supposer, disais-je dans une notice sur l'ancien Théâtre en France, que, malgré la surveillance du sergent à la douzaine ou du sergent à verge, la police des mœurs n'était pas et ne pouvait pas être bien faite, à l'intérieur de la salle: dans le parterre (*parquet*), où personne n'était assis, où les spectateurs formaient une masse compacte et impénétrable; dans les couloirs et les escaliers, qui n'étaient pas toujours déserts et silencieux pendant les représentations, et qui ne furent éclairés qu'à la fin du dix-septième siècle... Quant à la salle de spectacle, elle n'était éclairée que par deux ou trois lanternes enfumées, suspendues avec des cordes au-dessus du parterre, et par une rangée de grosses chandelles de suif allumées devant la scène, qui devenait obscure, quand le *moucheur* ne remplissait pas activement son emploi.»

Les prologues et les chansons folâtres ne furent imaginés que pour occuper le public et lui faire prendre patience jusqu'à ce que la pièce commençât; ces chansons et ces prologues, accompagnés d'une pantomime expressive, provoquaient le gros rire des spectateurs, la plupart grossiers et immoraux, par des indécences et des turpitudes qui faisaient fuir les honnêtes gens; mais, du moins, ils ne laissaient pas de loisir à des actes de débauche qui se commettaient auparavant dans tous les coins de la salle: une fois la tragédie commencée, on ne riait plus, mais on écoutait et on se tenait tranquille. Il va sans dire que les femmes de bonne vie et mœurs n'assistaient pas ordinairement aux représentations, surtout quand on jouait des farces qui étaient encore plus infâmes que les prologues.

Ce fut probablement un comédien champenois, le sieur Deslauriers, qui inventa ces prologues. Son nom de théâtre était Bruscambille. Il faisait partie de la troupe de l'Hôtel de Bourgogne, et, par conséquent, de la Confrérie de la Passion. Ce Deslauriers devait être quelque écolier libertin, qui avait quitté les bancs du collége pour monter sur les planches, car ses ouvrages sont remplis de citations latines qui prouvent que les écrivains de l'antiquité lui avaient été familiers. Les prologues facétieux, qu'il mimait sur le théâtre, furent imprimés pour la première fois en 1609, *sous la foible conduite de quelque particulier*, avec ce titre: *Prologues non tant superlifiques que drolatiques, nouvellement mis en vue, avec plusieurs autres discours non moins facecieux* (Paris, Millot, 1609, in-12). Le sieur Deslauriers désavoua cette édition comme subreptice et se décida enfin à publier lui-même ses *Prologues tant sérieux que facecieux, avec plusieurs galimatias* (Paris, J. Millot, 1610, in-12), et ses *Fantaisies* (Paris, Jean de

Bordeaulx, 1612, in-8º), qui furent réimprimés dix ou douze fois dans l'intervalle de peu d'années.

Étienne Bellone puisa dans ces deux recueils les éléments de celui qu'il fit paraître, sous son nom, à Rouen, après avoir probablement essayé sur la scène l'effet des prologues qu'il empruntait de préférence à Bruscambille, et des chansons qu'il choisissait dans les recueils normands. Ainsi, on reconnaît, dans le premier volume, cinq ou six prologues de Bruscambille: le *Prologue en faveur du mensonge* (Prol. III), le *Prologue facecieux sur un chapeau* (Prol. XII), les prologues du Privé, du Cul, de l'Estuy du cul, des Cocus et de l'Utilité des Cornes, des Parties naturelles des hommes et des femmes, de la Folie (Prologue des Fols), etc.; dans le second Livre: le *Prologue facecieux de la laideur* (Prol. III), les prologues sur le Nez (Prol. IV), de la Teste, etc. Bellone ne fait aucun changement notable aux œuvres de Bruscambille, pour déguiser son plagiat; il se borne à un petit nombre de coupures, et il modifie à sa guise l'orthographe de l'auteur original.

Quant aux chansons, on les retrouverait toutes certainement dans les nombreux recueils qui paraissaient alors à Rouen, et qui se copiaient les uns les autres. Deux de ces chansons mériteraient les honneurs d'un commentaire; l'une (Chanson IX du 1er volume) a servi de type à notre chanson de Cadet-Roussel; l'autre (Chanson XII du même tome) est une imitation de cette vieille chanson populaire, avec laquelle on a bercé notre enfance et dont voici le refrain:

Entre, Moine, hardiment,

Mon mari est en campagne,

Entre, Moine, hardiment,

Mon mari n'est pas céans.

Étienne Bellone a remplacé le *moine* par un *valet*, ce qui dénature le caractère de l'ancien fabliau. Nous avons aussi reconnu une chanson d'Olivier Basselin dans la chanson XV du tome Ier:

Messieurs, voulez-vous rien mander? etc.

Mais le dernier couplet, que Bellone a peut-être ajouté de son cru, manque dans les manuscrits et les anciennes éditions de Basselin.

Au reste, toutes les chansons, qui sont mêlées aux prologues dans le recueil de Bellone, ont été réimprimées à la suite du *Recueil des plus beaux airs, accompagnés de chansons à danser, ballets, chansons folastres et bacchanales, autrement dites Vaudevire* (Caen, Jacques Mangeant, 1615, 3 part. in-12), avec ce titre particulier pour la troisième partie: *Recueil des plus belles chansons des Comédiens françois et recueil de chansons bachanales.*

Le premier livre des *Chansons folastres* offre, sur son titre, la marque d'un libraire de Rouen; mais le titre du second livre est orné d'une gravure en bois, qui paraît avoir été faite exprès pour le recueil d'Étienne Bellone et qui n'a rien de commun avec les marques typographiques des libraires et imprimeurs de ce temps-là.

Cette gravure, très-grossièrement taillée, représente l'intérieur d'une salle, au fond de laquelle on voit une porte et une fenêtre garnie de petits vitraux. Le plancher semble figurer un dallage en échiquier noir et blanc. C'est sans doute une décoration de théâtre. Dans cette salle est un homme barbu, coiffé d'un chapeau de feutre et portant une longue robe, boutonnée par devant, avec une ceinture bouclée autour des reins. Les manches serrées de son pourpoint sortent des fausses manches pendantes de sa robe. On dirait un costume d'alchimiste. Cet homme est gravement occupé à sous-peser une espèce de récipient en verre, dans lequel sont trois têtes humaines.

Ces trois têtes ont les yeux tout grands ouverts et paraissent vivre; elles donnent évidemment des portraits qui devaient être ressemblants, car leurs traits sont bien caractérisés. La tête qui est de face se distingue par une physionomie naïve et goguenarde à la fois; la figure est maigre et longue, avec une barbe en pointe. A droite, une figure à double menton affecte un air somnolent et inerte; à gauche, une figure grimaçante et narquoise, au nez retroussé et aux yeux clignotants. Qu'est-ce que ces trois têtes et ces trois portraits, sinon l'image symbolique du procédé qu'Étienne Bellone avait mis en œuvre pour composer son recueil des *Chansons folastres et Prologues tant superlifiques que drolatiques des Comediens françois?*

Les comédiens français, auxquels Étienne Bellone avait emprunté la matière de son recueil, étaient les trois amis et compagnons de théâtre, Gaultier Garguille, Gros Guillaume et Turlupin.

La tradition de l'Hôtel de Bourgogne veut que ces comédiens aient été trois boulangers, originaires de Normandie, qui se nommaient Hugues Guéru, Robert Guérin et Henri Legrand. Ils montèrent ensemble sur les tréteaux, vers 1600, et ils restèrent toujours unis, formant un trio comique qui valait à lui seul toute la troupe de l'Hôtel de Bourgogne. Turlupin et Gros Guillaume débitaient des prologues facétieux en prose, et Gaultier Garguille chantait des chansons joyeuses.

Voici comment Beauchamps a dépeint, d'après le témoignage de Sauval, ces trois farceurs, dont la gravure nous a d'ailleurs conservé plus d'un portrait. On les reconnaîtra facilement sur le frontispice du second livre des Chansons folastres:

GROS GUILLAUME. «Ce fut toujours un gros yvrogne... Son entretien étoit grossier, et, pour être de belle humeur, il falloit qu'il grenouillât ou bût chopine avec son compère le savetier dans quelque cabaret borgne... Il étoit si gros, si gras et si ventru, que les satyriques de son temps disoient qu'il marchoit longtemps après son ventre... Il ne portoit point de masque, mais se couvroit le visage de farine.»

TURLUPIN. «Il étoit excellent farceur; l'habit qu'il portoit à la farce étoit le même que celui de Briguelle... Ils étoient de même taille; tous deux faisoient le zani et portoient un même masque... Ses rencontres étoient pleines d'esprit, de feu et de jugement... Quoiqu'il fût rousseau, il étoit bel homme, bien fait et avoit bonne mine.»

GAULTIER GARGUILLE. «Quant il chantoit ses chansons sur le théâtre, il se surpassoit lui-même... Il avoit le corps maigre, les jambes longues, droites et menues, un gros visage bourgeonné. Aussi, ne jouoit-il jamais sans masque, et pour lors avec une barbe longue et pointue, une calotte noire et plate, des escarpins noirs, des manches de frise rouge, un pourpoint et des chausses de frise noire; il représentoit toujours un vieillard de farce: dans un si plaisant équipage, tout faisoit rire en lui; il n'y avoit rien, dans sa parole, dans son marcher ni dans son action, qui ne fût très-ridicule... Enfin il ravissoit, et personne de sa profession n'étoit plus naïf ni plus achevé.»

Il suffit de jeter les yeux sur le titre du second livre des Chansons folâtres, pour se rendre compte de ce qu'a signifié, dans l'origine, l'expression proverbiale de *trois têtes dans un bonnet*.

LA SATYRE MÉNIPPÉE
DE
THOMAS SONNET, SIEUR DE COURVAL.

Les œuvres de Courval-Sonnet en vers et en prose méritent les honneurs d'une nouvelle édition, après plus de deux siècles d'oubli, et nous avons lieu de croire qu'elles vont être réimprimées successivement, de manière à former quatre ou cinq petits volumes. Courval-Sonnet est un satirique, imitateur de Régnier, et, quoiqu'il soit loin d'avoir le talent poétique de son modèle, il ne manque pas de verve et d'énergie. De plus, ses satires renferment beaucoup de détails de mœurs et peuvent servir à l'histoire de la société française sous les règnes de Henri IV et de Louis XIII.

L'abbé Goujet, dans sa *Bibliothèque françoise* (t. XIV, p. 298 et suiv.), le marquis du Roure, dans son *Analectabiblion* (t. II, p. 138), et Viollet-le-Duc, dans sa *Bibliothèque poétique* (p. 408), ont accordé à notre poëte virois une mention assez peu favorable, tout en reconnaissant que l'intérêt des sujets bourgeois qu'il s'est plu à traiter dans ses satires, rachetait amplement l'insuffisance de sa poésie et la grossièreté de son langage.

On ne sait presque rien de sa vie. Né à Vire en 1577, il était fils de Jean Sonnet, sieur de la Pinsonière, avocat, et de Madeleine Le Chevalier d'Agneaux, parente des deux frères d'Agneaux, traducteurs de Virgile en vers français. Quoique de famille noble, il se fit médecin, et, malgré son horreur pour le mariage, il avait épousé une demoiselle de la maison d'Amfrie de Clermont, qui lui donna plusieurs enfants. Il paraît avoir quitté sa ville natale, par suite des contrariétés que lui avait attirées la publication de sa *Satyre Ménippée*, et il vint alors se fixer à Paris, où il exerça la médecine, en composant des vers. Un *Avis au lecteur*, imprimé dans la première édition de la *Satyre Ménippée*, nous apprend qu'il avait déjà en portefeuille la plupart des satires qui ne parurent que douze et quinze ans plus tard. Cet Avis au lecteur annonce aussi des poésies d'amour et de différents genres, qui n'ont jamais vu le jour.

La *Satyre Ménippée* fut son début et lui acquit aussitôt une grande réputation littéraire, du moins à Vire et en Normandie. Cette satire a été réimprimée séparément cinq ou six fois. La première édition, que les bibliographes n'ont pas citée et qui semble même avoir échappé aux recherches du savant auteur du *Manuel du libraire*, est la suivante:

SATYRE MENIPPEE, ou Discours sur les poignantes traverses et incommoditez du mariage: où les humeurs et complexions des femmes sont vivement représentées, par Thomas Sonnet, sieur de Courval, docteur en médecine, natif de Vire, en Normandie. *Paris, Jean Millot*, 1608, in-8 de 52 feuil. chiffr., y compris le titre et le portrait. Ce portrait, gravé par Léonard Gautier et daté de 1608, est très-beau. On y lit à l'entour: *Thomas Sonnet, sieur de Courval, docteur en médecine, âgé de 31 ans...* Ses armes sont dans le haut, et ce quatrain est gravé au-dessous:

C'est icy de Courval le vif et vray pourtraict,

Son nez, son front, ses yeux et sa lèvre pourprine;

Icy tu voidz le corps figuré par ce traict,

Et son esprit paroist en l'art de médecine.

Le privilége du roi est du 14 de juin 1608.

La seconde édition est intitulée:

SATYRE MENIPPEE, ou Discours sur les poignantes traverses et incommoditez du mariage, auquel les humeurs et complexions des femmes sont vivement représentées, par Thomas Sonnet, docteur en médecine, gentilhomme virois; seconde édition reveuë par l'autheur et augmentée de la Timethelie ou Censure des femmes et d'une Defense apologetique contre les censeurs de sa Satyre. *Paris, Jean Millot*, 1609, in-8 de 91 feuillets, y compris le titre, le portrait, et les deux derniers feuillets non chiffrés.

Les deux pièces ajoutées dans cette édition ont chacune un titre particulier, ce qui constate qu'elles avaient déjà paru à part. Voici le premier titre: *Thimetelie, ou Censure des femmes, satyre seconde, en laquelle sont amplement decrites les maladies qui arrivent à ceux qui vont trop souvent à l'escarmouche soubs la cornette de Venus*, par Thomas Sonnet, sieur de Courval. Paris, J. Millot, 1609.

Le titre de la troisième pièce est ainsi conçu: *Defence apologetique du sieur de Courval, docteur en medecine, gentilhomme virois, contre les censeurs de sa Satyre du mariage. Ibid., id.*, 1609.

Dans quelques exemplaires, on trouve à la suite une pièce intitulée: *Responce à la Contre-satyre*, par l'auteur des *Satyres du mariage et Thimethelie* (sic). Imprimé à Paris, 1609, in-8 de 28 pages, y compris le titre.

Cette seconde édition de la *Satyre Menippée* offre beaucoup de changements, qu'il serait trop long d'énumérer; les trois premiers vers ont été corrigés ainsi:

Muses, qui habitez dans l'antre Pieride,

Rendés libres mes sens et ma veine fluide,

Serenés mes esprits, agitez d'un procez...

Dans les pièces apologétiques qui précèdent la Satire, on ne trouve plus une pièce de vers latins signée Ph. Pistel, ni un sonnet de L. le Houx, avocat, l'éditeur et l'émule d'Olivier Basselin. On peut en conclure que ces deux poëtes virois s'étaient brouillés avec Courval-Sonnet.

La troisième édition de la *Satyre Menippée* porte le même titre. Elle a paru aussi chez Jean Millot, en 1610. Elle forme un volume in-8 de 8 feuillets prélim. et de 73 pages, y compris le portrait, gravé par Léonard Gautier, tout à fait différent du précédent. Thomas Courval, sieur de Sonnet, y est représenté à l'âge de trente-trois ans. On peut lui attribuer les quatre vers qui sont gravés au-dessous de ce portrait:

Vire fut mon berceau, ma nourrice et mon laict,

Caen, le séjour de mon adolescence,

Paris de ma jeunesse, et maintenant la France

A mon nom, mes écris, mon corps, en ce pourtraict.

La *Thimethelie*, avec un titre à part daté de 1610, comprend 2 feuillets non chiffrés et 38 pages. La *Defence apologétique*, avec titre, a 41 pages, 1 feuillet blanc et 4 feuillets non chiffrés.

La quatrième édition, imprimée à la suite des *Satyres* (Paris, Robert Boutonné, 1621), porte ce titre: *Satyre Menipée* (sic) *sur les poignantes traverses du mariage*, par le sieur de Courval, gentilhomme virois. Paris, Rolet Boutonné, 1621, in-8 de 101 pages, non compris le titre et le privilège des Œuvres satyriques, daté du 25 février 1621. Dans cette édition, toutes les pièces liminaires, les préfaces et les dédicaces ont disparu, ainsi que le portrait.

La cinquième édition, faite, dit-on, loin des yeux de l'auteur, paraît être la plus complète de toutes, sinon la plus correcte; elle contient les quatre parties, avec des titres particuliers, sous une seule pagination. Voici le titre général:

SATYRE MENIPPEE contre les femmes, sur les poignantes traverses et incommoditez du mariage, avec la Thimethelie ou Censure des femmes, par Thomas Sonnet, docteur en medecine, gentilhomme virois. *Lyon, Vincent de Cœursilly*, 1623, in-8 de 12 feuillets non chiffrés et de 193 p.

Le titre particulier de la *Satyre Menippée*, qui forme un second titre pour le volume, est orné d'un portrait de l'auteur, gravé sur cuivre. Charles Nodier, dans le Catalogue de ses livres, en 1844, a remarqué cette particularité, qu'il a considérée mal à propos comme résultant d'un renouvellement de titre. C'est à tort qu'on a prétendu que cette édition était plus incorrecte que les autres. Le privilège du roi est remplacé par un *consentement* pour le roi, signé de Pomey, et daté de Lyon, ce 15 mai 1623.

Nous ne voyons pas, en effet, que la *Satyre Menippée* ait été réimprimée à part depuis 1623, quoique Courval-Sonnet ait vécu au moins jusqu'en 1631, et qu'il soit resté l'ennemi irréconciliable du mariage.

La sixième édition, que les bibliographes n'avaient pas devinée sous le titre trompeur qui la déguise, offre un remaniement complet de la *Satyre Menippée*, avec tant d'additions, de suppressions et de variantes, qu'on pourrait presque la considérer comme un ouvrage nouveau. C'est pourtant l'auteur lui-même qui a eu la malheureuse idée de métamorphoser ainsi son œuvre, pour la réunir à la quatrième édition de son recueil de satires, intitulé: *les Exercices de ce temps, contenant plusieurs satyres contre les mauvaises mœurs* (Rouen, Guill. de La Haye, 1626, in-8° de 209 p.).

La *Satyre Menippée* qu'on a de la peine à reconnaître dans la *Suite des Exercices de ce temps, contenant plusieurs satyres contre le joug nuptial et fascheuses traverses du mariage*, par le s. D. C. V. (le sieur de Courval, Virois. Rouen, Guill. de La Haye, 1627), commence à la page 117 du volume; mais elle est précédée d'une page blanche et d'un titre séparé, qui ne comptent pas dans la pagination et qui doivent avoir été intercalés après coup. Courval-Sonnet a divisé ici sa *Satyre Menippée* en sept satires, sans rien changer à l'ordre primitif de la composition: 1° *Contre le Joug nuptial*; 2° *Contre affection et diversité des humeurs et temperamens des mariez*; 3° *le Hasard des cornes, espousans belle femme*; 4° *le Desgout, espousans laide femme*; 5° *la Riche et Superbe*; 6° *la Pauvre et Souffreteuse*; 7° *Censure des femmes*. La septième satire se termine par l'énumération des sujets divers que le poëte se proposait de traiter dans d'autres satires qui n'ont pas été publiées. La *Satyre Menippée*, ainsi transformée ou défigurée, a reparu dans plusieurs réimpressions rouennaises des *Exercices de ce temps* (1645, 1657, etc.), et s'est trouvée naturellement ajoutée aux éditions complètes des *Œuvres satyriques* du sieur de Courval-Sonnet, qui avait cessé enfin de corriger et de remanier son ouvrage de prédilection contre le joug nuptial et les *poignantes* ou *fâcheuses* traverses du mariage.

LE
PARNASSE DES MUSES.

Le savant et vénérable M. Jacques-Charles Brunet, dans la dernière édition de son *Manuel du libraire*, ce chef-d'œuvre inestimable de bibliographie et de critique littéraire, a donné une excellente notice sur les éditions du *Parnasse des Muses*, depuis celle de 1627, *Paris, Ch. Hulpeau*, jusqu'à celle de 1635, *Paris, Ch. Sevestre*. On trouvera dans cette notice la description détaillée de l'édition de 1633, *Paris, Sevestre*, qui a été réimprimée textuellement dans le joli volume que nous avons sous les yeux[13].

[13] Le Parnasse des Muses ou Recueil des plus belles chansons à danser, recherchées dans le cabinet des plus excellens poëtes de ce temps. Dédié aux belles Dames. Deuxième édition. *Paris, Ch. Hulpeau*, 1628, in-12. Réimpression faite pour une société de bibliophiles, à cent exemplaires numérotés. *Bruxelles, imprim. de A. Mertens*, 1864.

M. J.-C. Brunet n'a pas négligé de dire que les deux éditions datées de 1633, l'une publiée par Ch. Hulpeau, l'autre par Ch. Sevestre, sont, à proprement parler, deux recueils différents sous un titre analogue. On pourra donc réimprimer maintenant le recueil de Ch. Hulpeau, sans craindre de faire double emploi. Il faut considérer les libraires Hulpeau et Sevestre comme ayant exploité, en concurrence, sous le même titre, un genre de livre qui avait la vogue alors et qui trouvait de nombreux acheteurs parmi le peuple.

Suivant M. J.-C. Brunet, Ch. Hulpeau, qui est nommé dans le privilége de la première édition de 1627, serait l'éditeur, le compilateur du recueil. Nous ne partageons pas son opinion: le libraire Ch. Hulpeau, appartenant à une ancienne famille de libraires qui ont exercé à Paris depuis 1555, n'eût pas dit, de lui-même, dans la Dédicace aux Dames, qu'il les suppliait de prendre ces chansons à danser, «de la main d'un, chez qui la melancholie ne trouva jamais place;» il n'eût pas dit non plus aux Enfants de Bacchus: «Compagnons, il me semble qu'après avoir donné contentement aux Dames, il est aucunement raisonnable de s'en donner à soy-mesme, et comme nous sommes tous enfans d'un si bon père...» Un libraire eût encouru certainement les reproches de sa corporation, s'il s'était déclaré, en ces termes, ami du vin et de la joyeuseté.

Nous sommes plutôt tenté de croire que l'éditeur du recueil était un de ces chanteurs des rues, un de ces bateleurs de carrefour, qui avaient surtout élu domicile à la place Dauphine, devant la Samaritaine et au bout du Pont-Neuf. Le frontispice représente, en effet, deux comédiens, en costume de théâtre, la batte au côté, le tour des yeux noirci au charbon et le visage chargé de verrues postiches.

M. le marquis de Gaillon a consacré un charmant article aux anciens recueils de chansons françoises, et particulièrement au *Parnasse des Muses*, dans le *Bulletin du bibliophile*, année 1860, p. 1172 et suiv. Il fait ressortir avec infiniment de goût et d'esprit tout ce qu'il y a de curieux et d'intéressant dans ces recueils que les amateurs se disputent au poids de l'or. L'exemplaire de l'édition de Sevestre a été vendu 616 francs, à la vente Solar.

Charles Nodier faisait le plus grand cas de tous ces recueils de chansons populaires, et il distinguait, entre tous, *le Parnasse des Muses*. Il avait conseillé à M. Techener de le réimprimer dans sa collection de *Joyeusetez*. Il attachait beaucoup de prix, sous le rapport de la langue et de l'histoire des mœurs, à ces naïves et charmantes compositions, qui sont la véritable poésie du peuple. «Nul genre de littérature, dit M. le marquis de Gaillon, n'est plus populaire en France que la chanson et n'y a été plus heureusement cultivé; on peut même dire qu'elle y vient sans culture, y étant dans son terrain naturel.»

M. le marquis de Gaillon fait remarquer que les recueils de chansons, publiés avant *le Parnasse des Muses*, appartiennent originairement à la Normandie. *Le Parnasse des Muses* est un recueil parisien. En effet, si quelques chansons qui y figurent peuvent avoir été composées à Caen, à Avignon, à Abbeville[14], il est question de Paris dans beaucoup d'autres. Ici, ce sont les filles de Vaugirard[15]; là, c'est la pâtissière du pont Saint-Michel, qui était une voisine du libraire Ch. Hulpeau[16]; ailleurs, nous nous trouvons

Sur la rive de Seine,

Tout auprès du port au foin[17];

ou bien à Passi, à Montmartre, aux Gobelins[18], etc.

---

[14] En revenant d'Avignon (page 119 de la 1re partie).

En m'en revenant de Caen (page 133, *ibid.*).

Guillot chevaleton.

Des premiers d'Abbeville (p. 15 de la 2e part.).

[15] Page 112 de la 1re partie et 14 de la seconde.

[16] Page 85 de la 1re partie.

[17] Page 22 de la 2e partie.

[18] Page 88 de la 2e partie.

Les chansons du *Parnasse des Muses* offrent tous les genres de la chanson, depuis la ronde villageoise, avec refrain et onomatopée, jusqu'à la romance amoureuse et langoureuse. Plusieurs pièces viennent sans doute, en droite ligne, de la chambre du roi ou de la reine, car nos rois de France aimaient la chansonnette et ne dédaignaient pas de la chanter. La plupart de ces chansons, qui roulent sur le même sujet, c'est-à-dire sur l'éternel passe-temps des hommes et des femmes, sont pleines de verve et de gaieté; quelques-unes pourraient passer pour des chefs d'œuvre dans leur genre.

Nous n'avons remarqué qu'une seule chanson qui fît allusion aux événements du temps, dans ces vers:

Que la Rochelle investie

Soit prise ou ne le soit pas...[19]

[19] Page 9 de la 2e partie du *Concert des Enfants de Bacchus*.

Nous n'en signalerons que deux en patois, l'une en patois des environs de Paris[20], l'autre en patois auvergnat[21]. On en trouvera seulement deux ou trois, dans lesquelles le mot brave l'honnêteté; mais il en est peu, néanmoins, qui puissent se chanter aux concerts du mois de Marie.

[20] Page 88 de la 2e partie.
[21] Page 38 de la 1re partie.

LE
BANQUET DES MUSES
DE
JEAN AUVRAY.

Ce n'est pas ici le lieu de traiter à fond une des questions les plus complexes et les plus difficiles de l'histoire littéraire, en essayant de débrouiller et d'éclaircir les renseignements aussi confus que contradictoires que nous possédons sur Jean Auvray et sur ses ouvrages. Il faudrait plus de temps et plus d'espace que nous n'en avons, pour établir d'une manière logique et certaine la biographie et la bibliographie de ce poëte normand, car bibliographes et biographes sont loin de s'entendre, au sujet de l'auteur du *Banquet des Muses*.

En effet, le sieur Auvray, à qui l'on doit ce recueil célèbre de poésies *scurriles et comiques*, comme il les qualifie lui-même dans sa dédicace à maître Charles Maynard, conseiller du roi en ses Conseils d'État et privé, et président, en sa Cour du Parlement de Rouen, est-il le même que le sieur Jean Auvray, qui a composé un grand nombre de poésies saintes et mystiques, entre autres le *Thrésor sacré de la Muse saincte*, la *Pourmenade de l'Ame dévote*, le *Triomphe de la Croix*?

Le sieur Auvray, chirurgien de son état, que ses amis proclament: *poeticæ nec non chirurgicæ disciplinæ hujus temporis facile princeps*, en tête de son *Banquet des Muses*, est-il même que maître Jean Auvray, avocat au Parlement de Normandie, auteur de plusieurs tragédies, entre autres l'*Innocence découverte*, *Madonte*, *Dorinde*, etc., etc.?

Le sieur Auvray, qui n'existait plus en 1628, quand son ami et compatriote, David Ferrand, libraire de Rouen, publia ses *Œuvres sainctes*, suivant le vœu du défunt, est-il le même que le sieur Auvray qui, au dire des bibliographes, dédiait à la reine, en 1631, ses tragédies de *Madonte* et de *Dorinde*?

Enfin, faut-il croire, avec Beauchamps (*Recherches sur les Théâtres de France*, 2e part. de l'édit. in-4°, p. 82), que l'auteur de *Madonte* et de *Dorinde* mourut avant le 19 novembre 1633? Ou bien, faut-il accepter le témoignage de l'éditeur des *Œuvres sainctes*, qui déclare, dans les termes les moins ambigus, que le poëte était mort avant cette publication, c'est-à-dire avant l'année 1628?

Ce sont là autant de petits problèmes historiques et bibliographiques, devant lesquels s'est arrêté le savant auteur du *Manuel du libraire*, qui se contente de les signaler en invitant les biographes à les résoudre. Cette solution définitive se trouvera sans doute dans la notice que Guillaume Colletet a consacrée à Jean Auvray et qui figure parmi les *Vies des Poëtes françois*, cette précieuse compilation encore inédite que les amis des lettres désespèrent de voir paraître et dont le manuscrit original est conservé à la Bibliothèque du Louvre.

En attendant, nous pouvons dire, sans crainte d'être démenti par Guillaume Colletet, que Jean Auvray s'occupa de théâtre, de poésie satirique et licencieuse, dans sa jeunesse, avec beaucoup de verve, de talent et de libertinage, mais qu'il ne publia lui-même qu'un seul de ces ouvrages de littérature profane, sa tragédie de l'*Innocence découverte* (in-12, sans titre; privilége du 20 janvier 1609). Il avait fait une foule de pièces folâtres ou gaillardes qui couraient le monde et qu'il ne prit pas la peine de recueillir en volume. D'ailleurs, en 1611, il s'était amendé et converti, comme il nous l'apprend lui-même dans les stances de l'*Amant pénitent*, qui font partie du *Thrésor sacré de la Muse saincte* (Amiens, impr. de Jacq. Hubault, 1611, in-8º):

Lorsque j'estois mondain, je croyois que les femmes

Fussent pour les humains de plaisans paradis;

Mais j'ay depuis cogneu que les femmes infames

Sont les premiers enfers où nous sommes maudits.

Après cette conversion très-sincère, Jean Auvray ne composa ou plutôt n'avoua que des poésies d'un genre sérieux, empreintes d'une sorte d'exaltation religieuse; telles sont les *Stances* présentées au roi durant les troubles de 1615, la *Complainte de la France, en 1615*, etc., qui semblent un peu dépaysées au milieu du *Banquet des Muses*. Auvray avait été avocat, avant de devenir chirurgien; il avait habité Paris, avant de retourner en Normandie et de se fixer à Rouen; il avait vécu dans la société des poëtes et des comédiens débauchés, avant de mener une vie honnête et presque exemplaire, en exerçant la médecine et la chirurgie dans la capitale de la Normandie. Il ne pensa plus à la poésie que pour envoyer au Palinod de Caen et au Puy de la Conception, de Rouen, des poëmes et des chants royaux sur le Saint-Sacrement et sur la Sainte Vierge. Cependant il n'avait pas brûlé ses manuscrits, quoiqu'il eût abjuré ses péchés de jeunesse.

Il mourut vers 1622, et son exécuteur testamentaire, le libraire David Ferrand, raconte ainsi cette mort édifiante:

Estant prest de rendre l'esprit,

Entre mes mains il vous commit (ses manuscrits),

Me disant: «Pour mes œuvres sainctes,

Fay que quelqu'un soit leur appuy,

Qui puisse empescher les atteintes

Des censeurs du labeur d'autruy.»

David Ferrand, suivant la volonté de Jean Auvray, publia ses *Œuvres sainctes*, qui parurent presque simultanément:

Les Poëmes d'Auvray, præmiez au Puy de la Conception. *Rouen, David Ferrand*, 1622, pet. in-8°.

La Pourmenade de l'Ame devote accompagnant son Sauveur, depuis les rues de Jérusalem jusqu'au tombeau. *Rouen, David Ferrand*, 1622, pet. in-8°.

Le Triomphe de la Croix, poëme d'Auvray. *Rouen, David Ferrand*, 1622, pet. in-8°.

Epitome sur les vies et miracles des bienheureux pères SS. Ignace de Loyola et François Xavier. *Rouen, David Ferrand*, 1622, pet. in-8°.

Mais David Ferrand avait trouvé aussi, dans les papiers de Jean Auvray, les poésies satiriques, libres et autres, que l'auteur s'était toujours abstenu de publier, mais dont la plupart avaient déjà paru, sous son nom ou anonymes, dans le *Parnasse des plus excellens poëtes de ce temps* (Paris, Mat. Guillemot, 1607-1618, 2 vol. in-8°) et dans des recueils du même genre. David Ferrand se garda bien de détruire ces vers, qui n'appartenaient pas aux œuvres saintes; il les réunit, il les publia, sous le titre de *Banquet des Muses*, et il réimprima plus d'une fois ce volume, en vertu d'une permission tacite qui lui tenait lieu de privilége du roi.

Le *Banquet des Muses*, quoique réimprimé au moins trois fois, est excessivement rare, et presque tous les exemplaires qui sont parvenus jusqu'à nous, en passant sous les fourches caudines de l'Index, ont été plus ou moins mutilés par la censure de la librairie ou par les scrupules des lecteurs. L'édition originale de 1623 est encore plus rare que celles de 1627 ou 1628 et de 1636.

Cette édition de 1623, d'après laquelle a été faite la réimpression récente que nous avons sous les yeux, forme un volume in-8° de cinq feuillets préliminaires, de 368 pages, et de 32 pages pour les Amourettes qui le terminent. On a supprimé, dans les éditions de 1628 et de 1636, les vers latins signés L. A. et les sonnets de J. de Pozé, Blaisois, et de R. Guibourg, adressés à l'auteur, ainsi que deux petites pièces assez innocentes: *Tombeau de Rud'ensouppe* (page 144) et *Sur une fontaine tarie* (page 32 des Amourettes). Mais on y a ajouté, en compensation, à la suite des Amourettes, les *Stances funebres sacrées à la memoire de messire Claude Groulard, chevalier, sieur de Lecourt, conseiller du roy en ses Conseils d'Estat et privé, et son premier président en sa Cour de Parlement de Normandie*. Ces deux éditions de 1628 et de 1636 se composent de quatre feuillets préliminaires et de 408 pages, après lesquelles on a réimprimé l'*Innocence découverte, tragi-comédie*, en 57 pages.

Le succès qu'obtinrent simultanément le *Banquet des Muses* et les *Œuvres sainctes* d'Auvray conseilla aux libraires de Paris de rechercher les ouvrages inédits de ce poëte, que le libraire de Rouen avait négligés ou qui n'étaient pas entre ses mains. Voilà comment Antoine de Sommaville fit paraître successivement, en 1630, un livre, qu'il disait avoir *recouvert*, intitulé *les Lettres du sieur Auvray*, et, en 1631, les *Autres Œuvres poëtiques du sieur Auvray* (in-8° de 82 p.), et les tragi-comédies de *la Madonte* et de *la Dorinde*, dédiées l'une et l'autre à la reine et qui auraient dû être imprimées, en 1609, avec l'*Innocence découverte*.

On réimprimera peut-être un jour les *Autres Œuvres poétiques du sieur Auvray*, mais nous croyons que ce petit recueil n'est pas, du moins en totalité, l'œuvre de l'auteur du *Banquet des Muses*, car on y remarque des Stances sur la réduction de la Rochelle en 1628, et l'épitaphe du baron de Thiembronne, *qui mourut en seize cent trente*. Nous attribuerons donc ledit recueil, sauf quelques pièces, à un fils de Jean Auvray, lequel serait aussi l'auteur d'un ouvrage en prose: *Louis le Juste, panegyrique*, par Auvray (Paris, 1633, in-4°).

Quant à l'auteur du *Banquet des Muses*, c'est un poète de l'école de Regnier et qui ne lui est pas inférieur: «Voilà où Auvray est vraiment supérieur, dit Viollet-le-Duc dans sa *Bibliothèque poétique*, après avoir cité une pièce tirée du *Banquet des Muses*; c'est dans les petits vers faciles, vifs, pleins d'originalité et de verve, et dont l'expression est neuve et pittoresque. Dans le grand vers, il est moins original, quoiqu'on y reconnaisse encore son allure franche et son style nombreux.» Le *Banquet des Muses* s'adresse donc aux fins gourmets de la langue et de la gaieté gauloises.

LES
DÉLICES DE VERBOQUET.

Le recueil de Verboquet, que les bibliographes classent parmi les facéties, est un des ouvrages de cette catégorie les plus rares et les plus recherchés par les bibliophiles. On le voit figurer aujourd'hui dans les bonnes collections d'amateurs, mais il manquait dans la plupart des célèbres bibliothèques du dix-huitième siècle; il était alors presque inconnu, sinon dédaigné, et les exemplaires qui avaient pu rester intacts entre les mains du peuple, pour lequel le livre avait été compilé et imprimé, échappaient encore à la curiosité des bibliophiles.

Ce livre a eu pourtant un grand nombre d'éditions, depuis celles de 1623, qui paraissent être les premières. Voici la liste des éditions que nous trouvons citées dans les catalogues et qui ne sont pas toutes mentionnées dans le *Manuel du libraire*.

Les Délices de Verboquet le Généreux. *Imprimé en 1623*, in-12. Catal. de Dufay et de comte d'Hoym. Il y a des exemplaires qui portent: *Se vend au logis de l'auteur.*

Les Délices joyeux et récréatifs, par Verboquet le Généreux, livre très-utile et nécessaire pour réjouir les esprits mélancoliques. *Rouen, Besoigne*, 1625, in-12 de 258 pages et la table.

Les Délices joyeux et récréatifs, avec quelques apophthegmes, nouvellement traduits d'espagnol en françois, par Verboquet le Généreux. *Rouen, Jacques Besongne*, 1626, in-12.

Les Délices ou Discours joyeux, récréatifs, avec les plus belles rencontres et les propos tenus par tous les bons cabarets de France, par Verboquet le Généreux. *Paris, de l'imprimerie de Jean Martin et de Jean de Bordeaux*, 1630, 2 tom. en 1 vol. in-12.

La seconde partie est intitulée: *Les Subtiles et Facétieuses Rencontres de I.-B., disciple du généreux Verboquet, par luy pratiquées pendant son voyage, tant par mer que par terre. Paris*, 1630. Cette seconde partie a été depuis réimprimée avec la première, quoiqu'elle ne soit probablement pas du même auteur.

Les Délices ou Discours Joyeux, etc. *Lyon, Pierre Bailly*, 1640, 2 part. en 1 vol. in-12 de 258 pages et la table, et de 71 pages. Il y a des exemplaires, sous la même date, avec le nom de *Nicolas Gay*.

—Les mêmes. *Troyes, Nicolas Oudot*, 1672, in-12.

—Les mêmes. *Troyes, veuve Oudot et J. Oudot fils*, sans date, pet. in-8.

Nous serions fort embarrassé de deviner quel est ce Verboquet le Généreux, qui contait si bien dans les bons cabarets de France et qui devait résider à Rouen, puisque son livre fut imprimé d'abord dans cette ville et qu'il se vendait chez l'auteur. Mais, après avoir lu ce petit livre pour la première fois, nous avons été beaucoup moins curieux de découvrir le véritable nom du compilateur qui s'était caché sous le pseudonyme de *Verboquet*. Il faut bien le dire, quoiqu'on trouve au verso du titre un quatrain de *l'Autheur à son livre*, cet auteur, quel qu'il soit, n'a eu que la peine de s'approprier les contes les plus gras et les plus gaillards, qu'il a choisis dans les conteurs du seizième siècle et surtout dans Bonaventure des Periers.

Aucun bibliographe ne s'était encore avisé de faire cette belle découverte, et les bibliophiles ne songeaient guère à chercher les meilleures histoires de Verboquet dans les *Nouvelles Récréations et joyeux devis* de Bonaventure des Periers. Faut-il supposer que Jacques Pelletier, à qui on attribue une partie de ces *joyeux devis*, ait lui-même repris son bien et formé un recueil des contes qui lui appartenaient? Dans cette hypothèse, le manuscrit de Jacques Pelletier aurait été imprimé, longtemps après sa mort, par un ami de la joie, par un comédien, un bateleur de campagne, qui ne soupçonnait pas l'origine des contes qu'il publiait sous le nom de Verboquet. Ce nom de *Verboquet* rappelle assez le pseudonyme de Philippe d'Alcripe, sieur de *Neri en Verbos*, l'auteur déguisé de la *Nouvelle Fabrique des excellents traits de vérité*.

Nous n'avons pas l'intention de remonter à la source de tous les contes plaisants que contiennent les *Délices de Verboquet*; mais, pour prouver que nous n'accusons pas à la légère le plagiaire effronté de Bonaventure des Periers, nous indiquerons quelques-un des contes que   Verboquet le Généreux a copiés le plus fidèlement du monde.

D'un mary de Picardie, qui retira sa femme de l'amour par une remonstrance qu'il luy fit. Voy. les *Nouv. Récréat. et joyeux devis*, édit. de La Monnoye, 1735, in-12, t. I, p. 93.

De la vefve qui avoit une requeste à présenter et la bailla au conseiller laïc à la présenter. Voy. tom. II, p. 86.

D'une jeune fille qui ne vouloit point un mary, parce qu'il avoit mangé la dot de sa femme. Voy. II, p. 89.

De l'invention d'un mary pour se venger de sa femme. Voy. t. III, p. 109.

Du basse-contre de S. Hilaire de Poictiers, qui accompara les chanoines à leurs potages. Voy. t. I, p. 47.

De l'enfant de Paris, nouvellement marié, et de Beaufort qui trouve moyen de jouir de sa femme, nonobstant sa soigneuse garde. Voy. t. I, p. 185.

De Madame la Fourrière qui logea le gentilhomme au large. Voy. t. II, p. 1.

Il est probable, cependant, que plusieurs des contes de Verboquet sont de son cru, et nous lui laisserons volontiers pour sa part les plus libres et les plus grossiers. Il est permis aussi de supposer que, s'il les débitait en public du haut de ses tréteaux, il les assaisonnait à sa manière, en y ajoutant des grimaces et des gestes capables d'en relever encore le haut goût.

Quant aux *Subtiles et facétieuses Rencontres de J. B., disciple du généreux Verboquet,* qui ont été pendant longtemps inséparables des *Délices,* il faudrait en faire honneur à un autre auteur ou compilateur, qui a rassemblé, sous ce titre, des anecdotes et des bons mots plus ou moins innocents. C'était une brochure qu'on vendait dans les foires et les marchés, pour quelques sous, et cette brochure a été cent fois plus répandue que le volume des *Délices.* On la réimprima sans cesse jusqu'en 1715. A cette époque, un censeur, qui se nomme Passart dans ses approbations, mais qui n'est autre que l'abbé Cherrier, l'auteur du *Polissonniana,* avait été désigné par le lieutenant de police pour examiner les livres populaires qui sortaient des presses de Paris, de Troyes, de Rouen et de Lyon. Le censeur supprima ce qu'il avait «trouvé de mauvais» dans ce recueil, et motiva ainsi une Approbation du chancelier, en date du 28 octobre 1715. Depuis lors, toutes les réimpressions qui furent faites à Troyes ont reproduit le texte épuré par ordre du ministre de la justice.

M. Charles Nisard n'a pas oublié Verboquet, dans sa curieuse *Histoire des livres populaires, ou De la littérature du colportage* (Paris, Amyot, 1854, in-8, t. I, p. 280-81); mais il a été bien sévère et même bien cruel pour le Disciple de ce généreux Verboquet: «On ne sait pas, dit-il, quel était ce Verboquet; on suppose qu'un comédien de province se cachait sous ce pseudonyme, pensant qu'on irait bien l'y découvrir, comme on découvre, au parfum qu'elle exhale, la violette cachée dans les herbes. Malheureusement, rien n'est plus inodore, rien n'est plus incolore que ces *facétieuses rencontres*; rien n'est moins salé, plus plat ni plus niais. C'est à faire dormir debout. Il est vraiment inconcevable que ce recueil ait eu de la célébrité.» M. Charles Nisard ne parle, bien entendu, que du Disciple; quant au maître, à Verboquet, dont les *Délices* n'avaient pas été réimprimés depuis deux siècles, il n'a pas eu à s'en occuper dans son ouvrage sur les livres modernes du colportage; mais s'il eût ouvert le petit volume du généreux conteur, il y aurait reconnu çà et là la touche fine et spirituelle et le style gaulois de Bonaventure des Periers.

L'ABUS
DES
NUDITEZ DE GORGE.

En tête de la première édition de ce curieux traité, l'Imprimeur le présente, dans l'Avis au lecteur, comme «l'effet du zèle et de la piété d'un gentilhomme françois, qui, passant par la Flandre, et voyant que la plupart des femmes y ont la gorge et les épaules nues et approchent en cet estat du tribunal de la Pénitence et même de la sainte Table,» fut tellement scandalisé, qu'il promit d'envoyer dans ce pays, à son retour en France, un écrit où il ferait voir l'abus et le déréglement de cette coutume. Or, l'imprimeur de la première édition: *De l'Abus des nuditez de gorge* (Bruxelles, 1675, in-12), est François Foppens, qui avait alors des relations fréquentes avec les écrivains français, et qui se chargeait de publier les ouvrages qu'ils n'eussent pas osé faire circuler d'abord en France. La Belgique fut, pendant le dix-septième siècle, une sorte de terrain neutre de la littérature et de la librairie françaises.

Il est donc certain que l'auteur de ce petit livre était un Français, sinon un gentilhomme. Ce n'est pas à dire que ce fut Jacques Boileau, docteur en Sorbonne, grand vicaire et official de l'église de Sens, frère puîné du grand satirique Boileau-Despréaux. Jacques Boileau, qui a publié une Histoire des Flagellants, une Histoire de la Confession auriculaire, un Traité des Attouchements impudiques, choisissait de préférence les sujets scabreux et difficiles; mais, ordinairement, il écrivait en latin, quoiqu'il fût très-capable d'écrire en fort bon français. On lui demanda, un jour, pourquoi cette persistance à user de la langue latine: «C'est, répondit-il, de peur que les évêques ne me lisent: ils me persécuteraient.» Ainsi, rien ne prouve que Jacques Boileau soit réellement l'auteur *de l'Abus des nuditez de gorge*, traité écrit en excellent français, mais dont nous ne connaissons pas de texte latin, manuscrit ou imprimé.

On a essayé de chercher un autre auteur à qui pouvoir attribuer ce petit ouvrage, réimprimé à Paris en 1677 (*jouxte la copie imprimée à Bruxelles, à Paris, chez J. de Laize de Bresche*, in-12), et augmentée, dans cette édition, de l'*Ordonnance de MM. les Vicaires généraux de l'archevesché de Toulouse, le siége vacquant, contre la nudité des bras, des épaules et de la gorge, et l'indécence des habits des femmes et des filles*, en date du 13 mars 1670. On a cru découvrir, sous ce pseudonyme d'*un gentilhomme français*, un ecclésiastique moins connu que l'abbé Boileau, le sieur de Neuilly, curé de Beauvais, que l'histoire littéraire ne mentionne nulle part. Enfin, M. le marquis du Roure a remarqué, dans un exemplaire de l'ouvrage en question, ce nom signé à la main au-dessous du titre: *de la Bellenguerais*. «Si l'auteur n'est point l'abbé Boileau, dit-il dans son

Analectabiblion, ne serait-ce pas ce gentilhomme? *Sub judice lis est.*» Le savant Barbier, dans son *Dictionnaire des anonymes*, s'en est tenu à Jacques Boileau: tenons-nous-y à son exemple, jusqu'à plus ample informé.

Constatons seulement qu'au moment même où le traité *de l'Abus des nuditez de gorge* paraissait à Bruxelles, un moraliste, de la même espèce, qui s'est caché sous le pseudonyme de Timothée Philalèthe, faisait paraître à Liége, chez Guillaume-Henri Stréel, un opuscule théologique de la même famille, intitulé: *Traité singulier de la modestie des habits des filles et femmes chrestiennes* (1675, in-12).

Le traité *de l'Abus des nuditez de gorge*, dont il existe une troisième édition, imprimée à Paris en 1680, fut composé par un homme qui savait écrire, qui vivait au milieu du grand monde, et qui aborde en face, avec une délicatesse presque galante, le sujet épineux qu'il a choisi entre tous. Cet anonyme, assez peu austère, malgré les semblants de rigorisme qu'il se donne, avait à cœur, on le voit, de se faire lire par les dames. Il reproduit sans doute la plupart des admonitions religieuses que Pierre Juvernay avait adressées aux pécheresses de la mode, trente ans auparavant, dans un fameux *Discours particulier contre les femmes desbraillées de ce temps*, mais il s'exprime toujours avec convenance et politesse; quelquefois on croit entendre Tartufe disant à Dorine:

Ah! mon Dieu, je vous prie,

Avant que de parler, prenez-moi ce mouchoir!

..... Couvrez ce sein que je ne saurois voir.

Par de pareils objets les âmes sont blessées,

Et cela fait venir de coupables pensées.

La comédie de Molière fut publiée à Paris, à la fin de 1673, une année avant la publication *de l'Abus des nuditez de gorge*. Il faut reconnaître qu'à cette époque, comme du temps de Pierre Juvernay, la mode n'autorisait que trop les plaintes et les reproches des moralistes, en France aussi bien qu'en Belgique: les femmes étaient toujours aussi *débraillées* que Pierre Juvernay les avait vues, en se signant, comme s'il eût vu le diable. C'était seulement à la cour et dans les assemblées de la belle aristocratie, que l'immodestie des habits avait de quoi blesser les regards innocents et scandaliser les consciences timides; mais les ecclésiastiques mondains, les prélats illustres, les abbés musqués, qui fréquentaient cette société élégante et polie, ne prenaient pas garde à ces audacieuses nudités, que le peuple laissait avec mépris aux grandes dames, et qu'il poursuivait parfois de ses huées chez les bourgeoises. Le savant Thomas Dempterus, passant, un jour, dans les rues de Paris, avec sa femme «qui montroit à nu la plus belle gorge et les plus blanches épaules du monde,» se vit entouré par la populace, qui les insulta en leur jetant de la boue, et qui leur aurait fait un mauvais parti, s'ils ne se fussent réfugiés dans une maison. Bayle, après avoir raconté le fait, ajoute: «Une beauté ainsi étalée, dans un pays où cela n'étoit point en pratique, attiroit cette multitude de badauds.»

Le peuple, il est vrai, était moins scrupuleux dans les Pays-Bas, où les bourgeoises, et même les femmes du commun, découvraient leur gorge, sans être exposées à faire émeute sur leur passage. On peut supposer que le petit livre du Gentilhomme français n'eut aucune action comminatoire sur la mode des nudités de gorge, mode des plus anciennes, qui pourra bien durer jusqu'à la fin du monde.

LES DEUX MUSES
DU
SIEUR DE SUBLIGNY.

M. le comte de Laborde, dans l'inappréciable recueil qu'il a simplement intitulé *Notes*, et qui n'a été imprimé qu'à un très-petit nombre d'exemplaires, pour faire suite à son bel ouvrage du *Palais Mazarin* (Paris, A. Franck, 1846, gr. in-8), s'est occupé le premier des gazettes en vers du dix-septième siècle, depuis celle de Loret jusqu'à celle de Subligny; personne, avant lui, pas même le savant auteur du *Manuel du libraire*, n'avait traité ce curieux sujet. Mais, comme il n'a pas connu *la Muse de la cour* de Subligny, et qu'il n'a pas eu entre les mains un exemplaire complet du même poëte gazetier, je vais essayer de remplir une lacune qui existe dans son beau travail bibliographique.

Il faudrait, ce me semble, distinguer les gazettes en vers, par leurs différents formats; ce fut Loret qui adopta d'abord le format in-folio pour les lettres en vers hebdomadaires de sa *Muse historique*. Ses continuateurs, Robinet, Mayolas, etc., restèrent fidèles au même format. Scarron inaugura le format in-4°, en publiant, simultanément avec Loret, les Épîtres en vers burlesques, qui furent continuées par d'autres rimeurs, sous les titres de: *Muse héroï-comique* et de *Muse royale*. Plus tard, après un silence de quelques années, Subligny voulut reprendre la publication des gazettes en vers dans le format in-4°, sous le titre de *Muse de la cour*; mais il attribuait sans doute à son format le peu de succès qu'il avait obtenu, car il essaya de populariser sa *Muse dauphine* dans le format in-12. Les gazettes en vers n'étaient faites que pour l'aristocratie et ne pouvaient prétendre à une vogue populaire; aussi, le format in-12 fut-il le tombeau de ces gazettes, qui étaient nées in-folio, qui avaient vécu in-4°, et qui mouraient in-12.

On ne sait rien de Subligny, si ce n'est qu'il avait été avocat au Parlement et qu'il était devenu comédien. On ignore même quel est le théâtre où il avait paru. Il resta l'ami de Molière, qui lui joua deux ou trois pièces sur le théâtre du Palais-Royal, entre autres *la Folle Querelle*, comédie satirique contre Racine et son *Andromaque*. Racine, vivement blessé des épigrammes qu'on lui avait décochées dans cette comédie, s'obstina toujours à croire que Subligny n'était que le prête-nom de Molière. Au reste, comme l'auteur de *la Folle Querelle* signait ses ouvrages: *T. P. de Subligny*, on peut supposer que ce nom de *Subligny* était un sobriquet de comédie.

Mais nous n'avons pas à nous occuper des ouvrages de Subligny: ni de son recueil d'histoires françaises galantes et comiques, réunies sous le titre de *la Fausse Clélie*, dont la première édition, de 1672, est introuvable; ni de sa traduction des *Lettres portugaises*, qu'il avait accommodées, d'après les originaux de Mariane Alcaforada, à la prière du sieur de Guilleragues; ni du roman des *Aventures ou Mémoires de la vie de Henriette-Sylvie de Molière*, que son amie la comtesse de la Suze se laissait volontiers attribuer. Il ne s'agit ici que de Subligny gazetier en vers, ou plutôt de ses deux gazettes qui parurent périodiquement, à Paris, depuis le 15 novembre 1665 jusqu'au 5 avril 1667.

De Subligny s'appliqua d'abord, en 1665, à calquer la *Muse historique* de Loret, pour le genre, et la *Muse burlesque* de Scarron, pour le format, en publiant la *Muse de la cour*, gazette en vers libres, qui paraissait toutes les semaines par cahiers de huit pages. Chacun des premiers cahiers se termine par un extrait du privilége du roi accordé à Alexandre Lesselin, imprimeur-libraire, demeurant à Paris, au coin de la rue Dauphine, devant le Pont-Neuf, pour réimprimer, vendre et débiter, par tous les lieux du royaume, les *Épistres en vers sur toute sorte de sujets nouveaux*, tant en feuilles volantes que recueil, sous le titre de *Muse de la cour*. L'auteur des *Épîtres* n'est pas nommé dans le privilége.

Il ne parut que neuf cahiers in-4, formant ensemble 92 pages, sans titre général, du 15 novembre 1665 au 25 janvier 1666. Cette partie de l'ouvrage de Subligny doit être fort rare; nous ne l'avons trouvée dans aucun catalogue. La première semaine est dédiée aux Courtisans; la seconde, à monseigneur le Dauphin; la troisième, au duc de Valois; la quatrième, à Mademoiselle; la cinquième, au duc d'Orléans; la sixième, à monseigneur le Prince; la septième, à monseigneur le Duc; la huitième, à mademoiselle Boreel, fille de l'ambassadeur de Hollande; la neuvième, à madame de Bartillat; la dixième, au cardinal Orsini, et la onzième «à monseigneur de La Mothe-Houdancourt, archevêque d'Auch, commandeur des ordres du Roy et grand aumônier de feu la Reyne mère, contenant ce qui s'est passé à la mort de cette grande reyne.» De Subligny, comme on le voit, cherchait un Mécène; il le trouva, dans l'intervalle du 25 janvier au 17 mai 1666, car il obtint la permission de dédier ses feuilles hebdomadaires au Dauphin, qui n'avait pas encore cinq ans!

L'imprimeur-libraire Alexandre Lesselin fit renouveler son privilége, en date du 14 avril 1666, pour établir qu'il aurait le droit de publier la *Muse de cour, dédiée à monseigneur le Dauphin*; mais l'auteur ne fut pas encore nommé dans ce privilége. Ce fut seulement à partir de la quatrième semaine, qu'il signa de son nom toutes les feuilles de sa gazette en vers. Le premier numéro, daté du 27 mai 1666, n'est qu'une dédicace au Dauphin; le dernier de la publication in-4, daté du 24 décembre 1666, complète un volume de 252 pages, auquel le libraire ajouta plus tard ce titre: *La Muse de cour, dédiée à monseigneur le Dauphin*, par le sieur D. S. (Paris, Al. Lesselin, 1666, in-4). Ce volume doit être d'une grande rareté, car nous ne l'avons vu cité nulle part.

De Subligny n'était pas satisfait de son libraire, avec lequel il n'avait traité que pour les feuilles volantes de l'année 1666: dès le mois d'octobre de cette année, il se mettait en mesure de confier sa publication à un nouveau libraire et de faire réimprimer, dans un autre format et avec son nom, le recueil des numéros parus et à paraître, du 27 mai au 24 décembre 1666. Dans ce privilége nouveau, qui lui fut accordé en son nom seul, à la date du 11 octobre, il est dit que: «Nostre cher et bien amé le sieur de Subligny nous a fait remonstrer qu'il a composé certaines Lettres en vers libres, adressées à nostre très-cher et très-amé fils le Dauphin, desquelles il est sollicité de faire un recueil, pour les donner ensemble au public sous le titre de la *Muse dauphine*, nous suppliant de luy accorder nos lettres sur ce nécessaires: A ces causes, désirant traiter favorablement ledit exposant, sur la relation qui nous a esté faite de son mérite et de sa capacité, et afin qu'il soit responsable des choses qu'il mettra dans lesdites Lettres en vers, nous luy avons permis, etc.» En vertu de ce privilége du roi, qui supprimait le précédent accordé à l'imprimeur-libraire Alexandre Lesselin, de Subligny transporta son droit à Claude Barbin, marchand libraire, «pour en jouir, suivant l'accord fait entre eux.»

Au moment même où Alexandre Lesselin réunissait en recueil, avec titre général, les 31 numéros publiés par lui jusqu'au 24 décembre, Claude Barbin les faisait réimprimer sous ce titre: *Muse dauphine, adressée à monseigneur le Dauphin*, par le sieur de Subligny (Paris, chez Cl. Barbin, au Palais, sur le second perron de la Sainte-Chapelle, 1667, in-12, de 6 feuillets préliminaires pour le titre, la dédicace à mademoiselle de Toussi, l'avis du libraire et l'errata, et de 206 pages; plus, le privilége et deux feuillets). Dans cette seconde édition, l'auteur avait fait un petit nombre de changements à son ouvrage, en corrigeant quelques vers et en supprimant çà et là différentes nouvelles qu'on peut supposer avoir déplu, outre plusieurs passages relatifs au mode de publication par cahiers, qui étaient distribués tous les jeudis sous une couverture plus ou moins luxueuse. Un de ces passages supprimés nous apprend, par exemple, que la *Muse de la cour*, du jeudi 19 août, avait dû paraître *habillée en broderie*, c'est-à-dire couverte sans doute d'un papier doré à fleurs et à ramages. Voici des vers qu'on ne trouve que dans l'in-4, à la fin du numéro de la douzième semaine:

Vous ne me dites pas que vous venez icy,

Exprès pour m'oster le soucy

De m'habiller en broderie

Et pour vous en railler après.

Mais, mon petit Finet, je découvre vos traits,

Et pour jeudy prochain je seray mieux vestuë

Que vous m'ayez encore vuë.

Quant aux nouvelles qui ont été retranchées dans la réimpression in-12, elles sont peu nombreuses et peu importantes; on en jugera par celle-ci, qui terminait, avec deux autres également supprimées, le cahier du jeudi 9 septembre:

Le Roy de Portugal n'est pas plus à son aise;

Sa cour le voit le plus souvent

Escouter d'où viendra le vent,

En attendant toujours sa Reyne portugaise.

Ah! qu'il est fascheux tout à fait,

Pour un Roy, de la tant attendre!

Encore pour un Roy si tendre,

Qui sans doute a veu son portrait!

Une suppression plus considérable et plus compréhensible, c'est celle d'un supplément au cahier du 30 septembre, intitulé: *Suite burlesque de la Muse de la Cour, du lendemain du jeudy 30 septembre 1666 de la XIXᵉ semaine, à monseigneur le Dauphin, contenant des particularitez du grand embrasement de la ville de Londres.* Ce supplément ne formait que quatre pages, imprimées à deux colonnes et chiffrées 153-156. C'était, en quelque sorte, une imitation des *extraordinaires* de la *Gazette* et du *Mercure galant*. On pourrait presque supposer que de Subligny n'était pas l'auteur de cette *Suite burlesque* et qu'il en désapprouva fort l'invasion dans sa *Muse de la cour*; de là sans doute sa brouille avec Alexandre Lesselin, qui se permettait de lui donner un collaborateur, à son insu et malgré lui: c'est, en effet, dans les premiers jours du mois d'octobre, que de Subligny sollicita un privilége du roi en son propre nom et le céda, après l'avoir obtenu, au libraire Claude Barbin.

La réimpression in-12 ne contient rien de nouveau, à l'exception de la dédicace à mademoiselle de Toussi, fille de la maréchale de la Mothe-Houdancourt, née Louise de Prie, qui était gouvernante du Dauphin et qui avait pris sous sa protection la *Muse de la cour*. Cette dédicace, signée *T. P. de Subligny*, ne nous dit rien sur l'auteur, ni sur sa gazette en vers: c'est un entassement d'éloges hyperboliques à l'adresse de madame la Gouvernante et de sa fille. Dans l'Avis au lecteur, le libraire, ou plutôt l'auteur, sous le nom de son libraire, apprend au public que la *Muse de la cour* avait fait du chemin dans le monde, et que le roi la considérait assez, «pour lui donner une audience favorable toutes les semaines,» et que, si elle avait dû changer de nom, «tel a esté le plaisir du Roy.» Le libraire annonçait, en outre, que ce petit recueil, destiné à la ville de Paris, comme l'édition in-4° l'avait été au Louvre, pourrait être augmenté, tous les jeudis, de deux feuilles, qui seraient vendues ensemble et séparément, «tant pour la commodité de ceux qui veulent porter ces ouvrages, que pour les envoyer avec plus de facilité dans les païs estrangers.» Chaque année formerait ainsi un volume: «Je ne doute pas que ce nouveau Mercure ne soit bien reçu.» Le *Mercure galant* n'ayant commencé à paraître qu'en 1672, il ne peut être question ici que des périodiques publiés en Hollande sous le titre de *Mercure*.

Claude Barbin ne tint pas sa promesse, ou, du moins, il renonça, dès que le volume fut mis en vente, à la continuation hebdomadaire qu'il annonçait. C'est un autre libraire, Pierre Lemonnier, imprimeur, comme l'était le premier éditeur, que de Subligny chargea de faire paraître, tous les jeudis, un cahier de la *Muse dauphine*, composé de douze pages pet. in-12, à partir du jeudi 3 février 1667. Cette publication n'alla pas au-delà de la neuvième semaine, c'est-à-dire du jeudi 7 avril, et ces neuf cahiers, comprenant seulement 120 pages, furent mis en vente avec ce titre: *La Muse dauphine*, par le sieur de Subligny (Paris, chez Pierre Lemonnier, rue des Mathurins, au Feu divin, 1667). Cette suite, bientôt interrompue, de la *Muse dauphine*, est tellement rare, qu'on pourrait supposer que l'auteur lui-même l'a fait disparaître. Il suffit de parcourir les neuf cahiers de 1667, pour s'expliquer les motifs qui ont motivé le retrait du privilége accordé à de Subligny. Ce poëte-comédien, privé de toute espèce de sens moral, ne se faisait aucun scrupule d'insérer des nouvelles scandaleuses, racontées en style égrillard, dans une publication dédiée au Dauphin. On jugera du ton peu convenable de ces nouvelles, d'après ce récit d'une aventure de carnaval, arrivée chez une demoiselle Bourgon, qui avait donné le bal dans l'île Saint-Louis.

Parmy les masques à grand train,

Qui ouvrent le bal chez elle,

Une très prompte damoiselle,

Qui devoit épouser sans faute au lendemain

(Notez que cela rend l'histoire encor plus belle),

Ne put attendre si longtemps:

A quartier, viste et sans chandelle,

Elle rendit, dit-on, un des masques content,

Et, sur quelques serments qu'on luy seroit fidèle,

Fit présent d'une montre et de quelques rubans.

Jusques aux rubans, bagatelle!

Mais cette montre étoit, par malheur, un présent

Du futur époux de la belle,

Et la chance à luy même arrivoit justement.

Le pauvre cavalier en avoit bien dans l'aisle!

Ils s'épousèrent toutefois.

Elle n'en fut pas moins haute et puissante dame,

A cela près, que quelquefois

Il en enrage dans son âme.

Admirons cependant comme on change à Paris:

On voyoit rarement enrager des marys

D'avoir dépucelé leur femme!

On ne s'étonnera donc pas que la gouvernante du Dauphin ait retiré son patronnage à de Subligny, et que la *Muse dauphine* ait cessé de paraître. Claude Barbin avait cédé toute l'édition de l'année 1666 à son confrère Thomas Jolly, qui fit réimprimer des titres à son nom. Mais les exemplaires à l'adresse de ce libraire ne contiennent ni l'Avis du libraire au lecteur, ni la dédicace à mademoiselle de Toussi. On s'explique pourquoi la maréchale de la Mothe-Houdancourt ne voulut pas que ce recueil, plein d'anecdotes assez lestes, continuât à se vendre au Palais, dans la salle des Merciers, sous les auspices d'une de ses filles.

La collection complète de la *Muse de la cour* et de la *Muse dauphine* n'existe probablement que dans la Bibliothèque de l'Arsenal, car les catalogues que nous avons consultés ne nous ont offert que la réimpression de la *Muse dauphine*, faite pour Barbin en 1667. Viollet-le-Duc, qui avait un exemplaire de cette réimpression, ne connaissait ni la *Muse de la cour* de 1665, ni la continuation pour l'année 1667: «La *Muse dauphine*, dit-il dans sa *Bibliothèque poétique*, est une suite à la gazette de Loret; elle commence le jeudi 3 juin 1666 et se continue sans interruption jusqu'au 24 décembre de la même année. Subligny, comme Loret, donne, avec les nouvelles politiques, des bruits de ville, etc. Il est certes beaucoup meilleur écrivain que son prédécesseur, il a même de l'esprit; mais qu'il est loin de la naïveté et du naturel de ce bon Loret!»

M. le comte de Laborde, qui a fait des recherches si patientes sur les gazettes en vers du dix-septième siècle, n'a pas connu l'existence de la *Muse de la cour*, publiée en 1665, ni des neuf numéros de la *Muse dauphine* publiés en 1667. M.

Louis Moland, qui s'est attaché, dans son édition des *Œuvres complètes* de Molière, à reproduire tous les témoignages contemporains relatifs aux comédies de l'auteur du *Tartufe*, et notamment ceux que les gazettes en vers pouvaient lui fournir, n'a pas eu sous les yeux la *Muse de la cour*, de 1665, car il eût recueilli, dans sa notice préliminaire sur *l'Amour médecin*, un passage intéressant, qu'on lit dans le numéro de la troisième semaine. Le voici:

On devroit défendre à Molière

D'avoir désormais de l'esprit;

Car, s'il ne cesse pas de plaire,

S'il compose toujours de sa belle manière,

De plaisir ou d'horreur tout le monde périt.

Ses MÉDECINS ont fait une fort belle affaire.

Un gentilhomme, qui les vit,

Entra contre leur corps en si grande colère,

Que, quelques jours après, estant malade au lit,

Lorsqu'il les fallut voir, il n'en voulut rien faire.

Son confesseur vint et luy dit:

«Monsieur, vous vous perdez! Rien n'est si nécessaire.»

On en fait venir trois. Le malade s'aigrit,

Et croyant qu'à leur ordinaire,

Au lieu de consulter, ils vont faire débit

De mules, de chevaux, d'habits, de bonne chère,

Comme au théâtre de Molière,

Il pousse un soupir de dépit,

Et ce fut le dernier qu'il fit.

M. le comte de Laborde remarque, avec raison, dans la *Muse dauphine* de Subligny, un ton plus littéraire et une tournure plus poétique que dans les autres Muses qui l'avaient précédée; mais les gazettes en vers avaient fait leur temps, et Subligny, malgré son esprit, fut obligé de quitter la place aux gazettes en prose. Peut-être devait-il s'accuser lui-même d'avoir manqué de tact et de savoir-vivre dans ses feuilles hebdomadaires, qui s'adressaient spécialement à la famille royale et aux personnes de cour. On pardonnait à Loret ses platitudes souvent grossières, en faveur de sa naïveté; on pardonnait tout à Scarron, en raison des priviléges du genre burlesque. Les temps étaient changés, la cour devenait plus délicate et plus hautaine, sinon plus austère, et les grosses bouffonneries de Scarron lui eussent été aussi intolérables que les naïfs bavardages de Loret. Les malices de Subligny n'avaient pas chance d'être plus goûtées, et pourtant Ch. Robinet, sous le nom de *J. Laurent* ou *Laurens*, persista jusqu'en 1678 à se faire le continuateur pâle et insipide de la *Muse historique.*

LE POLISSONNIANA
DE
L'ABBÉ CHERRIER.

Ce petit livre, que son titre seul avait fait proscrire des bibliothèques dans le siècle dernier (on ne le trouve guère que dans deux ou trois catalogues, notamment dans celui de Falconnet), ne méritait pas, à coup sûr, sa mauvaise réputation. Nous l'avons, Dieu merci, innocenté depuis vingt-cinq à trente ans, et les plus honnêtes bibliophiles n'ont pas dédaigné de l'admettre dans leurs collections.

Leber fut le premier à le réhabiliter, en lui accordant cette note honorable dans le Catalogue raisonné des livres imprimés, des manuscrits et des estampes, qu'il avait recueillis avec amour (Paris, Techener, 1839, in-8, t. I, n° 2434): «Le plus plein, le plus court et, partant, le meilleur de tous les recueils de quolibets. C'est, d'ailleurs, un des moins communs et peut-être le plus innocent de la famille. Trompé par le titre, l'amateur de *drôleries* y chercherait bien inutilement ce qu'il aurait cru y trouver en l'achetant. On l'attribue à l'abbé Cherrier.»

Charles Nodier n'avait pas manqué de lui donner place dans sa dernière Collection de livres; mais il ne vécut point assez longtemps pour nous dire ce qu'il en pensait, dans la *Description raisonnée* de cette jolie Collection (Paris, Techener, 1844, in-8, n° 948). G. Duplessis suppléa au regrettable silence du collectionneur, en écrivant cette note: «Il faut être bien hardi pour donner un pareil titre à son livre; il faudrait être bien spirituel pour se faire pardonner cette hardiesse. L'auteur de celui-ci a-t-il rempli cette seconde condition? J'affirmerai, du moins, qu'il a fait quelques efforts à cet égard, et j'ajouterai qu'il n'a pas toujours été aussi hardi que son titre.»

Viollet-le-Duc n'éprouva donc aucun embarras à exprimer une opinion conforme à celle de Nodier et de Leber, lorsqu'il eut fait figurer le *Polissonniana* dans la seconde partie de sa *Bibliothèque poétique* (Paris, J. Flot, 1847, in-8, p. 197): «Le volume, dit-il, tient tout ce que promet le titre, et, plus, des *calembours* en grande quantité. Alors on appelait cela des *espèces de bons mots*, des *allusions*, des *équivoques*; le nom n'était pas encore trouvé, mais bien la chose, témoins *les Jeux de l'inconnu*.

«Ce recueil, sauf l'obscénité en moins, est fait à l'imitation du *Moyen de parvenir*. Ce sont des espèces de dialogues, ou plutôt des défis, entre plusieurs amis, à qui fera le plus de pointes, à qui dira le plus de billevesées, de bêtises, tranchons le mot; mais il y en a de bien bonnes, d'excellentes, et on trouve réuni, dans ce livre, à peu près tout ce qui a été dit de mieux en ce genre. Le volume, du reste, est fort rare et attribué à Cl. Cherrier, abbé et censeur de la police, mort en 1738.»

Changez le titre du livre, et vous avez un ana presque irréprochable au point de vue de la morale et de la décence. C'est le chef-d'œuvre de la bouffonnerie et de la grosse bêtise; c'est, en quelque sorte, le répertoire de la gaieté naïve du peuple de Paris; c'est aussi le dévergondage de l'esprit français entre deux vins.

Cet ana était tout à fait oublié depuis plus de trente ans, quand le libraire André-Joseph Panckoucke s'en empara et le refondit dans l'*Art de désopiler la rate* (1754, in-12), qui fut réimprimé cent fois, sans que personne ait encore dénoncé le larcin.

Le *Polissonniana* avait paru pour la première fois en 1722, sous la rubrique d'*Amsterdam, chez Henry Desbordes*, in-12 de 140 p., non compris le titre. Nous pouvons dire avec certitude qu'il fut imprimé à Paris, peut-être avec une permission tacite. On le réimprima trois ans après, et toujours clandestinement, dans la même ville (*Amsterdam, Henry Schelte*, 1725, in-12). Ces deux éditions renferment un autre ouvrage du même genre, lequel avait été publié, dix ans auparavant, sans nom d'auteur: *l'Homme inconnu, ou les Équivoques de la langue, dédié à Bacha Bilboquet* (Dijon, Defay, 1713, in-12). Ce second ouvrage obtint, longtemps après, les honneurs d'une nouvelle édition également anonyme: *Équivoques et bizarreries de l'orthographe françoise* (Paris, Gueffier, 1766, in-12).

L'auteur de ces deux opuscules était Claude Cherrier, qui prenait la qualité d'abbé et qui, sous le pseudonyme de *Passart*, fut, pendant plus d'un demi-siècle, censeur, pour le lieutenant de police, non pas des livres que publiait la librairie parisienne, mais de toutes les feuilles volantes, de tous les *canards* et *bilboquets*, qu'on imprimait à Paris, à Rouen, à Lyon, à Troyes, etc., et qui se vendaient, par l'intermédiaire des colporteurs, dans les rues, dans les marchés et dans les foires. L'abbé Cherrier remplissait très-consciencieusement son rôle de censeur, et, malgré ses sympathies naturelles pour tout ce qui était salé, poivré et épicé, en fait de littérature populaire, il n'hésitait pas à refuser son approbation aux facéties trop libres et trop joyeuses.

Il n'avait pas été toujours aussi sévère, et plus d'une fois il eut à se repentir de son indulgence à l'égard de cette littérature de colportage. Ainsi, en 1699, il avait approuvé l'impression d'un livre intitulé: *le Chapeau pointu de Merinde*. Le comte de Pontchartrain écrivit, à ce sujet, au lieutenant de police Voyer d'Argenson, le 24 mars 1700: «Le roy a esté estonné de voir que vous ayez permis l'impression d'un tel livre. En effet, si vous l'avez, vous verrez, en plusieurs endroits, et particulièrement pages 12 et 25, qu'il y a des maximes aussi dangereuses que celles qui estoient dans la *Correction fraternelle*. S. M. veut donc sçavoir comment vous vous estes laissé surprendre en donnant cette permission et qui est l'approbateur que vous aviez commis pour examiner ce livre.» L'abbé Cherrier fut vigoureusement tancé et promit d'être plus circonspect à l'avenir.

Notre abbé censura les brochures de la Bibliothèque Bleue, jusqu'à sa mort, que les biographes fixent au mois de juillet 1728. Il devait avoir alors plus de quatre-vingts ans. Dans les derniers temps de sa vie, il avait été chargé d'examiner les pièces du Théâtre de la Foire, avant l'impression, et, tout en admirant les équivoques licencieuses qu'il rencontrait dans les opéras-comiques en vogue, il ne laissait rien passer de trop ordurier. Nous avons sous les yeux, parmi les manuscrits de la Bibliothèque de l'Arsenal, sa correspondance autographe avec le lieutenant de police, au sujet des suppressions qu'on pouvait demander aux auteurs des spectacles forains. Une partie de cette correspondance inédite a paru dans la *Correspondance littéraire*, de M. Ludovic Lalanne, par les soins du savant M. Guessard.

On comprend que, comme censeur de police, l'abbé Cherrier ne devait pas, ne pouvait pas avouer *le Polissonniana*. Le livre n'était pourtant pas en lui-même répréhensible, et le titre, qui nous effaroucherait aujourd'hui, n'avait point alors le sens que nous lui donnerions maintenant. Le mot *polisson* était nouveau dans la langue de la bonne compagnie, car on ne le trouve pas encore dans les dictionnaires, à cette époque. On ne l'employait que familièrement, pour caractériser un homme qui se servait volontiers du langage du peuple et qui ne reculait pas plus devant la licence de la pensée que devant la crudité de l'expression. On avait d'abord donné ce nom qualificatif de *polisson* à des gueux qui erraient par bandes, à moitié nus, à moitié ivres, et qui ne se faisaient pas faute de blesser la vue autant que les oreilles des passants. «Les *polissons*, dit Dulaure, en copiant Sauval, dans son *Histoire de Paris* (Paris, Guillaume, 1824, in-8, t. VII, p. 147), les *polissons* allaient de quatre à quatre, vêtus d'un pourpoint sans chemise, d'un chapeau sans fond, le bissac sur l'épaule et la bouteille sur le côté.»

L'abbé Cherrier a mis en scène, comme dans le *Moyen de parvenir*, huit personnes d'érudition, qui s'assemblent, après boire, pour faire assaut de *polissonneries*, c'est-à-dire de boutades plaisantes et grotesques: «Les turlupinades, les quolibets, les rébus, les fausses pensées, les jeux de mots et autres dictions, que vous appelerez, si vous voulez, *polissonneries*, ne valent rien, quand on les donne pour bonnes; mais elles sont bonnes, quand on les donne comme ne valant rien.» Telle est la définition de ces dialogues entre huit *polissons* qui portent des noms de guerre: «Gelois, Mixame, Azore, Blanir, Pindor, Fruisque, Verion et Hilare.»

Nous avons eu la patience de chercher à deviner l'énigme de ces noms, que l'auteur n'a pas forgés au hasard et qui doivent avoir une signification relative. Ainsi, l'abbé Cherrier paraît s'être caché lui-même sous le nom de *Gelois*.

«Vous ne laissez pas d'être aimable, lui dit Mixame, quoique vous approchiez du septuagénaire, car l'amour s'est caché sous les rides de votre front.» Mais que voudrait dire *Gelois*? Est-ce l'anagramme de *Gelosi*, surnom des membres d'une célèbre académie vénitienne à la fin du seizième siècle? *Pindor* pourrait bien être aussi l'anagramme de *Pirond* ou Piron. Quant à *Hilare*, c'est le mot latin *hilaris*, qui s'est francisé et qui représente un ami du gros rire. *Blanir*, *Fruisque*, *Verion*, sont évidemment des locutions du *jargon* ou de l'argot réformé, mais nous sommes fort en peine de découvrir le sens ou plutôt l'idée que l'auteur y attache. Ce sont des *polissons* qui possèdent toutes les finesses du *Polissonniana*.

L'abbé Cherrier, que nous nommerons le créateur du calembour et le précurseur du brillant marquis de Bièvre, avait signé la dédicace de son premier opuscule: *l'Homme inconnu*, d'un pseudonyme qui semble analogue à celui de *Gelois*, tiré de *Gelosi*: *Chimérographe, académicien des jeux Olympiques.*

VARIA.
LIVRES A L'INDEX EN 1774.

Nous avons plusieurs recueils assez volumineux offrant la nomenclature de tous les livres qui, depuis le seizième siècle jusqu'à nos jours, ont été mis à l'index par le Saint-Siége apostolique, et signalés ainsi à l'animadversion de tous les fidèles. Ce fut seulement vers 1540, que la Cour de Rome eut l'idée de séparer ainsi le bon grain de l'ivraie, dans un temps où des ouvrages en tous genres étaient plus ou moins infectés du poison de la Réformation. Depuis ce premier Index, rédigé à la hâte et encore peu étendu, de nombreux suppléments sont venus sans cesse augmenter la liste des livres interdits sans rémission, et l'on peut dire que la réunion de tous ces livres formerait aujourd'hui une bibliothèque considérable, très-curieuse et même assez bien choisie. Il faut constater cependant que l'autorité civile, du moins en France, n'a pas accepté les yeux fermés l'Index ultramontain, et que dès le commencement du dix-septième siècle une foule d'ouvrages, marqués du sceau de la réprobation papale, étaient fort honorablement approuvés par les bons esprits de France et souvent réimprimés avec privilége du roi.

Mais il y eut dès lors un Index spécial, préparé au point de vue de la politique monarchique, des libertés de l'Église gallicane, et de l'*honnêteté* française; index variable de sa nature, et continuellement modifié par l'administration et par les magistrats. Cet Index purement civil, confié exclusivement au syndicat de la corporation des libraires, n'a jamais été mis au jour, sans doute parce qu'il se modifiait suivant les circonstances. Le temps et l'usage se chargeaient d'innocenter tel ouvrage qui avait été d'abord dénoncé à la police et condamné par les tribunaux. Il serait utile, pour l'histoire littéraire, de refaire cet Index de la Librairie, par ordre chronologique, et de montrer par là les inexplicables changements de l'opinion, en ce qui concerne les délits vrais ou prétendus de la pensée et de la presse. Mais où retrouver les éléments de cet Index, à partir du procès criminel intenté aux poëtes Théophile, Frenicle et Colletet, en 1623, à l'occasion du *Parnasse satirique?* Le savant Gabriel Peignot nous a donné deux volumes de Dictionnaire raisonné, seulement pour les livres *condamnés au feu*; il faudrait au moins quatre volumes pour les livres condamnés tacitement et supprimés par la police, jusqu'à la Révolution de 89.

En attendant que ce grand travail bibliographique s'exécute, nous publierons ici une liste assez longue des ouvrages qui furent retirés par les expertssyndics de la Librairie et détruits, sinon vendus sous le manteau, lors de la vente publique des livres de feu M. de Rochebrune, commissaire au Châtelet de Paris. Ce digne commissaire, qui figure plusieurs fois d'une manière plaisante dans les journaux de Bachaumont, était un excellent homme, un peu naïf et crédule, mais très-ami des livres et des gens de lettres. Sa bibliothèque s'était enrichie naturellement dans les expéditions de saisie qu'il eut à faire pendant quarante ans à Paris: il avait ramassé de la sorte beaucoup de livres très-rares et très-singuliers, qu'il lisait à ses heures pour se délasser des fatigues du commissariat; il tenait aussi certains volumes suspects, imprimés ou manuscrits, de la munificence des auteurs, qu'il avait conduits à la Bastille, ou au For-l'Évêque, ou au Châtelet, avec une déférence et une politesse dont les patients lui savaient gré, d'autant plus qu'elles ne faisaient pas partie obligée de son ministère. M. de Rochebrune était même lié intimement avec Piron, Collé, Vadé, et quelques autres de même joyeuse humeur. Il fut regretté au Parnasse, dans les tavernes et chez les libraires.

Mussier fils, qui avait sa librairie sur le quai des Augustins, au coin de la rue Gît-le-Cœur, fut choisi pour dresser le catalogue des livres de M. de Rochebrune; la vente devait avoir lieu dans la maison mortuaire, rue Geoffroy-l'Asnier. Mussier fils mit à part les ouvrages défendus, les recueils de gravures obscènes, les livres trop licencieux, les poésies trop érotiques. Nous voulons bien croire que tout cela fut brûlé impitoyablement, quoique la vente en fût alors très-facile par l'entremise des colporteurs qui exerçaient le commerce secret de la librairie. Ensuite le libraire disposa les cartes de son Catalogue; mais, au moment de l'impression, ces cartes furent soumises à un nouveau contrôle d'experts qui marquèrent à l'encre rouge une centaine d'articles, qu'on ne pouvait pas même exposer, par leurs titres, au scandale de la publicité. La place que ces articles occupaient est restée en blanc dans le Catalogue où les experts ont laissé figurer une quantité d'ouvrages aussi et plus dangereux que ceux qu'ils supprimaient. Parmi ces derniers, dont nous publions la liste telle que les experts l'ont rédigée, on remarquera bien des livres, qui aujourd'hui ne scandalisent personne, et auxquels la police ne se soucie plus de donner la chasse dans les catalogues de la librairie de luxe ou de la librairie à bon marché.

Voici cette liste curieuse, qui servira désormais à remplir les lacunes que les bibliographes regrettaient de trouver dans le célèbre Catalogue du commissaire Rochebrune.

NOTE DES LIVRES ET MANUSCRITS PROHIBÉS ET RETIRÉS.

- Histoire du Christianisme, ou Réflexions sur la Religion chrétienne, in-4, Mss.

- Les Princesses malabares, ou le Célibat philosophique, in-12.

- L'Existence de Dieu, par l'idée que nous en avons, in-8, XVIIIe siècle, Mss.

- Dieu et l'Homme, 1771, in-12, br.

- Système de la Religion naturelle, in-4, Mss.

- Doutes sur la Religion, dont on a cherché l'éclaircissement de bonne foi, in-4, Mss.

- Recherches de la Religion, 1760, in-12.

- La Religion chrétienne analysée.—Doutes sur la Religion, in-8, Mss.

- La Religion du Médecin, de Brown, 1668, in-12.

- L'Évangile de la Raison, in-8, br.

- Lettres de Trasibule à Leucippe, in-4, Mss.

- Histoire de l'état de l'homme dans le Péché originel, 1731, in-12.

- Le Chemin du Ciel ouvert à tous les hommes, in-8, Mss. maroq.

- Extrait des Pensées de Jean Meslier, in-8, Mss.

- Sermons des Cinquante, in-8, Mss.

- Sermons du curé de Cotignac, in-4, Mss.

- Les Doutes, in-4, Mss.

- Recueil sur les matières les plus intéressantes, par Albert Radicati, in-8.

- L'Antiquité dévoilée par ses usages, 1766, 3 vol. in-12, br.

- Discours sur la liberté de penser et de raisonner. *Londres*, 1718, in-12.

- Les Trois Imposteurs, in-8, Mss.

- Questions et Lettres sur les miracles, in-8, br.

- David, ou l'Homme selon le cœur de Dieu, 1768.—Saül et David, tragédie, 1760, in-12, br.

- L'Arétin, ou Paradis des Histoires de la Bible, 2 vol. in-12, br.

- Lettres iroquoises, 1755, in-12.

- Recueil de Pièces concernant le saint Nombril de Châlons, in-8, Mss.

- Taxes de la Chancellerie romaine, ou la Banque du Pape, 1744, in-12.

- Le Contrat social, par J.-J. Rousseau, 1762, in-12, br.

- L'Asiatique tolérant, in-12, br.

- Entretiens des Voyageurs sur mer, 4 vol. in-12.

- Apologie de la Révocation de l'Édit de Nantes et de la Saint-Barthélemy, 1758, in-8.

- Avantages... du mariage des Prêtres, 2 vol. in-12.

- La Philosophie du bon sens, 2 vol. in-12.

- Principes de philosophie morale, ou Essais sur le mérite et la vertu, 1745, in-12.

- Le Monde, son Origine et son Antiquité.—De l'Ame et de son Immortalité, 1751, in-8.

- Histoire d'Ema, 1752, in-12.

- Histoire naturelle de l'Ame, trad. de Charpp, 1745, in-12.

- Œuvres de la Mettrie, 2 vol. in-12.

- De l'Esprit, in-4.

- Lettres sur les Sourds et Muets.—Lettres sur les Aveugles, 2 vol. in-12.

- Lettres philosophiques de Voltaire, avec plusieurs pièces libres, 1747.—La Fille de joie, 1751, maroquin.

- L'École de l'Homme, etc. 3 vol. in-12, en un relié.

- Les Mœurs, 1748, in-12.

- Le Cosmopolite, ou le Citoyen du monde, 1753.—Margot la Ravaudeuse, in-12.

- Le Bonheur, poëme en six chants, 1773, in-12, br.

- Méditations philosophiques, in-8, Mss.

- Pensées philosophiques, 1746, in-12.—Pison, etc.

- Questions sur l'Encyclopédie, 1770, 9 vol. in-8, br.

- Mes Pensées. Qu'en dira-t-on? 1751, in-12.

- Œuvres de J.-J. Rousseau, 10 vol. in-8, br.

- Philosophie de la Nature, 1770, 3 vol. in-12, br.

- Lettres sur les Ouvrages philosophiques brûlés le 18 août 1770, br.

- L'Art de faire des garçons, 2 vol. in-12. (A cause de la reliure.)

- La Pucelle de Voltaire, 1762, in-8.

- La Dunciade, ou la Guerre des Sots, 2 vol. in-8, br.

- Meursii Elegantiæ latini sermonis, 1657, in-12.

- L'Académie des Dames, figures, in-12, maroq.

- Angola, 2 vol. in-12.

- Le Berceau de la France, in-12.

- La Berlue, 1759, in-12.

- Les Bijoux indiscrets, 2 vol. in-8, fig.

- Le B..... (Bidet), histoire bavarde, 1749.

- Candide, 1761, in-12, br.

- Canevas de la Pâris, ou Mémoires pour l'histoire du Roule, in-12.

- Cléon, rhéteur cyrénéen.—Le Canapé couleur de feu, in-12, maroq.

- Le Cousin de Mahomet, 2 vol. in-12.

- L'École de la Volupté.—Essai sur l'esprit et les beaux esprits.—Politique du Médecin, de Machiavel, in-12.

- La Fille de Joie, 1751.—Mlle Javotte, 1758, in-12.

- Histoire du prince Apprius, in-12.

- Histoire de la Brion, de la comtesse de Launay.—Vénus dans le cloître, ou la Religieuse en chemise, in-12.

- Hipparchia, histoire grecque, in-12, maroq.

- L'Homme au Latin, ou la Destinée des Savants, 1769, in-8.

- Le Huron, ou l'Ingénu, 2 vol. in-12.

- Les Lauriers ecclésiastiques.—Mémoires pour la Fête des Fous, in-8.

- Margot la Ravaudeuse.—L'Art d'aimer et le Remède d'amour, in-8, maroq.

- La Messaline, in-12, br.

- La Princesse de Babylone, in-8, br.

- Les Reclusières de Vénus, in-8.

- Le Sopha, 2 vol. in-12.

- Tanzaï et Néardané, 2 vol. in-12.

- La Tourière des Carmélites.—L'Origine des C..... sauvages, in-12, br.

- Le Moyen de parvenir, 2 vol. in-12.

- Le Cabinet satirique, in-8, maroq.

- La Légende joyeuse, ou les Leçons de Lampsaque, in-12.

- Pièces libres de Ferrand.—Nocrion, conte allobroge.—Tourière des Carmélites, in-12, maroq.

- Poésies galantes latines et françaises, 2 vol. in-12, et un volume italien.

- Passe-temps des Mousquetaires, in-12.

- Le Balai, poëme, in-8.

- Aventures de Pomponius, 1724, in-12.

- Mémoires pour..... l'Histoire de Perse, 1746, in-12.

- Amours de Zeokinizul, roi des Kofirans, in-12.

- La Dernière Guerre des Bêtes, 1758, in-12.

- Mémoires de Mme de Pompadour, 2 vol. in-12.

- L'Espion chinois, 3 vol. in-12, br., 1765.

- Mémoires de M. de T....., maître des requestes, in-8, Mss.

- Jean danse mieux que Pierre, in-12.

- Les Jésuites en belle humeur, 1760, in-12.

- Histoire de la Bastille, 5 vol. in-12, br., figures.

- Histoire amoureuse des Gaules, 5 vol. in-12.

- Extrait du Dictionnaire de Bayle, 2 vol. in-8, br.

- Analyse de Bayle, 4 vol. in-12.

Cette liste est intéressante; on y voit figurer des ouvrages peu édifiants, il est vrai, mais très-littéraires, tels que le *Moyen de parvenir*, le *Cabinet satirique*, etc., qui se trouvent souvent décrits dans la plupart des catalogues de vente imprimés à cette époque. On y rencontre naturellement quelques écrits hétérodoxes de Voltaire, de Fréret, du baron d'Holbach, de J.-J. Rousseau; mais on peut supposer que la qualité du propriétaire de cette bibliothèque fut pour beaucoup dans la proscription des livres, qu'on n'a pas voulu laisser vendre sous la garantie du nom d'un commissaire au Châtelet de Paris. C'est ainsi que, dans ces derniers temps, le Conseil de l'instruction publique s'est ému du Catalogue des livres plus que légers qui composaient la bibliothèque de feu Noël, ancien inspecteur de l'Université, et a exigé l'épuration de cette bibliothèque avant la vente. Quoi qu'il en soit, les experts désignés à l'effet d'épurer aussi le Catalogue des livres de M. de Rochebrune n'ont pas pris garde à certains ouvrages plus hardis et plus scabreux que ceux qu'ils retranchaient. Nous citerons les suivants qui sont restés à leur place dans le Catalogue.

- Nᵒˢ 2270. Contes très-mogols. *Paris*, 1770, in-12.

- 2319. Aventures philosophiques. *Tonquin*, 1766, in-12.

- 2334. Cela est singulier, histoire égyptienne, 1752, in-18, imprimé sur papier bleu.

- 2353. Giphantie. *Babylone*, 1760, in-12.

- 2374. Histoire et Aventures de dona Rufine. *Paris*, 1751, in-12.

- 2383. Kanor, conte traduit du sauvage. *Amsterdam*, 1750, in-12.

- 2387. Les Libertins en campagne. *Au Quartier-Royal*, 1710, in-12.

- 2389. Lucette, ou les Progrès du libertinage. *Londres*, 1765, 3 vol. in-12.

- 2425. Mille et une Fadaises, contes à dormir debout. 1742, in-12.

- 2433. Les Nouvelles Femmes. *Genève*, 1761, in-8.

- 2435. La Nuit et le Moment, ou les Matinées de Cythère. *Londres*, s. d., in-12.

- 2436. On ne s'y attendait pas. *Paris*, 1773, 2 vol. in-12.

- 2443. Le Plaisir et la Volupté, conte allégorique, 1752, in-12.

- 2447. Psaphion, ou la Courtisane de Smyrne. 1748, in-12.

- 2458. Les Sonnettes, ou Mémoires du marquis de... 1751, in-12.

- 2460. Tant mieux pour elle. In-12.

- 2464. Les Têtes folles. *Paris*, 1753, in-12.

- 2372. Zéphirine, ou l'Époux libertin, anecdote volée. *Amsterdam*, 1771, in-8.

Ce sont précisément ces petits romans de galanterie transcendante que les censeurs de l'Université ont supprimés dans le Catalogue de feu Noël, sans doute parce qu'ils les connaissaient bien: *experto crede Roberto*. Les experts de 1774 n'avaient pas probablement la science infuse en ces sortes de matières. L'échantillon que nous avons donné du Catalogue de Rochebrune suffira pour prouver que ce joyeux commissaire était digne d'être l'ami de Crébillon fils et du chevalier de Mouhy.

PRIX
DES
LIVRES DE THÉOLOGIE
EN 1797.

Lors de la suppression des ordres monastiques et des maisons religieuses, il y eut une baisse immédiate dans le prix des livres de théologie, non-seulement parce que les bibliothèques de couvents contenaient une énorme quantité de ces sortes de livres, qui allaient inévitablement rentrer dans la circulation commerciale, mais parce que les fonds des éditions publiées par les Bénédictins de Saint-Maur et par d'autres congrégations se trouvaient accumulés dans des dépôts qui devenaient propriété nationale. Pendant cinq ou six ans, en effet, ces beaux livres, si précieux pour l'histoire, furent frappés d'un tel discrédit, qu'on les vendait au poids du papier, et qu'on détruisait ainsi des éditions presque entières. Quelques libraires pressentirent alors que les grandes collections des Pères, des Conciles, des historiens de l'Église, reprendraient bientôt leur valeur; ils achetèrent, comme papier à la rame et comme vieux papier, tout ce qu'ils purent trouver dans ce genre, et ils ne tardèrent pas, en effet, à réaliser d'énormes bénéfices, en vendant à l'étranger d'abord, et, peu de temps après, en France, ces ouvrages excellents, dont le Gouvernement avait, pour ainsi dire, provoqué la destruction.

Une vente à l'encan, qui eut lieu à Paris, rue et porte Saint-Jacques, les 15 et 16 floréal an VI (1797), révéla tout à coup une hausse inattendue sur les livres de théologie que le libraire chargé de la vente avait osé admettre dans une notice sommaire. Ravier, qui publiait alors son *Journal de la librairie et des arts*, y inséra un extrait de cette notice, qu'il fit précéder des observations suivantes, que nous croyons devoir reproduire à cause de leur justesse, malgré leur mauvais style; c'est un document curieux pour constater les variations du prix des livres:

«Nous insérons la notice suivante, quoique peu conséquente, parce qu'elle contient un genre de livres qu'on ne rencontre pas très-fréquemment dans les ventes, la plus grande partie des bibliothèques qui les contenoient ayant été fondues dans les dépôts nationaux; on sera surpris de voir que des livres, qu'on ne croyoit pas susceptibles aujourd'hui d'un grand produit, aient été portés à leur ancienne valeur, et plus surpris que le Gouvernement n'ait pas été conseillé, lorsqu'il en étoit encore temps, de faire passer, en Espagne, en Portugal et en Italie, ces masses énormes, qu'il auroit pu échanger très-avantageusement. Il n'est plus temps aujourd'hui de s'occuper de cette idée; les circonstances ont fixé, dans tous les gouvernements, et dans les corporations religieuses surtout, cet esprit d'inquiétude qui s'accorde moins avec les acquisitions de ce genre qu'avec tout autre. Il ne reste d'autre moyen d'en tirer parti que de les verser dans le commerce, ce dont on nous menace tous les jours; mais, si ce projet s'effectue, les volumes de 15 à 18 francs, la plupart de ces chefs-d'œuvre d'impression se vendront au poids, et, pour retirer une goutte d'eau, le Gouvernement aura porté le dernier coup au commerce. Ainsi, pour n'avoir pas saisi le moment opportun de s'en défaire, il se trouve aujourd'hui dans l'impérieuse nécessité de les conserver.»

- J. Menochii Commentarii totius Scripturæ, studio R. J. de Tournemine. *Parisiis*, 1719; 2 vol. in-fol., 19 fr. (Valeur actuelle, selon le *Manuel du Libraire*, de Brunet, 24 à 30 fr.; estimé 30 à 45 fr.)

- Œuvres de Bossuet. *Paris*, 1743, 20 vol. in-4, v. m., 106 fr. (Selon Brunet, 100 fr. environ, après avoir valu 250 à 300 fr. sous la Restauration; estimé 150 à 180 fr.)

- J. Goar, Rituale Græcorum, gr. et lat. *Parisiis*, 1647, in-fol., 18 fr. (Selon Brunet, 30 fr.)

- Pontificale romanum, in-fol., fig.; net 10 fr. (Selon Brunet, 20 à 24 fr.)

- J. Cottelerii Patres apostolici, gr. et lat., ex edit. J. Clerici. *Amsterd.*, 1724; 2 vol. in-fol., 35 fr. (Selon Brunet, 120 à 150 fr.)

- L. Dacherii Spicilegium veterum aliquot scriptorum. *Parisiis*, 1723; 8 vol. in-fol., 30 fr. (Selon Brunet, 100 fr.; estimé 150 à 180 fr.)

- Ecclesiæ Græciæ monumenta, gr. et lat., ex edit. J. Cottelerii, *Parisiis*, 1677; 3 vol. in-4, 15 fr. (Selon Brunet, 30 à 36 fr.; estimé 60 à 90 fr.)

- S. Justini opera, gr. et lat., ex edit. Benedictinorum. *Parisiis*, 1742; in-fol., 20 fr. (Selon Brunet, 40 à 48 fr.; estimé 50 à 80 fr.)

- S. Cypriani opera, ex edit. Steph. Baluzii. *Parisiis*, 1726; in-fol., 19 fr. (Selon Brunet, 36 à 40 fr.; estimé 50 à 70 fr.)

- S. Irenei opera, gr. et lat., ex edit. B. Massuet. *Parisiis*, 1710; in-fol., 18 fr. (Selon Brunet, 40 à 48 fr.; estimé 40 à 60 fr.)

- S. Hilarii opera, gr. et lat., ex edit. Petri Constant. *Parisiis*, 1693; in-fol., 13 fr. (Selon Brunet, 30 à 36 fr.; estimé 40 à 60 fr.)

- S. Cyrilli Hierosolymitani opera, gr. et lat., ex recensione A. Touttée. *Parisiis*, 1720; in-fol., 18 fr. (Selon Brunet, 36 à 48 fr.; estimé 50 à 70 fr.)

- S. Basilii magni opera, gr. et lat., ex edit. J. Garnier. *Parisiis*, 1721; 3 vol. in-fol. (Selon Brunet, 120 à 150 fr.; estimé 150 à 180 fr.)

- S. Ambrosii opera, ex edit. Le Nourry. *Parisiis*, 1686; 2 vol. in-fol., 65 fr. (Selon Brunet, 70 à 72 fr.; estimé 70 à 100 fr.)

- S. Joannis Chrysostomi opera, gr. et lat., ex edit. Bern. de Montfaucon. *Parisiis*, 1718; 13 vol. in-fol., 200 fr. (Selon Brunet, 500 à 600 fr.; estimé 800 fr.)

- S. Hieronymi opera, ex edit. Ant. Pouget. *Parisiis*, 1693; 5 vol. in-fol., 94 fr. (Selon Brunet, 120 à 150 fr.; estimé 200 à 250 fr.)

- S. Augustini opera, ex edit. Benedictinorum. *Parisiis*, 1679; 8 vol. in-fol., 73 fr. (Selon Brunet, 200 à 250 fr.; estimé 250 à 350 fr.)

- S. Leonis magni opera, ex edit. Pascasii Quesnel. *Lugduni*, 1700; in-fol. Réuni à l'article suivant, faute d'acquéreur.

- S. Prosperi opera, ex edit. L. Mangeart. *Parisiis*, 1711; in-fol., 18 fr. (Selon Brunet, 24 à 36 fr.; estimé 40 à 50 fr. Quant à l'édition des Œuvres de saint Léon, en un seul volume, elle est peu estimée en comparaison des éditions de Rome et de Venise, en 3 vol in-fol. chacune; néanmoins, elle vaut bien 15 à 25 fr.)

- S. Gregorii magni opera, ex edit. Benedictinorum. *Parisiis*, 1705; 4 vol. in-fol., 71 fr. (Selon Brunet, 80 à 120 fr.; estimé 150 à 200 fr.)

- Guarini Grammatica hebraica et lexicon, 4 vol. in-4, v. m., 54 fr. (Selon Brunet, 40 à 48 fr.; estimé 50 à 80 fr.)

On voit, par le rapprochement de ces différents prix à cinquante et soixante ans d'intervalle, que les bons livres tombés au rabais par suite de circonstances qu'on peut appeler de force majeure, ne manquent jamais de se relever et de remonter à leur ancien prix, sinon à un prix supérieur. Ainsi la vente du C***, au mois de floréal an VI, fut comme le signal de la hausse qui n'a pas cessé depuis de favoriser le commerce des grands ouvrages de théologie, et qui ne paraît pas même s'être arrêtée par suite de la réimpression à bon marché de ces ouvrages, indispensables à toute bibliothèque d'érudition.

PLAN D'UNE ÉDITION
DES
OPUSCULES D'ANTOINE-ALEXANDRE BARBIER.

Les bibliographes sont généralement un peu paresseux, dès qu'il s'agit de publier; ils travaillent beaucoup, ils travaillent sans cesse; ils entreprennent et ils mènent à bonne fin des ouvrages immenses, dont l'idée seule épouvanterait le littérateur le plus prodigue de son encre, mais qu'on ne leur parle pas de faire imprimer: ils n'ont jamais fini la tâche qu'ils se sont imposée, ils ne la jugent jamais assez parfaite, ils veulent toujours y ajouter, et ils y ajoutent toujours. Voilà comment tant de beaux travaux bibliographiques restent inédits, quoique achevés. Adry, Mercier de Saint-Léger, Beaucousin et tant d'autres, ont laissé une prodigieuse quantité de notes manuscrites qui feraient d'excellents livres.

Cet exorde n'a pas d'autre objet que de chercher querelle (et Dieu fasse qu'il me le pardonne!) à mon cher et savant collègue, M. Louis Barbier, directeur de la Bibliothèque du Louvre. Je l'accuse hautement de négligence, sinon de paresse, à l'égard de l'admirable monument bibliographique élevé par son illustre père, et continué par lui avec tant de zèle et de persévérance; oui, je lui reproche, dans un sentiment d'affectueuse et sincère sympathie qu'il appréciera, de ne pas faire paraître une nouvelle édition augmentée et complète du *Dictionnaire des anonymes et pseudonymes*. Ce dictionnaire, dont la seconde édition (Paris, Barrois, 1822-27, 4 vol. in-8) est épuisée depuis plus de trente ans, n'est pas seulement un livre utile et vraiment digne d'estime, c'est un livre nécessaire, indispensable pour quiconque s'occupe de bibliographie; tout le monde désire, tout le monde attend une réimpression que M. Louis Barbier nous a promise, et qu'il nous doit, à nous tous qui sommes les humbles et fidèles disciples de l'auteur du célèbre *Dictionnaire des anonymes*.

Ce dictionnaire est presque un chef-d'œuvre de critique et d'érudition; on peut le perfectionner en certaines parties, on peut l'augmenter et l'étendre, on peut surtout le continuer jusqu'à présent, mais il ne faut pas songer à le refondre ou à le refaire sur un nouveau plan. Ce serait en détruire l'économie et lui ôter sa valeur intrinsèque. Il s'agit là d'un ouvrage essentiellement remarquable, connu partout, cité sans cesse et adopté d'une manière définitive. Si cet ouvrage était de ceux qui changent de forme et qui se remplacent par d'autres plus complets et mieux exécutés, les exemplaires qu'on voit passer de temps en temps dans les ventes publiques trouveraient-ils acquéreur au prix de 70 à 80 francs? Au reste, nous savons, de bonne source, que M. Louis Barbier n'a pas cessé depuis trente-cinq ans de préparer l'édition que nous lui demandons avec instances aujourd'hui, au nom des bibliographes et des bibliophiles, pour l'honneur de la mémoire de son digne père.

Mais ce n'est point assez, et s'il fait droit à notre demande, comme nous l'espérons, nous sommes déterminés à lui demander davantage. Il ne prendra pas, Dieu merci, nos demandes en mauvaise part. Nous lui demandons, dès à présent, de réunir les opuscules bibliographiques d'Antoine-Alexandre Barbier, et de les publier aussi, pour la plus grande joie des bons bibliophiles. Il y a maintenant un public, et même un public nombreux et passionné, pour ces sortes de publications. Les brochures que Peignot faisait imprimer à petit nombre pour les distribuer à ses amis, qui ne les lisaient pas toujours, sont recherchées maintenant par les amateurs, qui se les disputent dans les ventes, à des prix de plus en plus excessifs. Quand Techener recueillera les œuvres bibliographiques de Charles Nodier, il trouvera plus de souscripteurs que le charmant conteur et spirituel écrivain n'en eut pour ses romans et ses nouvelles fantastiques. Le moment est bon, ce me semble, pour rassembler en corps d'ouvrage les travaux épars, oubliés ou inconnus, d'un bibliographe.

Antoine-Alexandre Barbier a été un des meilleurs collaborateurs de Millin, et il a répandu quantité de mémoires, de notices et de lettres dans la volumineuse collection du *Magasin* et des *Annales encyclopédiques*, collection précieuse que les grandes bibliothèques publiques ne possèdent pas. Auparavant, il coopérait à la rédaction du *Mercure de France*; plus tard, il a prêté son concours à d'autres recueils périodiques, ainsi qu'à diverses publications collectives. Tout ce qu'il a écrit pour les journaux et pour les encyclopédies est marqué au coin d'un rare esprit de critique. Aucun de ses contemporains ne fut initié mieux que lui aux détails intimes de l'histoire littéraire, non-seulement pour la France, mais encore pour les pays étrangers. Personne ne traitait comme lui un point de bibliographie raisonnée; personne ne composait plus solidement un article de biographie; personne, en un mot, ne faisait un meilleur usage des livres, et personne ne savait mieux les juger.

N'est-il pas étrange et monstrueux que des travaux si utiles et si estimables soient comme non avenus, et se trouvent enfouis çà et là dans des collections qu'on ne lit plus? Eh bien! je propose d'en extraire avec soin tout ce qui doit former les œuvres bibliographiques et critiques de l'auteur du *Dictionnaire des Anonymes*. Quelques-unes de ces notices ont été tirées à part, et même le marquis de Chateaugiron avait fait imprimer à dix exemplaires un titre destiné à les réunir en volume. Ces dix exemplaires, que sont-ils devenus? Nous n'en avons pas vu passer un seul dans le flot incessant des ventes de livres. Mais un volume ne suffit pas pour nous contenter, il en faut trois, il en faut quatre et davantage, si notre cher collègue, M. Louis Barbier, nous donne satisfaction en publiant les travaux inédits de son père, notamment les rapports que le bibliothécaire de l'empereur Napoléon Ier rédigeait, par ordre, sur des ouvrages anciens et nouveaux.

Voici comment j'entendrais la division des œuvres d'Antoine-Alexandre Barbier.

I. *Lettres bibliographiques.* Je comprendrais sous ce titre les lettres de différents genres que l'auteur a fait insérer dans les journaux, de 1795 à 1825. Je vais citer, sans ordre méthodique, celles de ces lettres qui sont venues à ma connaissance.

- Lettres relatives à divers points d'histoire littéraire. (*Clef du cabinet des souverains*, n°s 1717, 1331, 1334 et 1785.)

- Lettre aux rédacteurs des Soirées littéraires. (T. III, p. 142 de ce Recueil.)

- Lettre sur l'Histoire de Marie Stuart, par Mercier, de Compiègne. (*Mercure de France*, t. XX, p. 236.)

- Lettre sur le Gouvernement civil de Locke, et particulièrement sur les traductions françaises de cet ouvrage. (*Ibid.*, t. XXII, p. 29.)

- Lettre sur les Aventures de Friso, par Guillaume de Haren, traduites par Jansen, et sur la littérature hollandaise. (*Ibid.*, t. XXIII, p. 3.)

- Lettre sur le jugement que l'auteur des Soirées littéraires a porté du philosophe Favorin et de J.-J. Rousseau. (*Ibid.*, t. XXVI, p. 357.)

- Lettre sur l'Aristénète grec et l'Aristénète français. (*Ibid.*, t. XXIX, p. 25.)

- Lettre contenant la dénonciation de plusieurs plagiats. (*Ibid.*, t. XXIX, p. 94.)

- Lettre à Chardon de la Rochette sur la bibliographie. (*Magasin encyclopédique*, 1799, t. III, p. 97.)

- Lettre à Millin sur quelques articles du Magasin encyclopédique. (*Ibid.*, 1799, t. V, p. 79.)

- Lettre au même sur un article relatif à dom Lieble. (*Ibid.*, 1814, t. II, p. 369.)

- Lettre sur la traduction de Plaute, par Levée. (*Ibid.*, t. VI, 1815, p. 275.)

- Lettre au sujet de la Notice nécrologique de Ripault. (*Revue encyclopédique*, t. XXII, p. 766.)

- Nombreuses lettres publiées depuis la mort d'Antoine-Alexandre Barbier, dans le *Bulletin du Bibliophile* et dans d'autres recueils littéraires par les soins de son fils.

II. *Études bibliographiques*. Ce sont des dissertations et des notices, dans lesquelles l'auteur a prouvé qu'il ne s'arrêtait pas aux titres des livres, et qu'il envisageait toujours la bibliographie au point de vue littéraire.

- Catalogue des livres qui doivent composer la bibliothèque d'un lycée; rédigé à la demande de Fourcroy. (*Paris, impr. de la République*, an XII-1803, in-12 de 43 p.)

- Préface et table des divisions du Catalogue des livres de la bibliothèque du Conseil d'État. (*Paris*, an XI-1803, in-8 de 54 pages.)

- Réponse à un article du Mercure de France relatif au Dictionnaire des Anonymes. (*Paris*, 1807, in-8; réimprimé à la fin du t. IV de la 1re édit. de ce Dictionnaire.)

- Notice sur les éditions des Vies de Plutarque et du roman d'Héliodore; traduits par Amyot. (A la suite du t. IV de la 1re édit. du Dictionnaire des Anonymes.)

- Articles insérés dans l'*Encyclopédie moderne* de Courtin: *Anonymes, Autographes, Bibliographie, Catalogue*.

- Analyse du Mémoire de Mulot sur l'état actuel des bibliothèques. (*Mercure de France*, t. XXVII, p. 33.)

- Anecdote bibliographique sur les *Illustrium et eruditorum virorum Epistolæ*. (*Magasin encyclopédique*, 1802, t. I, p. 235.)

- —Sur le véritable auteur de la Connoissance de la mythologie. (*Ibid.*, 1801, t. I, p. 37.)

- —Sur l'Histoire critique du Vieux Testament. (*Ibid.*, 1803, t. I, p. 295.)

- Notice du Catalogue raisonné des livres de la bibliothèque de l'abbé Goujet. (*Ibid.*, 1803, t. V, p. 182, et t. VI, p. 139.)

- Notice des principaux ouvrages relatifs à la personne et aux ouvrages de J.-J. Rousseau. (*Annales encyclopédiques*, 1818, t. IV, p. 1.)

- Notice sur les dictionnaires historiques les plus répandus. (*Revue encyclopédique*, t. I, p. 142.)

- Notice sur la table des matières du Magasin encyclopédique. (*Ibid.*, t. I, p. 574.)

- Notice sur les Recherches de Petit-Radel, relatives aux bibliothèques et à la bibliothèque Mazarine. (*Ibid.*, t. I, p. 575, et t. II, p. 360.)

- Notice sur le Manuel du Libraire, de M. Brunet. (*Ibid.*, t. VIII, p. 154.)

- Notice bibliographique sur les Lettres portugaises. (*Ibid.*, t. XXII, p. 707.)

- État des différentes Bibliothèques publiques de Paris en 1805. (Imprimé dans l'*Annuaire administratif et statistique* du département de la Seine, par P.-J.-H. Allard.)

- Réflexions sur l'anecdote relative à la première édition de l'Imitation de Jésus-Christ, traduite par l'abbé de Choisy. (*Publiciste*, 16 prairial an XII.)

- —Sur une édition rare de l'Exposition de la Doctrine de l'Église catholique, par Bossuet. (*Journal des Débats*, 15 fructidor an XII.)

- Notice des principales éditions des Fables et des Œuvres de la Fontaine. (Imprimé dans l'ouvrage de Robert, intitulé: *Fables inédites des* XIIᵉ, XIIIᵉ *et* XIVᵉ *siècles*, 1825.)

On grouperait dans ce volume d'études bibliographiques toutes les notices qui se rapportent plus particulièrement à la bibliographie et à la recherche des anonymes.

III. *Notices biographiques.* La plupart de ces notices tiennent tellement à la bibliographie, qu'on pourrait les faire entrer dans le volume précédent. Nous signalerons seulement les plus remarquables.

- Notice sur la vie et les ouvrages de David Durand. (*Magasin encyclopédique*, t. IV, p. 487; réimpr. avec des additions à la fin du t. IV de la 1ʳᵉ édit. du *Dictionnaire des Anonymes.*)

- Particularités sur Mouchet. (*Ibid.*, 1807, t. IV, p. 62.)

- Notice sur la vie et les ouvrages de Louis-Théodore Hérissant. (*Ibid.*, 1812, t. VI, p. 85.)

- Notice sur la vie et les ouvrages de Thomas Guyot. (*Ibid.*, 1813, t. IV, p. 275.)

- Notice sur la vie et les ouvrages de l'abbé Denina. (*Ibid.*, 1814, t. I, p. 113.)

- Notice sur Jean Heuzet. (*Mag. encycl.*, 1814, t. II, p. 176.)

- Notice sur la vie et les ouvrages de Casimir Freschot. (*Ibid.*, 1815, t. VI, p. 304.)

- Notice sur la vie et les ouvrages d'Auguste-Nicolas de Saint-Genis. (*Annales encyclopédiques*, 1817, t. III.)

- Notice nécrologique sur l'abbé Grosier. (*Revue encyclopédique*, t. XXI, p. 740.)

- Notice sur Jean Rousset. (Prospectus de la 9ᵉ édition du Dictionnaire biographique de Prudhomme, 1809.)

- Notice sur la vie de Moulines. (En tête de sa traduction des Écrivains de l'Histoire Auguste, 1806.)

- Notice sur la vie et les ouvrages de Collé. (En tête du Journal historique de Collé, 1807.)

- Notice sur Néel. (En tête du Voyage de Paris à Saint-Cloud, 1797.)

Et beaucoup d'autres notices biographiques qui devaient figurer dans le second volume de l'*Examen critique des Dictionnaires historiques*, volume que l'auteur ne voulait publier qu'après l'achèvement de la *Biographie universelle* de Michaud.

IV. *Notices littéraires.* C'est encore de la bibliographie raisonnée et critique de main de maître.

- Dissertation sur soixante traductions françaises de l'Imitation de Jésus-Christ. (*Paris*, Lefebvre, 1812, in-12.).—M. Louis Barbier a vivement excité notre intérêt, en nous apprenant que son père avait laissé un exemplaire de ce savant ouvrage tout chargé de corrections et d'additions.

- —Sur les Lettres manuscrites de P.-D. Huet. (*Mercure de France*, t. XXVI, p. 289.)

- —Sur les Contes et Nouvelles de Mirabeau. (*Ibid.*, t. XXXIII, p. 263.)

- —Sur les Œuvres de Vauvenargues. (*Ibid.*, t. XXXIV, p. 204.)

- —Sur l'Introduction à l'Analyse infinitésimale, d'Euler. (*Ibid.*, t. XXXVI, p. 342.)

- Examen de plusieurs assertions hasardées par la Harpe dans sa Philosophie du XVIIIᵉ siècle. (*Magasin encyclopédique*, 1805, t. III, p. 5.)

- —Sur le Recueil des Lettres de Mᵐᵉ de Sévigné. (*Mag. encycl.* 1801, t. VI, p. 7.)

- —Sur le poëme de la Conversation, du P. Janvier. (*Revue philosophique*, 1807, 2ᵉ trimestre, p. 88.)

- Rapport au Conseil du Conservatoire des objets de science et d'art, sur le Recueil des Lettres de P.-D. Huet, évêque d'Avranches, trouvé parmi les livres de l'ex-jésuite Querbœuf. (*Journal des Savants*, an V, p. 334.)

Je m'arrête, car il faut savoir se borner, même en bibliographie; je ne pousserai pas plus loin cette nomenclature qui, si variée qu'elle soit, ne supplée pas aux articles eux-mêmes qui se recommandent tous par une connaissance approfondie du sujet et par des observations aussi savantes qu'ingénieuses. Ces articles ont été fort remarqués au moment de leur apparition dans le *Magasin encyclopédique*, dans la *Revue encyclopédique*, etc.; mais lorsqu'ils seront réunis et classés systématiquement, ils offriront un intérêt de plus, en présentant sous un nouveau jour le talent analytique et critique d'Antoine-Alexandre Barbier. Ce volume de mélanges littéraires viendra se placer avec honneur dans les bibliothèques, à côté de recueils du même genre qui appartiennent à la même époque, et qui réunissent les articles et les feuilletons de Dussault, Feletz, Maltebrun et Boissonade.

Mon cher collègue, M. Louis Barbier, ne me saura pas mauvais gré, sans doute, d'avoir évoqué le souvenir bibliographique de son savant et vénéré père: il approuvera certainement la publication que je lui propose de faire de ces opuscules, qui ne demandent qu'à être réunis et coordonnés pour acquérir toute leur importance littéraire; mais il aura quelque prétexte plausible à faire valoir, pour s'excuser de n'avoir pas encore publié la troisième édition du Dictionnaire des Anonymes: il me dira que son manuscrit est prêt depuis dix ans, depuis vingt ans même, ce que je me plais à reconnaître avec plaisir, mais qu'un libraire lui a manqué pour entreprendre une édition aussi coûteuse... Il y a dix ans, il y a vingt ans de cela; la bibliographie n'était pas alors en bonne odeur auprès de la librairie marchande, et le *Dictionnaire des Anonymes*, qu'on avait vu tomber à vil prix (10 à 15 fr. l'exemplaire), passait pour un livre *dur à la vente*; l'éditeur Barrois se plaignait même d'avoir fait une triste affaire; mais tel temps, telle mode; aujourd'hui le même *Dictionnaire des Anonymes*, réimprimé avec les augmentations qu'il réclame, se vendra sur-le-champ à 1,500 exemplaires, et le reste de l'édition ne moisira pas en magasin. Vienne donc le plus tôt possible cette troisième édition, revue, corrigée et augmentée par le fils de l'auteur: elle aura le même succès que la cinquième édition du *Manuel du Libraire*, de ce chef-d'œuvre incomparable de la science bibliographique, auquel le vénérable M. Brunet met la dernière main à l'âge de quatre-vingt-deux ans, M. Brunet, notre maître à tous et le glorieux chef de la bibliographie française.

NOTA. M. Louis Barbier, à qui je reproche de nous faire attendre si longtemps la réimpression du *Dictionnaire des Anonymes*, n'en a pas moins dignement suivi les traces de son père, en faisant, de la bibliothèque du Louvre, de cette bibliothèque que son père a créée, une des plus belles, des plus riches, des plus curieuses bibliothèques du monde. Une autre fois, je vous parlerai du bibliothécaire, à propos de cette bibliothèque merveilleuse qui vient d'attirer à elle et d'absorber la bibliothèque de mon ami Motteley. Dieu merci! les livres de Motteley sont en bonnes mains et sous bonne garde.

EXTRAITS
D'UNE
CORRESPONDANCE LITTÉRAIRE.

I

La lettre suivante, datée de janvier 1858, renferme une curieuse anecdote de l'histoire littéraire:

«En feuilletant un charmant petit volume: *Un Million de rimes gauloises*, lequel aura pour lecteurs tout ce qui reste de Gaulois en France, je remarque, à la page 256, une Épitaphe de Désaugiers, *par lui-même*, que je vous demande la permission de restituer à son véritable auteur, malgré le témoignage de Charles Nodier, sur lequel se fonde l'éditeur du recueil, M. Alfred de Bougy. Cette épitaphe, si mes souvenirs ne me trompent pas, fut improvisée par M. Paul Lacroix, le jour même de la cruelle opération que Désaugiers venait de subir et qui paraissait avoir bien réussi. M. Paul Lacroix envoya ces vers dans une lettre de félicitations adressée au pauvre malade, qui devait succomber peu de jours après, et qui s'empressa de répondre par quatre vers sur les mêmes rimes. Les deux pièces de vers furent successivement imprimées alors dans deux numéros du *Figaro*, rédigé par le Poitevin Saint-Alme, Maurice Alhoy, Étienne Arago, Jules Janin, etc. On a, depuis, recueilli les vers de M. Paul Lacroix, et on a oublié ceux de Désaugiers, qui ne méritent pas cet oubli. Mais où trouver une collection complète du *Figaro*, pour y chercher l'épitaphe que Désaugiers a faite sur son lit de douleurs et qui aurait pu être gravée sur sa tombe, peu de jours après? M. Alfred de Bougy nous donnera peut-être les deux épitaphes dans la seconde édition du *Million de rimes gauloises*? Ce sera donc pour le mois prochain.

«UN VIEUX REDACTEUR DU PREMIER FIGARO.»

II

Le bibliophile Jacob, dans une suite d'articles consacrés à l'histoire des mystificateurs et des mystifiés, a de nouveau attiré l'attention sur un livre très-singulier et très-divertissant, assez rare et peu connu, qu'on réimprimera peut-être un jour[22]. Ce livre est intitulé: *Correspondance philosophique de Caillot Duval, rédigée d'après les pièces originales, et publiée par une société de littérateurs lorrains* (Nancy et Paris, 1795, in-8). Le bibliophile Jacob attribue à Fortia de Piles cette prodigieuse mystification, qui consistait à écrire de Nancy une série de lettres ridicules, sous divers pseudonymes, à différentes personnes plus ou moins notables de Paris, et à obtenir ainsi une série de réponses authentiques sur des sujets plus ou moins saugrenus. Fortia de Piles fit imprimer impitoyablement les réponses avec les lettres, mais il eut toutefois la précaution de ne représenter certains noms que par des initiales, qui étaient alors transparentes, et qui sont devenues tout à fait inintelligibles pour nous. Un amateur nous communique une Clef manuscrite de la *Correspondance philosophique de Caillot Duval*, trouvée dans un exemplaire qui appartenait au marquis de Fortia d'Urban, cousin de l'auteur.

[22] Il a été réimprimé, en effet, par les soins de M. Lorédan Larchey, mais avec des retranchements regrettables.

CLEF DE LA CORRESPONDANCE PHILOSOPHIQUE DE CAILLOT DUVAL.

Tiré d'un exemplaire ayant appartenu au marquis de Fortia.

L'abbé AUB.	*Aubert.*
M. B., secrétaire de l'acad. d'Amiens	*Baron.*
M. BEAU., à Marseille	*Beaujard.*
M. BERTHEL., à Paris	*Berthelemot.*
Mlle BER., à Paris	*Bertin.*
M. B., à Nancy	*Beverley.*
M. BL. DE SAIN	*Blin de Sainmore.*
M. CAR., facteur de Cors	*Caron.*
M. CHAUM., perruquier	*Chaumont.*
M. CHER., à Paris	*Chervain.*
Mme DE LAU., à Paris	*Delaunay.*
M. DORS., de la Comédie Italienne	*Dorsonville.*
Mme DU GA., de la Comédie Italienne	*Dugazon.*
M. DUV., au Grand Monarque.	*Duval.*
Le P. HERV., aux Augustins.	*Le P. Hervier.*
M. L...r, maître de musique.	*Lair.*

M. L., à Paris.	*Laïs.*
Mᐤᐤ LAU., de la Comédie française.	*Laurent.*
M. LE C., à Abbeville.	*Le Cat.*
M. L'HEUR. DE CHAN.	*L'Heureux de Chanteloup.*
M. M.....y, libraire à Caen.	*Manoury.*
M. MESM.	*Mesmer.*
M. M...y, imprimeur à Marseille.	*Mossy.*
M. NIC., à Paris.	*Nicolet.*
M. DE P..S, à Paris.	*De Piis.*
M. Poi..t, huissier priseur.	*Poiret.*
M. ROC., maître d'écriture.	*Rochon.*
Mᐤᐤ S., de l'Opéra.	*Saulnier.*
M. SAUT. DE M.Y.	*Sautereau de Marsy.*
M. SOU., r. Dauphine.	*Soude.*
M. TACO., bourrelier.	*Taconet.*
M. THER., à Nancy.	*Therain.*
M. UR., lieut. de police.	*Urlon.*

III

Parmi les livres estimés qui sont sortis sains et saufs de l'épreuve d'une longue dépréciation commerciale, il faut citer le précieux ouvrage archéologique de Millin, intitulé: *Antiquités nationales, ou recueil de monuments pour servir à l'histoire générale et particulière de l'Empire françois, tels que tombeaux, inscriptions, vitraux, fresques, etc., tirés des abbayes, monastères, châteaux et autres lieux devenus domaines nationaux* (Paris, Drouhin, 1790-An VII), 5 vol. in-4, avec 249 planches. Ce titre, où il est question de l'Empire français, avait remplacé le titre primitif, qui ne parlait, bien entendu, que de République; c'était une première tentative pour écouler, vers 1810, les exemplaires restants de cette vaste collection, malheureusement incomplète, dans laquelle on retrouve tant de monuments que le vandalisme révolutionnaire a fait disparaître. Malgré ce changement de titre, malgré la réduction de prix (60 à 72 francs), le livre ne se vendait pas. On essaya de le rajeunir au moyen d'un nouveau titre ainsi conçu: *Monuments françois, tels que tombeaux, inscriptions, statues, vitraux, mosaïques, fresques, etc.* Paris, an XI. Mais ce titre, imaginé pour faire concurrence à la Description du Musée des Monuments français, que publiait alors avec succès Alexandre Lenoir, n'accéléra pas le débit de l'édition, quoique la plupart des premiers souscripteurs eussent négligé de retirer les livraisons au moment où elles avaient paru. Il y avait encore 500 ou 600 exemplaires en magasin, quand le libraire Barba eut occasion de les acquérir vers 1819; il les fit entrer dans la librairie au rabais, qu'il avait adjointe à sa librairie théâtrale: il ne parvint à les écouler, au prix réduit de 25 à 30 francs, qu'après plus de quinze ans, et ce à grand renfort d'annonces et de prospectus. Mais il eut le plaisir d'augmenter lui-même la valeur des derniers exemplaires, qu'il porta au prix de 45 et 60 francs. Le livre avait désormais repris sa place dans l'estime des connaisseurs, et Barba, qui possédait les cuivres, put réimprimer un texte abrégé pour un nouveau tirage des gravures: cette édition, tout imparfaite qu'elle fût, s'épuisa en quelques années. On n'avait tiré, il est vrai, que 500 exemplaires de ce texte mutilé. Quant à l'édition originale, elle était de plus en plus recherchée, et maintenant un exemplaire en bon état de conservation coûte dans les ventes 90 à 125 francs, et 150 francs en papier vélin. Les exemplaires tirés de format in-folio, dont les épreuves des planches sont plus belles, valent jusqu'à 200 francs, et l'on peut prédire que ce livre, qui ne sera jamais réimprimé ni refait, doublera de prix, si l'étude de l'archéologie nationale continue à prendre de l'accroissement.

IV

Le savant bibliographe allemand, Guillaume Fleischer, qui était venu en France sous le Directoire pour faire de la bibliographie française, eut l'idée de publier, en 1806, un Manuel de la Librairie française moderne, ou Catalogue général des ouvrages qui se trouvaient, à la fin de 1806, comme livres de fonds ou en nombre, chez les libraires de France, et principalement chez ceux de Paris, etc. Il publia plusieurs prospectus et circulaires adressés aux libraires pour leur demander la note de leurs livres de fonds ou en nombre; il commença son travail avec le courage et la patience d'un Allemand; mais, au bout de deux années, il se vit obligé d'y renoncer: la moitié des livres qui existaient chez les libraires en 1806, avaient changé de main, ou bien étaient mis à la rame en 1808, ou du moins avaient subi un rabais plus ou moins considérable. Fleischer jugea que la librairie française était aussi mobile que le caractère français, et il essaya de donner à son ouvrage une base plus stable, en préparant un Dictionnaire de Bibliographie française générale; il n'en fit paraître que deux volumes, en 1812, car les souscripteurs ne se hâtèrent pas de l'encourager, et il retourna en Allemagne, en déclarant que la France n'était pas digne d'avoir un bibliographe.

V
EXTRAIT D'UNE LETTRE ANONYME.

Nice, 23 juin 1858.

... «Un de mes amis, qui s'occupe de linguistique, eut l'honneur de vous écrire, il y a trois ans, pour vous demander des notions sur un mot dont l'origine lui paraissait obscure. J'avoue, Monsieur, que l'empressement avec lequel vous lui avez répondu, et votre regret de ne pouvoir satisfaire sa curiosité, ont été pour beaucoup dans la résolution que j'ai prise de m'adresser à vous. Il s'agissait du verbe *chafrioler*, qu'il avait lu dans un roman en vogue. Mon ami le croyait un archaïsme, et il vous priait de lui en dire l'étymologie.

«Vous lui écrivîtes que vous n'aviez jamais rencontré ce mot dans vos études sur le vieux langage. Induit à erreur par l'orthographe fautive qu'il vous en avait donnée (*chaffrioler*), vous supposiez que c'était une corruption argotique du verbe *affrioler*, et cela, avec d'autant plus de raison, que l'auteur qui s'en était servi, M. Eugène Sue, a été souvent entraîné, par la peinture des mœurs, à accorder droit de bourgeoisie à des expressions du domaine de l'argot. Vous ajoutiez même que vous seriez très-embarrassé de le décomposer étymologiquement.

«En feuilletant, par hasard, un vieux dictionnaire qui est toujours bon, quoique cent-quinquagénaire, poussiéreux et vermoulu, j'ai découvert une étymologie qui, si elle n'est pas la bonne, est au moins vraisemblable, et vaut bien celle que Le Duchat a donnée de *chafouin*.

«Avant de la soumettre à votre appréciation, permettez-moi, Monsieur, de vous transcrire plusieurs exemples de l'emploi de *chafrioler*, que j'ai recueillis dans des romanciers, et qui vous donneront de cette locution l'idée la plus précise et la plus complète:

«Est-ce qu'on dit ces choses-là? On garde ces friands petits bonheurs-là pour soi tout seul; ce sont de ces petites félicités coquettes et mysticoquentieuses, dont on se *chafriole* en secret, et qu'on n'avoue pas!» (E. Sue, *Mathilde, ou les Mémoires d'une jeune femme.*) «Et l'évêque Cautin?... Oh! celui-ci ressemble à un gros et gras renard en rut... Œil lascif et matois, oreille rouge, nez mobile et pointu, mains pelues... Vous le voyez d'ici *chafriolant* sous sa fine robe de soie violette... Et quel ventre! On dirait une outre sous l'étoffe!» (Le même, *les Mystères du Peuple.*) «En l'attendant, l'évêque Cautin, *chafriolant* de posséder enfin la jolie fille qu'il convoitait depuis longtemps, s'était remis à table.» (*Id.*) «L'évêque Cautin, cédant à son penchant pour la buvaille et la ripaille, voyant par avance Ronan le Vagre, l'ermite laboureur et la belle évêchesse suppliciés le lendemain, le bon Cautin ne se sentait point d'aise: il buvait et rebuvait, *chafriolait* et discourait, agressif, moqueur, insolent comme un compère qui, avant le repas du matin, avait déjà opéré son petit miracle.» (*Id.*) «Vous êtes le plus compromettant et le plus indiscret des hommes, mon cher chevalier, dit le petit abbé Fleury en *chafriolant.*» (Baron de Bazancourt, *le Chevalier de Chabriac.*)

«Vous le voyez, Monsieur, on peut faire de ce néologisme des applications très-heureuses; si l'on arrive à le décomposer d'une manière satisfaisante, je crois qu'il aura de grandes chances de succès. Il est d'une tournure fine et originale; il a dans sa physionomie une grâce et une gentillesse, qui décèlent sa naissance. M. de Balzac le met dans la bouche d'un des personnages de *Grandeur et Décadence de César Birotteau;* lui seul, si je ne me trompe, a droit de le revendiquer; c'est son œuvre; on reconnaît le flou de sa touche coquette.

«Quel verbe ravissant pour exprimer, par exemple, l'extase radieuse du gastronome, pour peindre la gourmandise qui brille dans son œil et sur ses lèvres! Attablé en face d'un gigot cuit à point ou d'une poularde bondée de truffes et diluviée de jus, il se délecte, il se pâme d'aise. Il manifeste sa jubilation par un épanouissement de lèvres, par un battement d'ailes (pardonnez-moi cette expression), par un trémoussement de tout son corps, par de petits sauts, par de petits bonds, que le verbe *chafrioler* résume et rend avec un rare bonheur. Ce mot exhale un fumet rabelaisien; c'est tout un poëme de lécherie et de sensualité; il est dommage qu'il ne soit pas éclos sous la plume culinophile de Brillat-Savarin.

«Dussé-je faire sourire votre érudition de la confiance que j'ai dans ma faiblesse, je reviens à mon étymologie, pour laquelle je sollicite votre indulgence. Si vous lui attribuez quelque valeur, votre assentiment me sera, Monsieur, d'un très-grand prix.

«*Chafrioler,* dans lequel j'avais vu d'abord une altération de *cabrioler,* me paraît, maintenant, composé de *chat* et de *frioler. Frioler* est un vieux verbe qui a dû concourir à la formation d'*affrioler,* et qui se trouve dans le Dictionnaire français-italien d'Antoine Oudin (1707). Celui-ci le traduit par *ghiottoneggiare,* bien qu'il signifie: se livrer à la gourmandise avec délicatesse et raffinement. *Chafrioler* serait donc, au propre, d'après ma dissection étymologique: éprouver une sensation délectable, analogue à celle du chat qui *friole,* qui boit du lait, par exemple, et qui s'en lèche les barbes. D'autant plus que le chat jouit d'une réputation de sensualité, parfaitement établie, ainsi que le prouvent le mot *chatterie,* le verbe *chatter* qui figure dans Oudin avec la signification de *friander,* et les expressions: *friande comme une chatte, amoureuse comme une chatte,* qui sont admises dans le Dictionnaire de l'Académie.

«Par extension, on a dégagé le verbe *chafrioler,* de toute idée comparative, et il a pris le sens général de: se réjouir, se délecter, avec cette différence, toutefois, qu'il est plus expressif et plus voluptueux que ces derniers.

«J'ai extrait du *Dictionnaire national* de Bescherelle plusieurs mots qui dérivent de *frioler*, qui l'expliquent, et qui mettent son existence hors de toute contestation:

«*Friolerie*, s. f. S'est dit dans le sens de gourmandise, friandise. «Aussi peu eussé-je pu vivre sans ces *frioleries*, à quoi j'avais pris goût.» (Le Sage.)

«*Friolet, ette*, adj. S'est pris dans le sens de gourmet, délicat, recherché dans ses aliments.

«*Friolet*, s. m. S'est dit pour petit chien friand, accoutumé à ne vivre que de friandises, des gimblettes.

«*Friolette*, s. f. Art culinaire. Espèce de pâtisserie légère.»

«Voilà, Monsieur, tout ce que j'ai pu découvrir sur ce verbe, dont M. Eugène Sue lui-même ignorait la provenance. J'ai consulté Nicot, Furetière, Trévoux, Richelet, Boiste, etc.; malgré ce recours à des dictionnaires estimés, je n'ai pu faire aboutir mes recherches à un résultat plus décisif. Si mon étymologie n'est pas la bonne, je renonce à la trouver jamais: je laisse ce soin à des esprits plus perspicaces que moi. Je suis, au reste, dans un pays où les livres sont vus d'assez mauvais œil et où l'on fait tout, par conséquent, pour les en éloigner. Aussi, grâce à la mesquine allocation de la municipalité dont les goûts laborieux sont très-contestables, notre bibliothèque publique est dans une grande pénurie, surtout sous le rapport linguistique. Je tends les bras vers vous; soyez indulgent pour un jeune étymologiste sans expérience, qui se distingue par son ardeur bien plus que par son savoir. Il ose espérer que vous serez assez bon pour lui répondre, et pour le prévenir s'il a fait fausse route.

«Agréez, etc.

E. B.

RÉPONSE. Malgré la piquante dissertation philologique que renferme la lettre précédente, notre opinion sur l'origine du verbe *chaffrioler* ou *chafrioler* n'a pas changé. Ce verbe est de l'invention de Balzac, qui l'employa le premier dans ses *Contes drolatiques*. On sait que Balzac avait la passion du néologisme, mais il ne se préoccupait pas toujours des règles étymologiques qui doivent présider à la formation des mots nouveaux. Eugène Sue et de Bazancour ont adopté sans examen le mot *chafrioler*, dont le sens n'était pas même nettement défini, comme le prouvent les citations qui ont été recueillies dans leurs ouvrages.

Il est certain que *chaffrioler* ou *chafrioler* n'est autre que le verbe *affrioler*, prononcé à l'allemande. Je ne doute pas que le verbe *frioler*, dont nous n'avons gardé que le composé *affrioler*, ne se soit dit dans le langage familier ou trivial, au dix-septième siècle. Antoine Oudin, sieur de Préfontaine, qui a bien voulu admettre *frioler* dans son Dictionnaire français-italien, avait une connaissance très-approfondie de ce qu'on appelait la *langue comique* et populaire; quoiqu'il fût professeur de langues italienne et espagnole, attaché à l'éducation du roi Louis XIV, il menait une vie assez libre avec les poëtes de cabaret et les chantres du Pont-Neuf. On peut donc apprécier en quels lieux il avait ramassé le verbe *frioler*.

M. Bescherelle, dans son curieux Dictionnaire qui contient tout (*rudis indigestaque moles*), a très-bien fait d'y recueillir *frioler* avec toute sa famille. Nous ne savons pourquoi cependant il a laissé de côté *friolet*, sorte de poire peu estimée, que lui fournissait le Dictionnaire de Trévoux, et les *friolets*, tetons friands, qu'il aurait pu prendre dans le *Dictionnaire comique* de Philibert-Joseph le Roux. Le véritable sens de *friolet* ou plutôt *friollet*, a toujours été *friand*, qu'un vieux dictionnaire italien traduit par *goloso*, *leccardo*. On disait aussi *frigolet*, qui nous indique la meilleure étymologie du verbe *frioler*, en le rattachant aux mots *fricot* et *frigousse*.

Mais en voilà trop sur un verbe hors d'usage, qui offrirait matière à plus longue discussion, si nous cherchions encore à le faire rentrer dans le berceau du vieux verbe *rigoler*.

VI

«Cher Bibliophile,

«Lorsque je vous écrivais, ces mois derniers, pour charmer les ennuis de la solitude, je ne pensais pas que mes notules auraient les honneurs de l'impression[23].

[23] Voir les nᵒˢ 2 et 3 du *Bulletin de la librairie à bon marché*.

«Quant à la signature que vous y avez mise, elle n'est plus de saison: l'*ermitage de Saint-Vincent-lez-Agen* est aujourd'hui un couvent de Carmes! Frère Hermann s'y trouvait il y a quelques années, et, lorsqu'il touchait l'orgue, de nombreux amateurs gravissaient les rochers de l'ermitage.

«*Verum enim vero*, ce n'est point de *rochers* qu'est entourée la *grotte* de la *Rosa Ursina*... Lisez: «La vignette du titre représente une grotte entourée de rosiers; un ours est debout devant la grotte; indè: *Ursus Rosæ custos*.» C'était une faute bien facile à corriger, ainsi que la suivante que je remarque dans les *Trois Rome*, de Mᵍʳ Gaume, tome I, page 157: *credat judæus Appollo*, pour *Apella*. (Voyez Horace, satire 5ᵉ du livre premier, ad finem.)

«Mais, pour corriger d'autres fautes d'impression, il faut des connaissances spéciales; en voici une preuve. Dans l'intéressant ouvrage de M. Huc: «Souvenirs d'un voyage dans la Tartarie, le Thibet et la Chine,» on trouve, tome II, page 337-342, une dissertation sur la prière incessante et universelle des Thibétains: «Salut, précieuse fleur du lotus!» formule dont le mot-à-mot est ainsi figuré:

Om mani padmé houm!

O! le *joyau* dans le *lotus*, amen!

«*Mani* signifie joyau; *padmé* est le locatif de *padma*, lotus.» Le locatif est, en effet, l'un des huit cas du sanscrit... Mais, dans l'édition précitée de M. Adrien Le Clere, in-8, 1850, on lit que *padmé* est au vocatif; ce qui est un non-sens.

«En fait de fautes d'impression, je n'en ai pas vu de plus plaisante que celle que je remarquai dans un journal de modes et de littérature, 1834, in-8. Je n'ai pas noté le titre de ce recueil; je me rappelle fort bien qu'il renfermait la délicieuse Harmonie de M. de Lamartine: *la Source dans les bois*:

Tu parais!... le désert s'anime,

Une haleine sort de tes eaux;

Le vieux chêne élargit sa cime,

Pour t'ombrager de ses rameaux.

«Eh bien! l'imprimeur dudit recueil avait mis:

Tu parais!... le désert s'anime,

Une *baleine* sort de tes eaux.

«Vale!

«JOHANNES EREMITA[24].»

---

[24] Le bibliophile très-érudit et très-lettré, qui signait l'*Ermite de Saint-Vincent-lez-Agen* dans le *Bulletin des Arts* et l'*Ermite d'Auvillars* dans le *Bulletin du Bouquiniste*, se nommait M. Bressolles aîné. Il habitait Auvillars depuis près de 40 ans et il y mourut plus que septuagénaire, en décembre 1862. Sa jeunesse avait été consacrée au professorat, sa vie entière fut vouée à l'étude. Il n'a rien publié, excepté des correspondances littéraires dans quelques journaux de bibliographie. Il avait commencé un examen bibliographique de toutes les traductions en vers français. C'était un critique fin et délicat, qui possédait la mémoire la plus étendue et la mieux remplie. Il a dû laisser une énorme quantité de notes manuscrites et de travaux préparés. On peut espérer que son frère, M. le général Bressolles, les publiera, et nous serons heureux de l'aider dans cette noble tâche d'éditeur.

VII

«Vous connaissez probablement un opuscule de Charles Rivière Dufresny: *les Amusements sérieux et comiques,* qui donnèrent, assure-t-on, à Montesquieu, l'idée des *Lettres persanes?*

«Ces *Entretiens siamois* eurent dans le temps une grande vogue. J'en ai trouvé trois éditions dans une «librairie de village,» comme dit Montaigne.

«La plus récente des trois, *Paris, Briasson,* 1751, in-18, porte sur le titre: *par feu Dufresny.*

«La deuxième, *Paris, Morin,* 1731, in-12, est anonyme. Mais celle de *Claude Barbin,* 1701, petit in-12, porte en toutes lettres sur le titre: *Par M.* DE FONTENELLE, *de l'Académie françoise.*

«Fontenelle, déjà célèbre en 1701, avait-il eu la complaisance de prêter son nom à Dufresny?...

«Dans le court *errata* qui termine ce volume, on lit: «PETIT MAITRE doit être en italique comme mot nouveau.» En effet, ce mot n'est pas encore consigné dans la deuxième édition du *Dictionnaire de l'Académie française,* 1718, 2 vol. in-folio.

«Auvillars (Tarn-et-Garonne).

«L'ERMITE.»

VIII

12 avril 1858.

«... Conformément à l'ordonnance du docteur-Ermite, avez-vous profité de la journée du dimanche, pour faire un exercice salutaire?... L'Ermite, au rebours. Le jour du Seigneur est pour lui un jour de clôture; il repasse ses notes et supplée à la distraction ou à l'ignorance des protes, voire même, à leur outrecuidance, car il en est qui commettent de grosses bévues, croyant faire merveille... Par exemple, à la page 153 du t. II de l'*Histoire de l'Astronomie* de Bailly, abrégée par V. Comeyras, 1805, 2 vol. in-8, on lit: «Le P. Scheiner, jésuite... a fait plus de 2,000 observations, qu'il a publiées dans un ouvrage intitulé: *Rosa Ursina,* d'un nom du Dieu des Ursins,» pour: «du nom d'un duc des Ursins, à qui il était dédié.»

«Je présume que le compositeur ou le prote a cru faire une correction, en mettant *historia brevissima,* pour: *bravissima Caroli V fugati,* etc., à la page 139 du *Bulletin du Bouquiniste,* 2ᵉ année.

«D'autres fois, ce sont d'inconcevables distractions. Ainsi, au t. IV de la *Biographie universelle* en 6 vol. grand in-8, édition imprimée à Besançon, chez Ch. Deis, sous les yeux de M. Weiss, on lit à la dernière page: «Une des meilleures éditions des œuvres de Plutarque, traduction d'*Aragot* (pour *Amyot*), est celle qu'a donnée Clavier, etc.»

«J'en trouve à l'instant un autre exemple, au t. III de la *Biographie générale* de MM. Didot, colonne 792: «Les ouvrages d'Autrey sont: 1° l'*Antiquité* PESTIFIÉE» pour: l'*Antiquité* JUSTIFIÉE, ou réfutation du livre de Boulanger: l'*Antiquité dévoilée*, etc.»

«L'ERMITE de Saint-Vincent-lez-Agen.»

—Dans une autre lettre, le savant auteur de la précédente revient sur l'ouvrage curieux *Rosa Ursina*, qui est l'origine de ce singulier *dieu des Ursins*, que les archéologues mettront peut-être un jour dans le Panthéon de la mythologie antique.

«Je reviens, dit l'Ermite, sur le singulier ouvrage d'astronomie intitulé: *Rosa Ursina*, auctore Scheiner, *Braccianni*, 1626-1630, in-folio. Au frontispice est le soleil sous la forme d'une *rose* au milieu des planètes. La vignette du titre représente une grotte entourée de rosiers, avec cette devise: *Ursus Rosæ custos*. En effet, un ours se tient debout devant la grotte. L'ouvrage est dédié au duc Orsini. Quel plaisant intitulé pour un ouvrage où il est partout question des taches du soleil! Peu de temps après, parut, sur le même sujet, un livre dont le titre est non moins bizarre: *Oculus Enoch et Eliæ*, auctore Schyrleo de Rheita, *Antuerpiæ*, 1645, in-folio. Le frontispice représente le paradis. On y voit Énoch et Élie tenant chacun le bout d'une chaîne à laquelle le soleil est suspendu.»

Ces deux ouvrages ont fourni matière aux plus drolatiques méprises de la bibliographie. Dans la plupart des catalogues, la *Rosa Ursina* a été placée parmi les traités de botanique; l'*Oculus Enoch et Eliæ*, parmi les livres de théologie.

Plusieurs bibliographes n'ont pas manqué de signaler l'erreur des faiseurs de catalogues, mais en commettant une nouvelle erreur: ils ont dit que la *Rosa Ursina* était un commentaire sur la *Rose des vents*, et l'*Oculus Enoch et Eliæ*, une histoire de ces deux patriarches!

Ces deux volumes, ajoute l'Ermite, se font remarquer par ce papier ferme, élastique, sonore, comme dit Charles Nodier dans la préface de son Catalogue de 1844, papier inaltérable qui traverse les siècles... Ainsi n'est point, hélas! le papier de la plupart des livres imprimés ces dernières années, papier qui a d'ailleurs l'inconvénient de *se piquer*, comme les étoffes de coton; et cela n'est pas seulement advenu à des livres de pacotille, mais à de beaux et bons ouvrages. J'en ai malheureusement force preuves sous les yeux.... Je me bornerai à citer le *Montaigne*, édité par J.-V. Le Clerc, 5 vol. in-8, 1826, impr. de J. Didot; les *Contes de la Fontaine*, édition de Bourdin, gr. in-8; *Malherbe, Boileau, J.-B. Rousseau*, grand in-8, édition Lefèvre; le *Rabelais*, 5 vol. in-32, 1826-27, etc.»

L'Ermite-bibliophile aurait pu aisément augmenter à l'infini cette vaste nomenclature de beaux livres gâtés ou perdus; ainsi les magnifiques éditions de *Voltaire* et de *J.-J. Rousseau*, publiées par Delangle et Dalibon, n'offrent plus, dans la plupart des exemplaires, qu'un papier jauni, enfumé, cassant, ou taché de rouille; ainsi le *Rabelais* en 9 vol. in-8, dont le papier d'Annonay faisait la joie des amateurs, est couvert de stigmates déplorables; ainsi la *France littéraire* de Quérard, ce précieux recueil qui devrait surtout avoir toutes les conditions matérielles de durée, est certainement destinée à tomber en poudre, car le papier a été brûlé dans l'opération du blanchiment, et il y a déjà des feuilles qui se rongent peu à peu. Il est triste de voir que l'honorable maison des Didot n'ait pas surveillé avec plus de soin le choix du papier qu'elle consacrait à l'impression de ce grand ouvrage si utile et si coûteux.

IX

On nous promet des détails curieux sur la fabrication d'une espèce de papier, qui fut en usage, vers 1840, pour l'impression d'un grand nombre d'ouvrages populaires, et qui avait été préparé, avec préméditation, par ordre de certains industriels, avec des ingrédients portant en eux-mêmes un germe de destruction latente. C'était là une invention, non brevetée il est vrai, à l'aide de laquelle on assignait d'avance une durée déterminée au papier, qui était soumis à diverses préparations chimiques. Il en résultait que ce papier devait se désorganiser, inévitablement, au bout de quinze, de dix, et même de cinq ans. Par bonheur, ce procédé ingénieux n'a pas été longtemps mis en œuvre, à cause des conséquences fâcheuses qu'on en pouvait attendre. Mais le papier, déjà fabriqué sur échantillon, a été vendu à d'honnêtes libraires, qui l'ont employé, sans savoir le mystère: *Latet anguis in herba*.

X

La lettre suivante a été publiée dans un de ces recueils périodiques de bibliographie qui n'ont fait que paraître et disparaître, *le Bulletin de la librairie à bon marché*, dont il n'existe que huit numéros en trois fascicules, janvier à juillet 1858:

«Mon cher Monsieur,

«Vous venez d'ajouter à votre *Bibliothèque gauloise* un des plus curieux volumes que vous pussiez y faire entrer. C'est le recueil des *Aventures burlesques* de Dassoucy, rassemblées et annotées avec beaucoup d'intelligence et de goût, par M. Émile Colombey. Cette édition remettra certainement en honneur l'auteur et son livre. Elle contient quatre ouvrages de Dassoucy, publiés d'abord séparément et à différentes époques. Deux de ces ouvrages sont rares: les *Aventures d'Italie* et la *Prison de M. Dassoucy*; le troisième est très-rare, les *Pensées de M. Dassoucy dans le Saint-Office de Rome*; on ne connaît à vrai dire que le quatrième, les *Aventures de M. Dassoucy*, imprimées plusieurs fois à un grand nombre d'exemplaires; intéressants mémoires, qui, dans ces derniers temps, ont servi de base aux discussions des biographes sur l'époque du voyage de Molière en Languedoc avec sa troupe de comédiens. Les autres écrits de Dassoucy n'ont pas eu l'avantage d'être relus et discutés avec le même intérêt. Ils sont bien dignes pourtant de reprendre leur place, sinon parmi les chefs-d'œuvre de la littérature du dix-septième siècle, du moins entre les ouvrages les plus amusants et les plus originaux que cette littérature a produits.

«Je signalerai seulement ici une particularité bibliographique, qui me paraît avoir échappé à tous les biographes, comme à tous les éditeurs de Molière: on trouve, dans les *Aventures d'Italie*, un couplet de chanson, composé par Molière (voy. p. 240 de la nouvelle édition). C'est Dassoucy qui fait chanter ce couplet, par un de ses pages de musique, devant la cour de Savoie:

Loin de moy, loin de moy, tristesse,

Sanglots, larmes, soupirs!

Je revoy la princesse

Qui fait tous mes désirs:

O célestes plaisirs!

Doux transports d'allégresse!

Viens, Mort, quand tu voudras,

Me donner le trespas:

J'ay reveu ma princesse!

«A ce couplet, qui fut probablement improvisé à table en l'honneur de quelque comédienne, Dassoucy en ajouta un second, qui ne vaut pas le premier et qui n'en est que la faible paraphrase; mais, comme il en avait aussi composé la musique, il les faisait chanter ensemble pour avoir le prétexte d'associer son nom à celui de Molière: «Vous, monsieur Molière, dit-il, dans ses *Aventures d'Italie*, vous qui fistes à Béziers le premier couplet de cette chanson, oseriez-vous bien dire comme elle fut exécutée et l'honneur que vostre muse et la mienne reçurent en cette rencontre?»

«Dassoucy n'était pas seulement un écrivain plaisant et spirituel, un poëte aimable et charmant; c'était encore un compositeur de musique très-distingué; et, pendant plus de vingt ans, les airs qu'il composait avec accompagnement de luth et de théorbe, furent chantés à la cour avec ceux de Guedron et de Boesset. Les paroles de quelques-uns de ces airs sont imprimés dans les recueils, mais sans nom d'auteur. Il faudrait avoir le manuscrit original des Airs de M. Dassoucy, que possédait le duc de la Vallière et que nous avons vu à la Bibliothèque impériale, il y a vingt-cinq ans (si toutefois notre mémoire ne nous fait pas défaut), pour retrouver les chansons que Molière fit mettre en musique par cet ami de sa jeunesse; car Dassoucy déclare positivement qu'il avait *animé* plusieurs fois des paroles de Molière. Castil-Blaze ne s'est pas même préoccupé de chercher ces paroles, ces vers du grand homme, en compilant deux gros volumes de savantes recherches sous le titre de: *Molière musicien.*»

XI

Cette lettre, d'un correcteur d'imprimerie, à l'éditeur de la *Bibliothèque gauloise*, M. Delahays, a été publiée dans le *Bulletin de la librairie à bon marché*, en 1858; elle mérite d'être recueillie:

«Monsieur,

«Vous avez bien voulu me charger de revoir, comme correcteur, une partie des réimpressions d'anciens ouvrages, qui font partie de votre Bibliothèque gauloise. Ce travail, souvent difficile, et toujours long et minutieux, m'a permis d'apprécier les différences notables qui existent entre vos éditions et d'autres éditions précédentes plus ou moins estimées. La critique actuelle se soucie bien aujourd'hui de signaler ces différences! elle ne fait même aucune distinction entre un bon et un mauvais texte. Je vous demande la permission de vous indiquer quelques-unes des variantes que j'ai eu l'occasion de remarquer dans les éditions dont j'ai corrigé les épreuves. Je commencerai par Bonaventure des Periers.

«L'édition de la *Bibliothèque elzévirienne* et celle de la *Bibliothèque gauloise*, quoique revues également sur les éditions originales, offrent une dissemblance presque radicale au point de vue de l'orthographe, de la ponctuation, etc. Il ne m'appartient pas de décider quelle est la meilleure de ces deux éditions; mais voici seulement un certain nombre de passages où le texte diffère essentiellement dans l'une et l'autre.

ÉDITION DE LA BIBLIOTHÈQUE GAULOISE.	ÉDITION DE LA BIBLIOTH. ELZÉVIRIENNE.

Pages.	
10. J'ay bien esprouvé que pour cent francs de melancolie n'acquitterons-nous pas pour cent sols de debtes	n'*acquittent* pas.
30. Un homme ne se fie pas volontiers en une fille qui lui a presté un pain sur la fournée.	*à* une fille.
31. Combien qu'ils fussent Bretons..., s'estoyent meslez de faire bons tours avec ces Bretes, qui sont d'assez bonne volonté.	avec ces *brettes*.
33. Ilz espouserent: ilz font grande chère, ilz battent: que voulez-vous plus?	ils *espousent*... que voulez-vous *de plus*?
36. Il est advenu, dit-il, depuis n'ha gueres.	dit-il *n'hagueres*.
42. Mon amy, ce luy dit l'autre, incontinent que.	Mon amy, *luy dit* l'autre.
51. Car volontiers, quand il en vient quelque faute aux femmes grosses.	quand il *advient* quelque faute.
Je m'esbahy qu'il ne s'est advisé de le faire, tout devant que departir.	ne *s'en* est advisé... devant que *de partir*.
52. Et à l'une des fois.	Et à *une* des fois.
Demandez à sire André.	Demandez-le à sire André.
Quel achevement est cecy?	est *ce cy*?
57. Quand il se fust despouillé.	Quand il fut despouillé.
59. Tantost le barbier luy demandoit.	Le barbier luy demandoit.
63. Marie la prophetesse la met à propos et bien au long en un livre..., et dit ainsi.	et *fort* bien au long... et *disant* ainsi.

Gehenner.	*geiner.*
66. Il print envie de bastir une ville, et fortune voulut.	une ville. *La* fortune.
70. Un advocat, qui s'appeloit la Roche Thomas, l'un des plus renommez de la ville, comme de ce temps y en eust bon nombre de sçavans.	comme *que* de ce temps.
72. Quand ce fut à presenter le pasté, il estoit aysé à veoir qu'il avoit passé par de bonnes mains.	présenter *ce* pasté, il estoit aisé *de* veoir.
74. La pedisseque n'avoit jamais esté desjunée de ce mot de *plurier nombre*, parquoy elle se le fit expliquer au clerc, qui luy dit.	*par le* clerc.
76. J'ay un fils qui a des-jà vingt ans passez, ô reverence! et qui est assez grand quierc; il a desjà.	qui est assez grand; il a desjà.
.... Comme prince qu'il estoit; et, avec sa magnificence, avoit une certaine privaulté.	qu'il estoit. *Avec* sa magnificence, *il* avoit.
78. Or, est-il que le reverendissime s'appeloit, en son propre nom, Phelippes.	s'appeloit Phelippes.
80. De l'enfant de Paris nouvellement marié, et de Beaufort, qui trouva un subtil moyen de.	qui trouva moyen de.
Un jeune homme, enfant de Paris, après avoir hanté les Universitez deçà et delà les montz... se trouvant bien à son gré ainsi qu'il estoit; n'ayant point faute.	*natif* de Paris... de *çà* et de *là* les montz... se trouvant bien à son gré, n'ayant point faulte.
81... qu'autant valoit-il y entrer de bonne heure, délibéroit de se faire	Qu'autant *valoit* y entrer... faisant *les* desseins.

sage, faisant ses desseins en soy-mesme.	
86... et de vous rendre entre les mains.	et vous rendre.
88... de peur qu'il se faschast d'aventure. Il vient.	qu'il se faschast. D'aventure il vient.
89. O! de par le diable! dit-il en fongnant.	en *se* fongnant.
Beaufort avoit fait une partie de ses affaires, qui se sauva.	et *se* sauva.
C'estoit d'un feu qui ne s'estaint pas pour l'eau de la riviere.	*par* l'eau.
94. Ce levrier se fourroit à toute heure chez luy, et luy emportoit tout.	et emportoit.
Ce menuizier couroit après avec sa houssine.	couroit après sa houssine.
101. Un laboureur riche et aisé, après avoir.	riche, après avoir.
110. Mais par-dessus tous les cordouanniers.	par *sus* tous, les.
111. Pour Dieu, ce dit maistre Pierre, envoyez-m'en querir.	envoyez-*moy* querir.
113. Mes deux cordouanniers se trouverent à l'hostelerie chacun avec une bote à la main.	à l'hostelerie avec une bote à la main.
114. Tandis qu'ilz estoyent en ce debat.	*à* ce débat.
... se trouverent bien camus.	se trouverent camus.
et maistre Pierre escampe de hait.	*eschappe* de hait.
Il y en avoit un en Avignon.	Il y avoit en Avignon un tel averlan.

118. Il la fit ramener le lendemain en la mesme place, pour veoir si quelqu'un se la vendiqueroit.	se la *revendiqueroit.*
120. Un conseiller du Palais avoit gardé une mule vingt-cinq ans ou environ, et avoit eu entre autres un pallefrenier.	et avoit entre autres.
121... Nous en accorderons bien, vous et moy; sinon, je la reprendray. C'est bien dit. Le conseiller se fait amener ceste mule.	C'est bien, dit le conseiller. Il se faict.
126. Il avoit un maistre d'hostel qui mettoit peine de luy entretenir ce qu'il aymoit; auquel fut donné par quelqu'un de ses amys un asne.	ce qu'il aymoit, et à *celuy mesme* fut donné.
135. En la ville de Maine-la-Juhes, au bas pays du Maine.	au bas *du* pays du Maine.
136. Il sembloit à sa mine que quelques foys il s'efforçast de parler, au plaisant regnardois qu'il jargonnoit.	parler *en son* plaisant regnardois.
137. Encore, pour cela, il ne manquoit pas d'en trouver tousjours quelqu'un en voye.	d'en trouver quelqu'un.
141. De maistre Jean du Pontalais.	*de* Pontalais.
142. Et ne luy sembloit point qu'il y eust homme en Paris qui le passast en esprit et habileté.	qui le *surpassast* en esprit et *en* habileté.
146. Maistre Jean du Pontalais, selon sa coustume, fit sonner son tabourin.	fit sonner *le* tabourin.
147. Il fut remonstré que ce n'estoit pas l'acte d'un sage homme.	le fait d'un sage.
148. Ilz deviserent un temps.	ils diviserent *du* temps.

149. Vous me logeastes l'autre nuict bien large.	bien *au* large.
151. Elle se leva le matin d'auprès de monsieur.	d'auprès monsieur.
155. Elle en voulut parler au curé et luy en dire ce qu'il luy en sembloit.	et luy dire.
158. Le lendemain matin l'evesque voulut sçavoir qu'avoyent eu ses chevaux.	Le lendemain matin voulut sçavoir.
171. Il y avoit un prestre de village, qui estoit tout fier d'avoir veu un petit plus que de son Caton.	un petit plus que son Caton.
174. L'hoste le laisse entrer, et luy, met son cheval en l'estable aux vaches.	et met son cheval *à* l'estable.
185. Chanter des leçons de matines, vigiles et *benedicamus*, pour luy façonner sa langue; là où pourtant il ne profita pas, sinon que.	des leçons de matines *et des* vigiles et *des* benedicamus... là où pourtant il ne proufita *d'autre chose*, sinon que.
187. Toutesfois il tastonna tant par ceste cave environ les tonneaux.	par *ceste cause*.
188. Eh! monsieur! que faictes-vous là-bas.	Eh! *mon Dieu*.
Si se print à chanter le grand maledicamus.	se print à chanter.
194. Qui fut du temps que les arrestz se delivroyent en latin.	*se livroyent*.
208. Prenant poinctz de poinct.	poingz de poinct.
218. Voici un pays esgaré.	*escarté*.
222. Il tiroit l'une de ces receptes à l'adventure comme on fait à la blanque.	comme on *met*.

225. De plain saut.	de *prinsaut*.
229. L'abbesse qui la visitoit toute nue.	qui *le* visitoit.
260. Un des gentilz hommes de Beausse, que l'on dit qu'ilz sont deux à un cheval.	de *la* Beausse... *Qui* sont deux.
264. Pleine une grande jate de bois avec de la soupe.	une grande jate avec de la souppe.
277. Si est-ce qu'elle regarda ce gentilhomme de fort mauvais œil, et si ne s'en peut pas taire.	et si *ce* ne s'en peut taire.
296. Ce qui faisoit les coqs devenir ainsi durs.	*aussi* durs.
298. Il se declara en disant qu'il y avoit une faute qui valloit quinze.	qu'il avoit *faict* une faute.
300. Il escoutoit d'une telle discretion, comme s'il eust entendu les parlans, en faisant signes.	d'une discretion... et *faisoit*.

«Je m'arrête dans cette confrontation de textes, laquelle n'est pas sans intérêt, quand il s'agit des œuvres d'un écrivain classé désormais irrévocablement parmi les maîtres de notre vieille littérature. Mais je m'aperçois que j'aurais peut-être mieux constaté la différence complète qui existe entre les deux éditions, par le rapprochement d'une page entière prise dans chacune de ces éditions. C'est là une comparaison à faire que je conseille aux nombreux souscripteurs de la *Bibliothèque gauloise*.

«J'ai l'honneur d'être, etc.

V. S.»

XII

J'ai entendu plus d'une fois des bibliophiles instruits et judicieux s'entretenir sur l'*étrange* et *inexplicable* placement de trois feuilles blanches, chiffrées 259, 260 et 261, au milieu de l'ouvrage intitulé: *Liber chronicarum* (per Hartman Schedel, Nurembergæ, Ant. Koberger, 1493; in-fol. max. goth.). Dieu sait les suppositions sur ces pages blanches, où la censure semblait avoir passé!

J'avais souvent eu entre les mains cette chronique, pour quelques recherches ou bien pour examiner les gravures en bois de P. Wolgemut, le maître d'Albert Durer, mais je ne m'étais jamais soucié de dévoiler le mystère des feuillets blancs où maître Antoine Koberger n'avait imprimé que le chiffre de la pagination. Les dissertations ex-professo me mirent martel en tête: je demandai au livre même le pourquoi de cette suppression du texte dans ces trois feuillets blancs, et je trouvai une note ainsi conçue, qui suit immédiatement les initiales de l'auteur *Ha. S. D.*, et qui termine le verso du feuillet 258: «Cartas aliquas sine scriptura pro sexta ætate deinceps relinquere convenit judicio possessorum, qui emendare, addere, atque gesta principum et primatuum succedentium prescribere possunt. Non enim omnia possumus omnes, et quandoque bonus dormitat Homerus. In terra enim aurum queritur et de fluviorum alveis splendens profertur gloria, Pactolusque ditior est ceno quam fluento. Varii quoque mirabilesque motus in orbe exorientur, qui novos requirunt libros, quibus ordine relevantur pauca tamen de ultima ætate, ut perfectum opus relinquatur, in fine operis adjiciemus.» Ces pages blanches étaient donc destinées à recevoir les annotations et les additions des possesseurs de l'ouvrage; on en a fait ainsi à l'égard des manuscrits, sur les gardes desquels on écrivait souvent un mémorial des faits contemporains.

La dernière partie du *Liber chronicarum* présenterait encore une foule d'observations curieuses: on y verrait que Hartman Schedel était cardinal et ami du pape Æneas Sylvius; qu'il a voulu compléter sa Chronique par une description géographique de la Germanie composée par ce savant pape (Pie II); qu'il y a ajouté lui-même diverses notices sur d'autres parties de l'Europe; qu'il a fait imprimer, après coup, un mémoire concernant la Pologne et formant quatre feuillets intercalaires, sans pagination, entre les feuillets 288 et 289, etc.

On ferait un volume de remarques sur ce gros livre, plein d'admirables dessins. Cette édition *illustrée*, qui a dû coûter des sommes énormes et dont sans doute on a tiré un nombre prodigieux d'exemplaires, est commune par toute l'Europe, et se vend plus cher chez les marchands d'estampes que chez les libraires. Un des plus beaux et des plus purs exemplaires que j'aie vus, c'était celui d'Armand Bertin. L'exemplaire du duc de la Vallière, étant imparfait, ne s'est vendu que 24 livres. Il y a des exemplaires anciennement coloriés, en Allemagne.

XIII

On rencontre quelquefois, dans les préfaces de certains livres qu'on regarde comme frivoles et de pure imagination, des détails bibliographiques que l'auteur y a jetés en passant et qui sont dignes d'être recueillis par des bibliographes sérieux. Nous pouvons ainsi garantir l'authenticité d'un passage de l'*Avant-propos de l'éditeur* des *Mémoires du cardinal Dubois* (Paris, Mame et

Delaunay, 1829; 4 vol. in-8), mémoires apocryphes, il est vrai, mais composés quelquefois sur d'excellents manuscrits.

«Une partie des papiers de Mercier (l'auteur du *Tableau de Paris*) appartenait, en 1818, à M. Lalle...., un de ses parents. Ces papiers contenaient plusieurs ouvrages inédits entiers ou en fragments. J'ai entendu louer, entre autres, un poëme en dix chants et en vers de dix syllabes, dans le goût de la *Pucelle* de Voltaire, et illustré par une centaine de figures dessinées par Mercier lui-même; un recueil de satires et de contes; des drames, etc. M. Lalle...., ainsi que tous les fonctionnaires publics (il demeurait place Vendôme), faisait assez peu de cas de Mercier, de la poésie et des autographes. Il avait un fils, aimable et mauvais sujet, qui ne partageait pas son mépris de bureaucrate contre tout ce qui était vers. Ce jeune homme, élève de seconde au collége de Louis-le-Grand, avait découvert, au fond d'une armoire hermétiquement fermée, l'héritage lubrique de la muse de son grand-oncle; les préceptes qu'il y trouvait lui semblaient préférables à ceux de ses professeurs. Un jour, M. Lalle...., rentrant de mauvaise humeur, surprit son fils en commerce avec feu Mercier, de l'Institut national. Dans l'impétuosité d'un premier mouvement, il saisit tous les papiers et les jeta au feu.»

XIV

Il n'existe pas de bibliographie spéciale sur l'histoire des ouvrages posthumes qui se sont perdus par la négligence des bibliographes. Combien de manuscrits autographes ont passé dans les ventes de vieux papiers, faute d'avoir été signalés! Témoin la comédie des *Querelles des deux frères*, par Collin d'Harleville, retrouvée chez l'épicier; les *Historiettes* de Tallemant des Réaux, acquises au prix de 27 francs en vente publique, etc.

Un des derniers bibliothécaires de la ville de Soissons, nommé Mezurolles, qui était cordelier en 1788 et qui avait jeté le froc aux orties dès le commencement de la Révolution, a composé une immense quantité d'ouvrages de différents genres. Ceux qui concernaient l'histoire soissonnaise méritent seuls d'être regrettés, quoique les autres annonçassent un homme d'esprit et d'érudition. On ignore le sort de ces travaux historiques et littéraires, qui ont occupé toute la vie de Mezurolles et dont aucun n'a vu le jour.

On sait seulement que ces manuscrits formaient plus de cent volumes in-folio et in-quarto; ils étaient encore dans les mains d'un habitant de Soissons, nommé Potaufeu, il y a quelques années (vers 1825); après la mort de l'auteur, trois ou quatre de ces manuscrits sont entrés dans la bibliothèque de sa ville natale, entre autres: un *Abrégé d'histoire universelle*, in-4; une *Chronologie*, et une *Notice historique sur la ville de Soissons*, in-folio. Mezurolles, qui a fait le premier catalogue de cette bibliothèque, n'est pas un bon écrivain, mais ses recherches sur les antiquités locales présentent de l'intérêt pour les personnes qui étudient l'histoire du Soissonnais. Ses autres manuscrits seraient donc bien placés dans la bibliothèque publique de Soissons.

XV

On savait autrefois, comme aujourd'hui, faire du *pittoresque*, c'est-à-dire appliquer un texte à des gravures, rassembler de vieux bois et les utiliser, au moyen d'une composition faite par un de ces manœuvres littéraires qui ont pris naissance avec la librairie et parmi lesquels on a eu le tort de confondre François de Belleforest, auteur de la *Cosmographie universelle de tout le monde* et des *Annales de France*.

Ainsi, les belles gravures de la *Cosmographie* de Thevet ont été employées de nouveau, en partie, dans les éditions latines et françaises des œuvres d'Ambroise Paré; mais la *Prosopographie ou description des hommes illustres et autres renommés*, enrichie de figures et médailles pour l'embellissement de l'œuvre (*Lyon, par Paul Frelon*, 1605; 3 vol. in-fol.); cette seconde édition d'un détestable ouvrage d'Antoine du Verdier, sieur de Vauprivas (qui n'en a pas fait de bons, excepté sa *Bibliothèque françoise*, qu'on réunit à celle de La Croix-du-Maine), avait été préparée par l'auteur, peu de temps avant sa mort, qui arriva en 1600, dans le but de rassembler en un seul cadre une foule de gravures sur bois, à demi usées, qui la plupart provenaient des anciens fonds de l'imprimerie lyonnaise. On a vu, par les planches d'Albert Durer reproduites à l'infini en Allemagne et qui se tirent encore de nos jours, qu'un bois taillé à la manière des vieux maîtres pouvait tirer plus de cent mille exemplaires.

Le libraire Paul Frelon, comme pour remplir les conditions de son nom, alla donc butiner dans les magasins de Jean de Tournes, de Gryphe et de Roville, afin de faire son édition pittoresque de la *Prosopographie*, revue, augmentée et continuée par Claude du Verdier, fils de l'auteur. Il n'avait plus tous les portraits de la première édition, mais il y suppléa, en insérant tour à tour, dans cette espèce d'abrégé chronologique de l'histoire universelle, les gravures carrées d'une Bible de Roville, les gravures ovales et rondes des *Images des dieux des anciens*, par le même Du Verdier; les médaillons des empereurs empruntés aux ouvrages de numismatique de Jacques Strada; les sujets d'un *Novum Testamentum*, publié par Gryphius; les médaillons des rois de France, tirés d'un autre ouvrage d'Antoine Du Verdier, intitulé: *La Biographie et Prosopographie des rois de France jusqu'à Henri III, ou leurs vies brièvement descrittes et narrées en vers*, avec les portraits et figures d'iceux (Paris, 1588, in-8), etc. Enfin, le libraire Frelon prit les figures de quelque *Fleur des saints* et certaines *images* isolées, avec lesquelles il illustra son livre, en remplaçant les portraits absents par des cadres vides, de diverses grandeurs et de différents dessins, accompagnés de fleurons hétéroclites.

Il y a, dans le premier volume, deux ou trois grandes planches qui appartenaient primitivement à une Bible et que l'éditeur a fait précéder d'une façon de préface telle que celle-ci: «Or, pour ce que nous avons souvent fait mention de la terre de Chanaan, promise de Dieu aux enfants d'Israël, où ils ont été introduits par Josué, nous avons estimé estre chose nécessaire et utile de la représenter comme la charte ou figure suivante le demonstre.» Suit une carte de la *Terre de promission*. Ailleurs (page 34), Paul Frelon établit au milieu de la page une magnifique tour de Babel, avec cette simple note: *Et sa forme estoit telle que la figure suivante représente*, sans s'apercevoir que cette figure est toute bariolée de lettres renvoyant à des explications qui se trouvaient dans l'ouvrage primitif et qui manquent dans celui-ci. Plus loin, l'habile Paul Frelon se garde bien de laisser perdre une belle planche, qui avait déjà fait son apparition dans quelque Bible: *Et, afin de faire voir au lecteur*, dit-il avec son charlatanisme ordinaire, *l'ordre auquel marchoient les Enfants d'Israel lorsqu'estant sortis d'Egypte ils passèrent le chemin, nous avons fait tailler industrieusement la figure suivante.*

On recueillerait bien des observations de ce genre dans les trois in-folio de la *Prosopographie*, qui montre aussi, par la magie de son nom gréco-français, que les libraires du XVIᵉ siècle avaient deviné la magie des titres. Nous recommandons ce curieux et volumineux tour de force aux faiseurs de *pittoresque*.

XVI

On n'a pas encore nommé l'auteur d'un livre célèbre, publié au commencement de la Révolution et intitulé: *Essai historique sur la vie de Marie-Antoinette d'Autriche, reine de France, pour servir à l'histoire de cette princesse*. A Londres, 1789; in-8 de 79 p. Ce libelle, qui eut alors un immense succès et qui fut réimprimé plusieurs fois clandestinement, a été recherché et anéanti avec soin par ordre de la cour; les exemplaires qui ont échappé à cette destruction systématique ne sont pourtant ni rares ni chers. Quant à la seconde partie, plus rare que la première, elle pourrait bien ne pas être sortie de la même plume.

Dans l'introduction, l'éditeur, qui destinait cet Essai historique «à porter le repentir et le remords dans l'âme d'une femme coupable,» se défend de l'accusation de libelliste qu'on voudrait lui adresser, et déclare qu'il ne croit pas avoir dépassé les bornes de l'histoire; il dit que cet ouvrage *anonyme* a été *trouvé* à la Bastille, après la prise de cette forteresse, le 14 juillet 1789, et que c'est vraisemblablement le même manuscrit qui fut racheté *à tout prix*, au moment où il allait être publié, et qui avait alors pour titre: *Les Passe-temps d'Antoinette*.

Un vieux bouquiniste, fort bien instruit des particularités secrètes de la Révolution, dans laquelle il avait joué un assez triste rôle (je l'ai connu, en

1829, étalant ses livres sur le parapet du quai Malaquais, vis-à-vis de la rue des Saints-Pères), m'a plusieurs fois assuré que ce pamphlet, payé par le duc d'Orléans, était de Brissot, lequel fut mis à la Bastille pour l'avoir fait imprimer à Paris, chez Lerouge, sous la rubrique de Londres. Le bouquiniste me racontait qu'il avait coopéré lui-même à la saisie de l'édition, qu'on enleva du domicile de Brissot, pour la transporter au greffe de la Bastille. M. Laurence, graveur au Palais-Royal, avait connaissance personnelle de ce fait, très-important pour l'histoire littéraire et politique des causes de la Révolution. M. Laurence avait été attaché, en 1789, au cabinet particulier du lieutenant de police, et, par conséquent, il savait mieux que personne les motifs de la détention des prisonniers de la Bastille.

D'après cette indication, que mon bouquiniste appuyait de témoignages incontestables, nous avons, en effet, retrouvé le style déclamatoire et fleuri de l'avocat Brissot dans cette notice bourrée de calomnies, mais écrite avec esprit et agrément. M. de Montrol, dans les excellents *Mémoires de Brissot* qu'il a rédigés avec les documents fournis par la famille, donne une autre cause au dernier emprisonnement de ce publiciste, qui ne se faisait pas faute de lancer un pamphlet de plus ou de moins; celui que nous signalons ne paraît pas avoir été connu du rédacteur des *Mémoires*.

Nous avons entre les mains deux éditions de cette brochure, toutes deux offrant le même nombre de pages, mais différentes d'impression pour le papier comme pour les caractères: dans l'une, mieux imprimée que l'autre, l'introduction est en italiques et les notes sont en petit texte. Ce sont surtout ces notes qui trahissent Brissot: ses idées, ses haines, ses sentences, son anglicanisme, tout l'homme enfin, se montrent à chaque ligne. Mais on ne doit pas supposer que Brissot ait continué son ouvrage, auquel un misérable faiseur de romans obscènes (le marquis de Sade, dit-on) ajouta une seconde partie, sous ce titre: *Essai historique sur la vie de Marie-Antoinette, reine de France et de Navarre, née archiduchesse d'Autriche le 2 novembre 1755*; orné de son portrait et rédigé sur plusieurs manuscrits de sa main. *De l'an de la liberté françoise 1789, à Versailles, chez la Montansier, hôtel des Courtisanes.* Cette suite, dont il existe aussi plusieurs éditions, est peu commune.

On voit, par la liste des livres saisis qui étaient conservés au dépôt de la Bastille, sous le cachet de M. Lenoir, que cinq cent trente-quatre exemplaires de l'*Essai historique sur la vie de Marie-Antoinette* avaient été retirés de la circulation, où, sans doute, ils sont rentrés après la prise de la Bastille. On a prétendu que Marat était l'auteur du libelle, composé sous les auspices du duc d'Orléans, et que l'édition originale avait été fabriquée dans la cave où il imprimait en cachette son journal de l'*Ami du peuple*.

FIN.

9 789357 950008